KB058492

맹자의 꿈

'내 인생의 사서四書' 시리즈

고전을 소개하기로 했을 때 처음에 『논어』에서 시작했다가 『중용』으로 이어지고 다시 『대학』과 『맹자』를 준비하면서 사서四書 시리즈를 생각하게 되었다. 『논어』는 복잡한 삶에서 지켜야 할 고갱이를 말한다. 『중용』은 이리 치이고 저리 흔들리는 삶에서 중심을 잡아 평범함의 가치를 새삼 느끼게 한다. 『대학』은 삶을 이끌어가는 생각의 집을 짓기 위해 갖추어야 할 설계도를 간명하게 그리게 한다. 『맹자』는 세상이 나와 다르더라도 꿋꿋하게 내 길을 걸어가는 기개를 말한다.

이처럼 사서를 따로 읽고 또 겹쳐 읽으면 『논어』에서 보지 못한 것을 『중용』에서 볼 수 있고 또 『논어』에서 본 것을 『중용』에서 다시 만날 수 있다. 『맹자』에 없는 것을 『대학』에서 만날 수 있고 『맹자』에서 본 것을 『대학』에서 재회할 수 있다. 사서는 따로 있는 것이 아니라 서로 함께 있으면 서로가 빛이 나게 도와주는 역할을 한다. 『논어』에 그치지 않고 다른 세 권으로 책읽기를 넓혀간다면 동양 고전에서 말하는 '사상 자원'을 제대로 만날 수 있다. 우리는 사서를 통해 유학의 고전에 묻혀 있는 사상 자원을 캐내서 삶의 여정과 그 여정을 통해 일군 생각의 집을 더 풍성하고 아름답게 일구게 될 것이다.

제왕학의 진수,
맹자가 전하는 리더의 품격

맹자의 꿈

如如 신정근 지음

21세기북스

저자의 글

맹자는 전국시대, 즉 싸우는 나라들의 시대를 살았다. 나라끼리 싸우면 결국 사람이 싸우게 된다. 싸우는 나라들의 시대는 결국 싸우는 사람들의 시대이다. 결국 사람은 누구라도 자신이 직접 싸우지 않더라도 한두 다리를 건너면 "싸우는 사람들"과 연이 닿게 된다.

맹자는 세상을 향해 "도대체 왜들 싸우는가?"라고 물었다. 그는 이 질문을 탐구하여 사람들이 '이利'라는 한 글자 때문에 싸운다는 걸 알아냈다. 당시에 이利를 두고 빼앗고 뺏기는 싸움이 끊이지 않았던 것이다. 이利의 투쟁에서 살아남으려면 일단 상대보다 더 부강해야 한다. 하지만 역관계는 끊임없이 바뀌는 탓에 안전과 생명의 보장은 너무나도 힘들었다. 만약 모두 일시에 싸움을 멈추면 생명의 위험성이 줄어들 텐데, 당시 사람들은 그 흔한 상식을 믿지 않았다.

이 때문에 맹자는 전쟁으로 전쟁을 끝내겠다는 이전식전以戰息戰과 이기기 위해 경제력과 군사력을 집중시키자는 부국강병富國强兵이 끊임없는 전쟁과 무고한 희생 그리고 가족의 이산 등 만악萬惡의 근원이라고 강도 높게 비판했다. 나아가 그는 전쟁의 광기를 인정仁政의 상식으로 전환시키고자 했다. 그는 사람만이 가진 특성을 발휘하여 인심과 상식이 넘치는 인정, 즉 사람다움의 정치를 추구하자고 호소했다. 이에 맹자는 싸우

4

는 나라들의 시대에 "더 이상 싸우지 말라!"라며 싸우는 사람이 되었다. 그는 활과 칼을 든 전사戰士가 아니라 말과 붓으로 싸우는 문사文士가 되었다.

싸움을 멈추자고 해서 맹자의 역할이 끝나지 않는다. "전쟁 뒤"에 맞이할 세상의 그림을 그려야 한다. 다시 새삼 "어떻게 살아야 할까?"라는 물음이 크게 다가온다. 맹자는 사람이 이익을 추구하고 손해를 피하는 호리피해好利避害의 습성을 잘 알고 있었다. 그는 사람에게 과연 이런 경향만 있는지 끊임없이 사유실험을 진행했다. 그 결과 맹자는 사람이 우물에 빠지는 아이를 구하는 것처럼 어려운 처지에 있는 타인을 아무런 조건 없이 구한다는 점에 주목했다.

여기서 맹자는 사람이 타인의 고통에 공감하고 잘못을 부끄러워하고 다른 사람에게 기회를 양보하고 시비를 분간할 수 있는 보편적인 사람다운 특성을 찾아냈다. 이 발견은 세계사적 의미를 가질 정도로 획기적이다. 호리피해를 넘어설 수 있는 논거를 제시했기 때문이다. 이러한 이야기는 바로 『맹자』 첫 문장에서 양나라 혜왕이 던지는 "하필왈리何必曰利"의 물음에 "역유인의亦有仁義"로 맞받는 대화에 오롯하게 드러난다.

맹자 하면 보통 시대의 흐름에 다소 동떨어진 성선의 사상가로 알지만 그는 성선을 실현할 수 있는 제도에도 많은 관심을 가졌다. 예컨대 오늘날 완전 고용에 어울릴 정도로 모든 사람에게 경작할 토지를 주고 노역으로 세금을 대신하는 정전제井田制 등을 제시했다. 또 개인이 아무리 도덕적이더라도 사회가 비도덕적이면 사람들의 고통은 언제 끝날지 모르고 성선도 실현될 수 없으므로 역성혁명易姓革命까지 주장했다. 이처럼 맹자는 사실 자신감이 강하고 주도면밀하지만 시대가 요구하는 역할을 거부하는 않은 우국지사憂國之士에 가까웠다.

　오늘날 우리도 총성은 멎었지만 분단의 고통은 진행 중이고 경쟁은 나날이 치열해지고 변화는 빠르게 진행되어 삶의 조건은 나날이 팍팍해진다. 피로, 짜증, 분노, 혐오의 공기가 곳곳에서 수시로 뿜어져 나온다. 이때 웬만한 "두터운 자아thick self"가 아니면 이런 공기에 전염되기 쉽다. 맹자가 싸우는 나라들의 시대에 사랑과 평화의 가치를 길어 올렸듯이 우리도 짜증과 분노가 넘치는 시대에서 활기차고 쾌활하고 여유 있고 호의가 넘치는 사람의 품격을 돌아보지 않을 수 없다. 맹자가 제안한 대로 마음 밭을 풍성하게 하면 경쟁의 장에서 이리저리 휘둘리는 "얇은 자아thin self"가 아니라 활기, 쾌활, 여유, 호의가 넘치는 "대장부大丈夫"의 "당당하고 두터운 자아"의 기상을 가질 수 있으리라.

　우리는 『맹자』가 사서오경四書五經 중의 하나로 동아시아 전통에서 늘 환영받았다고 생각한다. 장기적으로 보면 대체로 그러하다고 할 수 있지만 늘 그렇지는 않았다. 명 태조 주원장朱元璋(1328~1398)은 자신을 향한 도전을 막기 위해서, 일본 요시다 쇼인吉田松陰(1830~1859)은 천황 중심의 국체國體를 세우기 위해 『맹자』 중에 군주의 권위를 깎아내리거나 역성혁명을 주장하는 부분을 도저히 받아들일 수 없었다. 그래서 주원장은 『맹자』의 일부를 삭제한 『맹자절목孟子節目』이라는 온건한 버전을 편찬했고 요시다 쇼인은 『강맹차기講孟箚記』(또는 『강맹여화講孟餘話』)에서 『맹자』를 비판적으로 독해했다.

　반면 한국에서는 『맹자』의 해석에서 이견이 제기되곤 했지만 그 도전적 내용을 비판하고 부정하는 목소리는 크게 나오지 않았다. 오히려 정도전은 역성혁명에 따라 이성계와 함께 조선을 개국했고 맹자의 호걸豪

傑과 허균의 호민豪民들은 근현대사에서 3·1만세에서 촛불혁명까지 폭정과 불의에 들고 일어나 더 나은 세상을 일구고자 했다. 현재 한국은 동아시아 유교문화권에서 거의 유일하게 정부의 무능과 지도자의 비정을 끊임없이 시정하려는 빛나는 전통을 가지고 있는데, 이는 불의를 참지 못하고 당당히 맞서는 맹자의 뜨거운 정의감과 공통점이라고 할 수 있지 않을까? 앞으로도 한국의 시민은 어떤 권력이든 불공정과 비리가 있는 곳이면 항의와 시정에 주저하지 않는 역동성을 보일 것이다.

인류는 역사 이래 "좋은 지도자가 어떤 사람인지?", "어떻게 좋은 지도자를 뽑을 수 있는지?"라는 문제를 풀기 위해 노력해왔다. 맹자는 그러한 노력에 동참한 사람 중의 한 명이다. 그에게 좋은 지도자는 과거와 현재를 대비하고 인간의 본성을 탐구하며 죽음보다 생명을, 독선보다 포용을, 진영보다 보편을, 경쟁보다 공존을 끌어안는 인물이다. 이를 위해 그는 사람이 경쟁하고 대립하는 일면 이외에 공감하고 공분하는 보편의 마음 바탕을 찾아냈다. 이는 과거의 지나간 말이 아니라 오늘날에도 여전히 되새김해야 할 방향이라고 할 수 있다. 이 책을 통해 맹자가 일구고자 했던 인정仁政의 세계가 넓혀졌으면 좋겠다.

이제 『논어』1(2011), 『논어』2(2015)에서 시작하여 『중용』(2019)과 『대학』(2020)을 거쳐 『맹자』를 끝내면서 10년 만에 〈내 인생의 사서四書〉 시리즈를 마무리 짓게 되었다. 이로써 전공자가 아니더라도 허리끈을 풀어놓고 좀 느긋하게 사서를 맛볼 수 있게 되었다. 누구라도 사서를 함께 같이 읽는다면 유학에서 지혜의 샘물을 길어 올려서 사람의 자존과 열망을 늘 진실하게 하고 인생의 씨줄과 날줄을 더 단단하게 할 수 있으리라.

차례

1강 만남과 대척의 「양혜왕」상하
시대의 격랑에 맞서 갈 길을 내놓다

2강 설득과 결별의 「공손추」상하
부동심(不動心)을 세우지만 시대와 불화하다

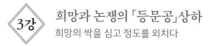

5강   영웅과 제도의 「만장」상하
난관을 헤치고 시대의 틀을 만든 영웅의 이야기

6강 인성과 선택의 「고자」상하
인간의 본성을 찾아 좋은 삶을 선택하는 길

7강 양성과 계보의 「진심」상하
하늘을 만나고 역사를 만드는 힘

일러두기

1 원문을 해설하면서 '입문入門'(문에 들어섬), '승당升堂'(당에 오름), '입실入室'(방에 들어섬), '여언與言'(함께 말하기)의 단계를 설정하여 빠른 걸음으로 진행하면서도 정확하며 깊이 있는 이해가 가능하도록 했다. '입문'에서는 해당 구절의 현대적 맥락을 소개하고, '승당'에서는 『맹자』 원문의 독음과 번역을 곁들여서 제시하며, '입실'에서는 『맹자』 원문에 나오는 한자의 뜻과 원문 맥락을 풀이하고, '여언'에서는 『맹자』의 논점을 정확하게 짚어보고 현대 맥락에서 되새겨볼 수 있는 방안을 제시하고 있다. 이 네 단계는 『마흔, 논어를 읽어야 할 시간』의 틀을 그대로 사용한다.

2 『맹자』는 7편 상하 모두 14편으로 되어있다. 각 편마다 11개, 모두 77개의 표제어를 뽑았다. 하나의 표제어는 대부분 각 편의 1절에서 원문을 뽑았지만 때때로 2~4절에서 원문을 뽑기도 했다.

3 이해와 식별의 편의를 위해 원문 8곳을 제외하고 69곳을 4글자로 압축해 표제어로 제시했는데, 이를 위해 『맹자』 원문에다 강조점을 찍었다. 표제어는 단순 명쾌해야 하므로 원문의 번역과 다른 경우가 있다.

4 『맹자』의 번역과 해석은 조기와 손석의 『맹자주소孟子注疏』, 주희의 『맹자집주孟子集注』, 초순의 『맹자정의孟子正義』, 정약용의 『맹자요의孟子要義』 등을 참조했다.

5 『대학』, 『논어』, 『중용』은 원문의 순서에 따르지 않고 주제별로 재구성했지만 『맹자』는 원래의 편제를 따르면서 순서대로 중요한 구절을 골랐다. 『맹자』 원문의 순서를 따라가며 맹자 사상의 핵심을 만나기 편하다.

6 『맹자』에는 77조목 이외에도 함께 다룰 내용이 훨씬 더 많다. 분량의 제한 때문에 더 많은 내용을 다루지 못해 표제어를 "부득이"하게 77편으로 한정하며 무척 고민했다. 고민하는 사이에 표제어가 바뀌거나 바뀌었다가 다시 살아나기도 했다. 이 때문에 원문의 내용을 많이 싣고자 표제어로 뽑지 않았지만 지문을 『논어』 등에 비해 다소 많이 수록했다.

7 『맹자』와 관련하여 『맹자와 장자, 희망을 세우고 변신을 꿈꾸다』, 서울: 성균관대학교출판부, 2014에서 맹자와 장자의 핵심을 비교 설명했고, 『맹자여행기: 절망의 시대, 사람의 길을 묻다』, 서울: h2, 2016에서 맹자의 사적을 샅샅이 찾아다니면서 사진을 찍고 이를 다시 『맹자』 원문과 곁들여 설명했다. 두 책을 이 책과 함께 읽는다면 맹자를 더욱 입체적으로 이해할 수 있으리라.

8 표제어는 '승당'에서 한자음을 소개하고 다른 곳에 한자를 그대로 노출하여 눈에 익히도록 했다. 아울러 자주 나오는 개념도 처음에 한자음과 한자를 병기하다가 뒤에 한자를 그대로 표기한다.

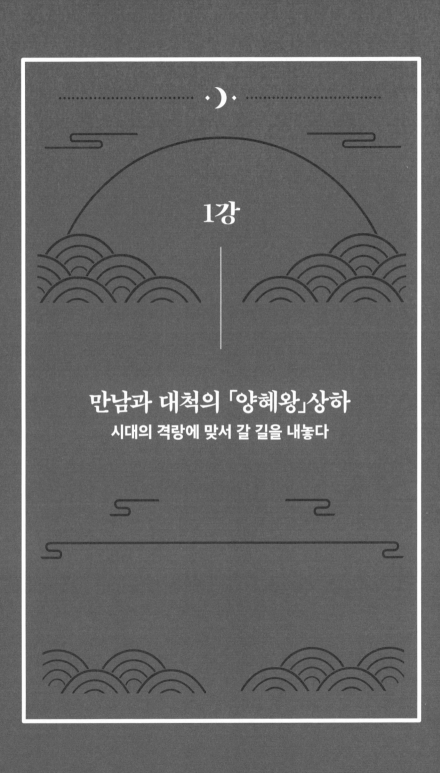

1강

만남과 대척의 「양혜왕」상하
시대의 격랑에 맞서 갈 길을 내놓다

'양혜왕'은 양나라 혜왕이다. 혜왕이 맹자를 맞이하여 이야기를 나누기 때문에 『맹자』 첫 번째 편의 이름이 되었다. 이런 우연 이외에 혜왕은 전국시대를 대표하는 인물이 될 만하다. 양나라는 원래 위魏나라였다. 위나라의 수도는 원래 안읍安邑으로 진秦나라 가까이 있었던 탓에 자주 공격을 받아 대량大梁으로 옮기게 되었다. 이후로 위나라는 양나라로 불리게 되었다. 이는 전국시대가 초래한 약육강식의 현실에서 승자가 있으면 반드시 패자가 있을 수밖에 없다는 점을 새삼 일깨우고 있다.

이런 상황에서 맹자와 혜왕의 만남은 역사성을 갖는다. 약육강식의 시대 상황에서 패자에서 승자가 되고 싶은 혜왕과 약육강식의 게임 자체를 거부하고 새로운 비전을 실현하고자 하는 맹자가 만났으니 말이다. 두 사람의 만남은 불꽃이 튈 거라 예상할 수 있지만 조금 싱거운 결말로 끝나버렸다. 두 사람의 지향이 워낙 다른 탓에 논쟁이 되지 못하고 서로 각자의 목소리를 내다가 어느 지점에서 서로 부담스러워지자 헤어지게 되었기 때문이다.

11수의 내용은 다음과 같다. 하필왈리何必曰利는 혜왕과 맹자가 정면으로 부닥치며 내는 소리이다. 혜왕은 살기 위해 부국강병을 해야겠다고 생각하는 반면 맹자는 제발 그 부국강병의 꿈에서 벗어나라고 요구하고 있다. 혜왕은 다짜고짜 맹자에게 "이오국利吾國"의 해답을 내놓으라고 물었다. 이에 대해 맹자는 이利가 해결책이 아니라 오히려 파멸책이 될 수 있다면서 인의仁義를 그 대안으로 제시했다. 두 사람의 만남은 『맹자』에 흐르는 두 갈래의 강물이라고 할 수 있다. 시대가 이利의 강물로 흘러간다면 맹자는 그 물길을 인의의 강으로 바꾸자 했다. 이런 측면에 「양혜왕」의 제목을 이利의 혜왕과 인의仁義의 맹자 또는 진격의 혜왕과 반성의 맹자라고 할 수 있다.

여민동락與民同樂은 국부를 어떻게 활용해야 할까를 두고 두 사람의 이견 끝에 나온 말이다. 맹자는 혜왕에게 국부를 혼자만 즐길 것이 아니라 백성과 함께 즐겨야 한다고 목소리를 높이고 있다. 오십보백보五十步百步는 혜왕이 백성을 위해 진심盡心을 한다고 하지만 맹자가 그건 진심의 일부일 뿐이라는 점을 밝히고 있다. 전쟁터에서 50걸음 도망가나 100걸음 도망가나 차이가 없듯이 진심의 일부가 결코 전체가 될 수 없기 때문이다. 솔수식인率獸食人은 전쟁 준비가 평화를 일구기보다 군량미를 준비하고 병마를 먹이느라 사람이 굶는 역설적 상황을 나타내고 있다.

인자무적仁者無敵은 정치 지도자가 입만 열만 "전쟁 준비"를 외칠 것이 아니라 진정으로 백성을 사랑하는 길이라고 제시하고 있다. 군자원포君子遠庖는 동물의 살상에 마음이 편하지 않은 군자의 특성을 보여주고 있다. 불위불능不爲不能은 할 수 있지만 하지 않으려고 하는 일과 객관적으로 할 수 없는 일의 차이를 말하고 있다. 연목구어緣木求魚는 해서도 안 되고 할 수도 없는 일을 무리해서 하려는 일을 경계하고 있다. 유련황망流連荒亡은 제 할 일이 있어도 무능하고 게으른 리더의 방탕한 생활을 경계하고 있다. 환과독고鰥寡獨孤는 막다른 궁지에 몰려 누구의 도움을 받지 않으면 안 되는 사람을 제시하고 있다. 불이기소이양인자해인不以其所以養人者害人은 사람을 먹고살리는 수단 때문에 생명을 해쳐선 안 되는 인정을 말하고 있다.

「양혜왕」을 읽으면서 '나'는 맹자와 혜왕 중 어느 쪽의 입장에 가까운지 그 정체를 확인할 수 있으리라. 각자의 입장에서 『맹자』를 끝까지 읽고 서로의 입장을 고수할 수 있을지 생각해보자.

하필이면 돈 이야기부터?

하필왈리何必曰利(「양혜왕」,상 1)

입문__우리는 사업, 교제, 연구 등 다양한 이유로 사람을 만난다. 특히 첫 만남이라면 긴장이 더 된다. 약속 장소로 출발하기 전에 '내가 가진 것을 실수 없이 제대로 보여줘야 할 텐데'라며 스스로 다짐을 하곤 한다. 이러한 만남에서 서로 인사를 하고 나서 첫마디가 중요하다. 첫마디의 말은 그날 만남의 이야기를 쭉 풀어가는 단서가 될 수 있기 때문이다.

춘추전국시대에 사상가들은 자신의 나라에만 머물지 않고 여러 나라를 돌아다니며 자신의 이상을 실현해줄 지도자를 만났다. 이를 "유세遊說"라고 한다. 맹자는 추鄒나라 출신으로 양나라를 비롯하여 여러 나라에서 유세했는데, 그 사적이 오늘날 그의 책에 그대로 전해진다.

맹자도 혜왕을 만났을 때 무슨 이야기를 할지 미리 생각도 하고 기대도 컸을 것이다. 이는 우리가 사람을 만날 때와 하나도 다를 바가 없다. 맹자는 혜왕과 손잡고 함께 펼칠 정책의 이야기를 꿈꿨을 것이다. 혜왕은 많고 많은 말 중에서 "어떻게 하면 양나라를 가장 부강하게 할 수 있을까?"라는 문제를 제기했다. 이 말을 듣자마자 맹자는 머리가 핑 도는 현기증을 느꼈을지도 모른다. 겨우 정신을 수습하고서 "하필이면 만나자마자 첫마디에 이해 문제를 꺼내느냐?"라며 실망과 항의를 표현하고 있다.

우리도 행복한 데이트를 예상하고 연인을 만났다가 이별을 통고받거나 합작 제의의 긍정적 반응을 예상하고 파트너를 만났다가 계약의 불발을 듣거나 칭찬을 예상하고 사람을 만났다가 신랄한 비판을 들으면 "하

필"이란 말을 찾을 것이다. 이곳의 "하필"은 내가 알고 있는 용법 중에서 가장 처음이면서 자신의 반응을 압축적으로 드러내는 명문장이라고 할 수 있다. 이제 그 내용으로 들어가 보자.

승당＿＿맹자가 양나라 혜왕을 만났다. 혜왕: 어르신! 천 리를 멀다고 하지 않고 이곳으로 오셨으니 앞으로 어떻게 하면 우리나라를 이롭게 할 수 있을까요? 맹자: 왕이시여! 하필이면 이해 이야기를 먼저 꺼내는가요? 인과 의, 즉 공감과 정의의 문제가 있을 뿐입니다.

孟子見梁惠王.
맹 자 견 양 혜 왕
王曰, 叟! 不遠千里而來, 亦將有以利吾國乎?
왕 왈   수   불 원 천 리 이 래   역 장 유 이 리 오 국 호
孟子對曰, 王! 何必曰利? 亦有仁義而已矣.
맹 자 대 왈   왕   하 필 왈 리   역 유 인 의 이 이 의

입실＿＿見은 두 가지 발음이 가능하다. 맹자를 높이면 성인이 양나라 혜왕을 '만나보다'의 맥락이 되므로 '견'으로 읽고, 혜왕의 지위를 높이 치면 맹자가 혜왕을 '찾아뵙다'의 맥락이 되므로 '현'으로 읽는다. 양梁은 전국시대의 양나라를 가리킨다. 원래 양나라는 안읍安邑을 도성으로 하는 위魏나라로 불리었다. 위나라가 이웃 진秦나라의 공격으로 위기를 느껴 대량大梁으로 도성을 옮긴 뒤로부터 국호를 양으로 하게 되었다. 국호의 변화는 전국시대가 약육강식의 상황에서 첨예하게 경쟁한다는 점을 상징적으로 보여주고 있다.

혜왕惠王(재위 BC 370~334)은 양나라의 3대 제후이다. 위나라는 전국시대 초기에 변법을 선도하여 정세의 주도권을 잡았지만 위치가 중원에 자리하여 서의 진秦, 동의 제齊, 북의 조趙, 남의 초楚로부터 공격을 당해

국세가 급격하게 하락했다. 양나라는 원래 후작의 제후였지만 왕의 호칭을 사용하여 위세를 떨치려고 했다. 『사기』「상군열전」에 보면 재상 공숙좌公叔座가 임종을 앞두었을 때 혜왕이 문안 인사를 오자 식객 공손앙公孫鞅을 후계자로 지목했다. 혜왕은 그의 제안을 가볍게 여겨 수용하지 않았는데 나중에 공손앙이 진나라로 가서 훗날 양나라를 공격하여 대승을 거두었다. 공손앙이 바로 상앙商鞅이다. 이처럼 혜왕은 전국시대 인재를 초빙하고자 했지만 정작 믿고 쓰지를 못해 패권의 야욕을 드러냈지만 꿈을 이루지 못하고 67세에 병으로 죽음을 맞이했다.

수叟는 '늙은이, 어르신'의 뜻이다. 원遠은 '멀다'의 뜻인데 여기서는 '멀게 느끼다'의 맥락을 나타낸다. 역亦은 '또, 또한'의 뜻이다. 장將은 '장차, 앞으로'의 뜻이다. 이利는 '이롭다, 날카롭다, 이익, 이득'의 뜻이다. 하何는 '어찌'의 뜻이다. 이이而已는 '~할 뿐이다'의 어감을 나타낸다.

여언__ 사람마다 첫 문장을 쓰면서 고민하게 된다. 맹자와 양 혜왕의 만남은 『맹자』에 도도하게 흐르면서 서로 엇갈리는 두 갈래의 강을 대변하고 있다. 하지만 이러한 의미 맥락을 잘못 짚으면 『맹자』는 왜 책의 첫머리부터 제대로 인정을 받지 못하고 실패로 끝난 이야기로 시작할까라는 의구심을 가질 수 있다. 특히 맹자를 좋아하는 사람이라면 이러한 『맹자』의 편집에 불만이 많으리라.

불만을 억누르고 내용을 찬찬히 들여다보자. 혜왕은 나날이 약해지는 국력을 만회하여 전국시대의 패자로 등장하려는 야망을 품고 있었다. 그의 생각에는 처음부터 끝까지 "부국강병富國强兵"이라는 글자가 머릿속을 가득 채우고 있었다. 상대가 누구이든지 가리지 않고 이 관심사를 질문했다. 맹자도 예외가 아니었다. 부국강병이 국부의 증대를 가져오는 효과적인 정책이기는 하다. 하지만 그 목표는 백성의 엄청난 희생을 통해 가능했던 일이다. 예컨대 홍수가 나서 많은 이재민이 발생하면 국가는 창고의 곡식을 풀어서 구호에 나서야 하지만 언제 있을지 모르는 전쟁을 준비하느라 비축물자를 손대지 못했다. 이에 맹자는 도대체 누구를 위한 부국강병인가라는 근원적인 의문을 제기했던 것이다.

두 사람의 만남은 망하지 않으려면 무리를 해서라도 부국강병을 추구해야 하지만 그로 인해 백성의 고통이 가중될 때 무엇이 진정으로 백성을 사랑하는 정책일지 다시금 반성해야 한다는 두 노선의 대립을 극명하게 보여주고 있다. 이렇게 보면 혜왕은 부강강병의 利 문제를 묻지 않을 수 없는 반면 맹자는 이를 "何必曰利"로 받아치고 "亦有仁義"의 의의를 강조하지 않을 수가 없다. 맹자는 지도자가 말끝마다 이익을 말하면 모든 구성원이 이익을 추구하여 만인이 만인을 상대로 투쟁에 나서는 "상하교정리上下交征利"의 결과를 피할 수 없다고 보았다. "회리상접懷利相接"(「고자」하 4), 즉 자신의 이익만 밝히면 공동체가 망하게 된다. 이 대립은 혜왕이 현실적이고 맹자가 이상적이라고 단순화시킬 수 없고 시대의 갈등을 대변하고 있다고 할 수 있다.

02 상생 — 백성들과 함께 즐거움을 누리다

여민해락與民偕樂(「양혜왕」상 2, 「양혜왕」하 1, 「양혜왕」하 4)

입문__학교에서 회의 등 공적 활동을 하고 식사를 하면 법인카드로 결제하게 한다. 현금은 사용처를 정확하게 알 수 없지만 법인카드의 결제는 다양한 정보를 파악할 수 있기 때문이다. 법인카드의 부정 사용을 막기 위해 저녁 9시 이전에 결제하고 사용할 수 없는 업종을 지정하기도 한다. 간혹 고위 공무원이나 선출직 공직자의 법인카드 사용 내역이 공개되면 언론에서 적정 사용 여부를 두고 논란이 벌어지곤 한다. 이전에 법인카드 하면 모든 것이 가능한 만능 카드로 생각했지만 지금은 다양한 장치로 부정 사용을 예방하고 있다.

우리가 국가의 예산 운용을 결정하는 자리에 있다면, 즉 맘껏 쓸 수 있는 법인카드를 갖게 된다면 어떻게 사용할까? 철저하게 공적 용도에만 사용할까? 아니면 공적 용도로 사용하면서도 별도로 개인의 생활용품도 구입할까? 사실 법 또는 규정이 예산을 어떻게 사용해야 한다는 규정이 있다면 앞의 질문에 쉽게 대답할 수 있다. 만약 규정이 없다면 개인의 양식에 맡겨진다.

맹자는 혜왕의 예산 운용을 與民偕樂과 독락獨樂의 구분법을 통해 그 적절성을 구분하고 있다. 與民偕樂은 오늘날 식으로 옮기면 예산을 공적 용도로 사용하여 왕이 백성과 더불어 즐거움을 누리는 방식이라면, 獨樂은 사적 용도로 사용하여 왕이 개인적 욕망을 충족시키며 자신만의 즐거움을 누리는 방식이다. 국부 또는 공금을 왕이 독락으로 쓰면 안 되듯이 오늘날 우리도 사적으로 남용하지 않으려면 어떻게 해야 할까? 이제 맹자의 이야기를 함께 들어보자.

승당__혜왕이 왕실 정원의 못가에 있다가 여러 종류의 크고 작은 기러기와 크고 작은 사슴을 훑어보고 맹자에게 현자도 이러한 구경을 즐거워하는지요? … 옛날 현자는 정원의 풍광을 백성과 함께 즐겼기 때문에 충분히 즐길 수 있었지요.

王立於沼上, 顧鴻雁麋鹿曰, 賢者亦樂此乎? … 古之人,
왕 립 이 소 상   고 홍 안 미 록 왈   현 자 역 락 차 호   고 지 인
與民偕樂, 故能樂也.
여 민 해 락   고 능 락 야

입실＿＿왕은 01조목 "何必曰利"에서 맹자와 이야기를 나누는 혜왕을 가리킨다. 소沼는 왕실 정원에 있는 연못이고 그 안에 진귀한 동물과 식물이 있었다. 당시 왕실 정원은 관상용에 그치지 않고 사냥을 통해 군사 훈련을 실시하기도 했다. 상上은 보통 '위'의 뜻으로 쓰이지만 여기서는 '부근, 가'의 뜻이다. '위'로 옮기면 혜왕이 연못 위에 공중부양을 해있는 상황을 가리키게 된다. 홍안鴻雁은 '기러기'를 가리키는데 홍은 그중에 덩치가 큰 기러기를 말한다. 미록麋鹿은 '사슴'을 가리키는데 미는 그중에 덩치가 큰 사슴을 말한다. 해偕는 '더불어, 함께'의 뜻이다. 偕가 '동同'으로 된 경우도 있다. 樂은 발음이 세 가지인데, '음악'의 뜻이면 '악'이고 '좋아하다'의 뜻이면 '요'이고 '즐겁다, 즐거워하다'의 뜻이면 '락'이다. 여기서는 '락'으로 읽는다.

여언＿＿왕은 시대에 따라 위상이 다르다. 고대의 왕은 정치 지도자보다 제사장의 특성을 지녔다. 왕은 다른 사람이 누리지 못한 특권을 누리기보다 공동체의 고통스런 상황이 생기면 '희생양'으로 책임지는 존재였다. 전국시대는 철기의 도래와 더불어 약한 나라를 점령하여 광대한 영역을 통치하는 정복자 왕이 등장했다. 이때 왕은 가신을 관료제로 확대하여 자신의 의지를 타인에게 관철시키는 정치 지도자의 특성을 갖는다. 이러한 맥락에서 전국시대의 왕은 개인의 지위와 위엄을 돋보이게 하려고 왕궁을 크게 짓고 누대를 높게 세우고 왕실 정원을 넓게 조성했다. 이러한 시설물은 그 나름의 기능을 가지지만 왕실 독점으로 인해 민간인의 출

입과 사용이 금지되었다. 즉 백성의 입장에서 보면 도성 근처에 접근할 수 없는 거대한 섬의 출현이라고 할 수 있다.

혜왕의 질문대로 현자는 거대한 왕실의 정원에서 누리는 즐거움을 누릴 수 있을까? 이 질문에 단순히 긍정과 부정으로 대답할 수 없다. 정원 등 건축물의 축조 그 자체는 적부 또는 시비의 대상이 되지 않기 때문이다. 즉 건축물의 운영에 따라 적부나 나라. 이에 대해 맹자는 與民偕樂과 獨樂의 구분을 통해 판단을 내린다. 예컨대 주나라 문왕은 영대靈臺·영대靈囿·영소靈沼를 축조하면서 서민의 노역을 이용했지만 서민은 치세의 혜택을 누리고 또 왕실 정원을 접근 금지의 대상으로 하지 않았다. 즉 그는 영대·영대·영소를 與民偕樂의 방식으로 축조하고 운용했기 때문에 정원의 즐거움을 누린다고 문제가 될 것이 없다.

반면 혜왕처럼 왕실의 정원을 접근 금지의 대상으로 만들고 접근했을 때 살인죄로 처벌을 한다면(「양혜왕」하 2) 정원을 독락의 방식으로 축조하고 운용한 셈이 된다. 혜왕은 정원을 축조할 때 백성에게 일방적 고통을 주었고 운용할 때 독점하여 이중의 고통을 주게 되므로 정원의 즐거움을 누린다면 문제가 된다. 맹자는 혜왕과 나눈 이야기에서만이 아니라 제나라 선왕이 말한 음악 공연의 감상에 대해서도 동일한 기준을 적용했다. 과거의 현자는 백성에게 치세의 혜택을 돌려주므로 왕궁에서 음악 공연의 소리가 궁 밖으로 들려도 누구도 반대하지 않지만 백성에게 난세의 고통을 주면서 왕궁에서 그 소리가 궁 밖으로 들리면 "왕궁 안의 즐거움과 왕궁 밖의 괴로움"이 극명하게 대비되므로 누구나 반대의 목소리를 내게 되는 것이다.

제2차 세계대전 이후에 숱한 식민지가 제국으로부터 독립을 쟁취했다. 독립 이후 집권 세력이 與民偕樂의 정책을 펼친 경우 식민지 시절보다 나은 경제적 번영과 정치적 민주를 누린다. 반면 그 세력이 독재 정치를 펼치면 부패와 타락의 굴레를 벗어나지 못하고 오히려 식민지 시절보다 더 못한 경제적 빈곤과 정치적 혼란을 겪는다. 이렇게 보면 與民偕樂이 정의이자 공정이라면, 독락은 부정의이자 불공정이라고 할 수 있다. 청와대는 1968년 김신조 사건(1·21 사태) 이후에 북악산 주위를 철조망으로 둘러 시민의 북악산 접근을 막고 곳곳에 군인을 배치하여 경계경비를 강화했다. 근래에 대통령 별장인 청주의 청남대, 거제 저도의 청해도가 시민에게 개방되고 북악산의 금지구역을 점차로 줄여 시민이 자유롭게 출입할 수 있도록 했다. 이도 與民偕樂 또는 與民同樂의 맥락이라고 할 수 있다.

03
비난

오십 보나 백 보나 마찬가지

오십보백보五十步百步(「양혜왕」상 3)

입문___요즘 고전에 나오는 사자성어가 아니라 우리말을 줄여서 표현하는 사자성어가 인기다. 전달하는 내용은 둘 다 간명하면서 폐부를 찌를 정도로 적확하다. 예컨대 선거철이 되면 공무원들이 할 일도 하지 않고 수수방관하는 상황을 "복지부동"이라 하고, 사람이 자신에 대해 너그럽지만 남에 대해 가혹하게 평가하는 상황을 "내로남불"이라 한다. 둘 다 현대판 사자성어라고 할 수 있는데, 나중에 이들을 하나로 묶어보면 재미있을 듯하다.

『논어』에 보면 공자도 일찍이 사람이 "자신에게 엄격하고 남에게 관대하면 원망하는 소리를 멀리하게 된다(躬自厚而薄責於人, 則遠怨矣.「위령공」15)"라고 말한 적이 있다. 그만큼 사람은 자신에게 관대하고 남에게 엄격하기(자관남엄)가 쉽고 자신에게 엄격하고 남에게 관대하기(자엄남관)가 어렵다는 말이다. 공자의 말은 "궁후박인躬厚薄人(자엄남관)"으로 줄일 수 있는데 이를 반대로 하면 "내로남불"에 어울리는 "궁박후인躬薄厚人(자관남엄)"이 된다. 맹자는 내로남불을 어떻게 이야기할까?

승당___맹자: 왕이 전쟁을 좋아하니 바라건대 전쟁으로 비유해보겠소. 둥둥 북을 쳐서 공격을 알리니 쌍방 병사가 서로 무기와 칼날을 부딪치며 치열하게 싸우는데 누군가 갑옷을 버리고 무기를 질질 끌며 도망갔다. 누구는 100걸음 정도 도망간 뒤에 멈추고, 누구는 50걸음 정도 도망간 뒤에 멈추었다. 이때 50걸음 도망친 사람이 100걸음 도망친 사람더러 자신보다 더 많이 도망쳤다고 비웃으면 어떻습니까? 혜왕: 비웃을 수 없지요. 50걸음 도망친 사람은 다만 100걸음 도망치지 않을 뿐이지만 그 또한 도망친 점에서 똑같기 때문이죠.

孟子對曰, 王好戰, 請以戰喩. 塡然鼓之, 兵刃旣接,
맹 자 대 왈   왕 호 전   청 이 전 유   전 연 고 지   병 인 기 접
棄甲曳兵而走. 或百步而後止, 或五十步而後止.
기 갑 예 병 이 주   혹 백 보 이 후 지   혹 오 십 보 이 후 지
以五十步笑百步, 則何如?
이 오 십 보 소 백 보   즉 하 여
曰, 不可. 直不百步耳, 是亦走也.
왈 불 가   직 불 백 보 이   시 역 주 야

입실___전戰은 '싸움, 전쟁, 싸우다'의 뜻이다. 유喩는 '깨우치다, 깨닫다'의 뜻이다. 전塡은 '메우다, 채우다'의 뜻으로 쓰이지만 여기서는 전연塡然

의 꼴로 '둥둥'처럼 북소리를 나타내는 의성어로 쓰인다. 고鼓는 동사로 '북을 치다, 두드리다'의 뜻이다. 인刃은 '칼, 칼날'의 뜻이다. 접接은 '만나다, 사귀다'의 뜻으로 여기서는 '부딪치다'의 맥락으로 쓰인다. 갑甲은 십간의 처음으로 '첫째, 으뜸'으로 쓰이지만 여기서는 '갑옷'의 뜻이다. 예曳는 '끌다'의 뜻이다. 오십보五十步와 백보百步는 오십 걸음과 백 걸음으로 볼 수도 있지만 여기서 앞뒤에 나오는 '주走'와 같이 '도망가다'는 동사로 쓰인다. 맹자는 이와 비슷하게 병사가 하루에 세 차례 군진을 이탈한 실례를 들기도 한다(「공손추」하 4). 지止는 '멈추다, 머무르다'의 뜻이다. 소笑는 '웃다'의 뜻이지만 여기서는 상대를 무시하여 '비웃다'는 뜻으로 쓰인다. 직直은 '곧다, 바르다'의 뜻으로 쓰이지만 여기서는 지只와 같이 '다만, 단지'의 뜻으로 쓰인다.

여언__ 혜왕은 평소 궁금한 점이 많았다. 맹자를 만난 김에 해답을 듣고자 했다. 그중 하나가 자신은 전국시대의 제후 중에 정치를 잘한다고 생각하는데, 양나라의 인구가 늘어나지 않는 것이었다. 예컨대 한 지역에 흉년이 들면 그 지역 사람의 일부를 다른 지역으로 이주시키고 그 지역에 곡식을 보내 구휼 활동을 적극적으로 했다. 즉 그 나름 '진심盡心'의 정치를 한다는 말이다. 맹자는 혜왕에게 곧바로 "당신 말이 옳다, 그르다"라고 판정하지 않고 대뜸 전쟁 이야기를 끄집어냈다. 그것이 바로 동료가 격렬한 전투에서 용감하게 싸우고 있는데 두려워서 "걸음아, 날 살려라!"라는 식으로 도망친 병사의 이야기이다.

우리는 맹자를 사상가로 알고 있지만 이런 작화作話를 보면 작가로서 능력이 보통 아니란 걸 알 수 있다. 직접 뭐라고 하지 않고 이야기를 통해 혜왕이 자신을 돌아보게 만드는 점에서 맹자의 솜씨가 탁월하다고 할 수밖에 없다. 그래서 나는 요즘 철학도 고대 "이야기 철학"의 특성에 주목해야 한다고 주장하고 있다. 한번 상상해보자. 한 편에는 공격을 독려하는 북소리가 연신 울리고 칼날과 칼날이 부딪치며 쨍그랑거리고 칼을 맞는 병사가 신음하며 쓰러지는 격전이 벌어지고 있고, 다른 한 편에서 격전의 현장을 벗어나서 도망가던 두 사람이 얼굴을 마주한 상황을 말이다.

처음에 두 사람은 서로 꽤나 부끄럽고 멋쩍었으리라. 그때 갑자기 50보가 득의양양하게 자신보다 50걸음 더 도망친 100걸음더러 "야, 너는 뭐가 무서워서 100걸음이나 도망치냐?"라고 고함치며 끌끌 웃었다. 50보의 웃음소리가 얼마나 멀리 갔을까? 아마 웃고 나서 자신의 처지를 돌아보고 금방 얼굴이 굳어졌으리라. 자신이 웃는 중에 자신도 도망쳤으니 말이 이상하다고 느꼈기 때문이리라. 이처럼 "五十步百步" 이야기는 산문이지만 이를 동영상으로 상상해보면 우리는 아마 배꼽 잡고 웃을지도 모르겠다. 웃다 보면 우리나라 속담 "똥 묻은 개가 겨 묻은 개를 나무란다"가 떠오를 수 있다. 두 이야기의 소재가 다르지만 말하는 내용은 서로 바꿔도 잘 연결되기 때문이다.

혜왕은 홍수나 가뭄으로 흉년이 되면 나름대로 이주와 구휼 대책을 제대로 세워서 대응을 잘했다고 생각한다. 이것이 그가 말하는 "할 수 있는 한 마음을 다하기"의 진심盡心이다. 이는 일종의 대증요법이라고 할 수 있다. 어떤 일이 닥치면 그제야 부산하게 문제 상황을 파악하여 대책을 세워서 문제를 해결하는 것이다. 문제는 오늘 갑자기 발생하는 것이 아니다. 가뭄이라면 미리 저수지를 파서 물을 가두고 홍수라면 치수를 벌여 물길을 정비해야 한다. 이런 일을 내버려두고 전쟁 준비를 하다 보니 자연재해가 닥치고서야 부랴부랴 진심 타령을 하는 것이다.

진심은 자신이 하는 것조차 비판적으로 돌아보면서 자신을 통째로 바꿀 수 있어야 한다. 맹자는 짧은 이야기의 죽비로 혜왕을 내리치고 있다. 그는 깨달았을까? 우리도 대충 일해놓고 진심 타령을 하며 알아보지 않은 누군가를 원망하고 있을 때가 많다. 혜왕은 고전에만 있지 않고 현실에도 많다.

04 정치 ── 짐승을 몰아 사람을 잡아먹게 하다
솔수식인率獸食人「양혜왕」상 4)

입문__ 정부는 세금으로 거둬들인 자원을 적재적소에 운용하여 사람을 살리는 데 써야 한다. 이를 압축적으로 표현하면 세상을 다스려서 사람의 문제 상황을 해결한다는 "경세제민經世濟民"이라고 한다. 훗날 후쿠자와 유키치福澤諭吉(1835~1901)가 서양의 economy를 경제經濟로 번역하면서 經世濟民에 담긴 정치의 의미가 줄어들게 되었다.

오늘날 경제 활동과 기업 경영에서 환경 보호, 사회 공헌, 윤리 경영의 앞 글자를 딴 환경Environment · 사회Social · 지배구조Governance(ESG)가 날로 주목받고 있다. 유럽연합과 미국에서는 기업 경영의 실적을 고려할 때 이미 ESG를 하나의 기준으로 삼고 있다. 앞으로 기업이 국내 무대를 넘어 글로벌 무대에서 활동하려면 ESG가 선택이 아니라 필수가 되고 있다. 아울러 산업 현장에서 되풀이 되고 있는 사망사고를 줄이기 위해 ESG에 안전 노동을 가리키는 'S(Safe)'를 추가해 ESGS를 기준으로 삼을 필요가 있다(신정근, 「설분신원雪憤伸冤」, 『서울경제』, 2021.06.04. 기사). 이러한 ESGS는 경제에 담긴 정치의 의미를 복원하고 있다고 할 수 있다. 정치와 경제는 따로 놀지 않고 제대로 함께 어울릴 때 제 역할을 할 수 있기 때문이다.

예나 지금이나 정치 경제는 약육강식, 양극화의 문제에 직면해왔다. 이 문제를 해결하지 못하면 사람 사는 세상이 힘의 우열에 따라 질서가 잡히는 '정글의 법칙'을 피할 수 없다. 정글의 법칙을 피하지 못하면 정치 경제는 약육강식, 양극화의 문제를 완화하거나 예방하지 못하고 오히려 그 문제를 정당화시켜주는 역할을 하게 된다. 전국시대의 정치도 백성을 살린다고 하면서 백성으로 하여금 끝이 없는 고통을 겪게 하는 상황을 만들어냈다. 맹자는 혜왕을 만나 정치의 위기를 신랄하게 비판하고 있다. 그 현장으로 들어가 보자.

승당__ 푸줏간에는 살찐(먹음직한) 고기가 널려있고 마구간에는 살찐(영양 상태가 좋은) 말이 있지만 백성들은 먹지 못해 굶주린 기색이 역력하고 들에는 굶어 죽은 시신이 넘쳐난다. 이는 짐승을 몰아다 사람을 잡아먹게 하는 셈이다. 짐승이 서로 잡아먹어도 사람은 그걸 끔찍하게 싫어한다. 백성의 부모가 되어 정치를 펼치면서 짐승을 몰아다가 사람을 잡아먹게 하는 상황을 벗어나지 못한다면 도대체 어디에 백성 부모의 역할이 있는가?

庖有肥肉, 廄有肥馬, 民有飢色, 野有餓莩,
포 유 비 육   구 유 비 마   민 유 기 색   야 유 아 표

此率獸而食人也. 獸相食, 且人惡之. 爲民父母, 行政,
차 솔 수 이 식 인 야   수 상 식   차 인 오 지   위 민 부 모   행 정

不免於率獸而食人, 惡在其爲民父母也?
불 면 어 솔 수 이 식 인   오 재 기 위 민 부 모 야

입실　포庖는 '푸줏간, 부엌, 요리사'의 뜻이다. 비肥는 '살찌다'의 뜻이다. 구廐는 '마구간'의 뜻이다. 기飢는 '주리다, 주림'의 뜻이다. 아餓는 '주리다, 굶기다'의 뜻이다. 莩는 발음이 두 가지인데, '갈대청, 갈대 줄기 속의 얇은 막'을 가리키면서 '얇다, 정밀하고 자세하다'의 뜻이 파생된 경우 '부'로 읽고, '굶어 죽다, 주검'을 나타내면 '표'로 읽는다. 후자의 莩는 표殍와 의미가 통한다. 솔率은 '거느리다, 이끌다'의 뜻이다. 수獸는 '들짐승'의 뜻으로 보통 날짐승을 뜻하는 금禽과 함께 쓰인다. 식食은 '먹다'의 뜻으로 여기서는 사람이 방치한다는 맥락이 더해져서 '잡아먹게 하다, 잡아먹히게 하다'의 뜻이다. 惡은 발음이 두 가지인데, '선악'의 맥락이면 '악'이고 '미워하다, 어찌'의 맥락이면 '오'로 읽는다. 면免은 '벗다, 피하다'의 뜻이다.

여언　우리는 앞에서 사상가만이 아니라 작가로서 맹자의 글솜씨를 확인했듯이 이번의 글도 보통이 아니다. 그는 '살찔 비肥' 자와 '굶주릴 아餓' 자의 대비를 통해 전국시대 정치의 실상이 어떤지 세세하게 묘사하고 있다. 명확하게 다른 두 장의 그림이 눈에 선하게 나타난다.

이 이야기의 앞부분을 잠깐 살펴보자. 어쩐 일인지 혜왕은 맹자에게 묻지를 않고 다짜고짜 "한 수 가르쳐주십시오!"라며 승교承敎를 청했다. 맹자 입장에서 보면 좀 당황스럽다. 질문을 하면 그에 맞게 대응하면 되는데, 무작정 가르침을 청하니 어디에서 이야기를 시작할지 다소 난감하기 때문이다.

맹자는 마음을 정한 듯 "사람을 몽둥이로 죽이는 거랑 칼로 죽이는 거랑 차이가 있느냐?"라고 물었다. 혜왕은 맹자가 무슨 말을 하려는지 몰라 긴장했을지 모르지만 너무 쉬운 질문이라 "차이가 없지요"라고 대답했다. 맹자는 다시 "사람을 칼로 죽이는 거랑 정치로 죽이는 거랑 차이가 있느냐?"라고 물었다. 몽둥이가 정치로 바뀌었지만 어려운 질문이 아니니 혜왕은 앞의 질문처럼 똑같이 "차이가 없지요"라고 대답했다. 이는 순진한 혜왕이 맹자의 낚시에 미끼를 덥석 문 셈이다.

이제 맹자는 본격적으로 자신의 속맘을 펼치면서 「승당」의 이야기를 끄집어냈다. "당신이 지금 양나라 정치를 책임지고 있는데, '庖有肥肉, 廄有肥馬'와 '民有飢色, 野有餓莩'의 판이한 모습에 대해 어떻게 생각하느냐?"라고 물었다. 이는 권투에서 맹자가 아웃복싱을 하며 링 안을 빙글빙글 돌다가 느닷없이 혜왕의 복부에 훅을 넣는 셈이다. 혜왕은 "헉!" 하며 말문이 막히는데 맹자는 숨을 고를 여유를 주지 않고 곧바로 지금까지 당신의 정치는 "率獸食人"이라며 스트레이트를 날렸다. 정신이 어질어질한 혜왕더러 맹자는 당신이 그래놓고 "백성들의 부모 노릇을 한다고 할 수 있느냐(爲民父母)?"라고 따졌다.

이야기는 맹자의 통쾌한 승리로 끝나지만 혜왕이라고 아무 할 말이 없을까? 약육강식의 시대에 나라가 망하지 않으려면 백성들이 고통을 감수해야 하고 그래야 부국강병이 가능하지 않느냐고 말이다. 백성들이 경제적·군사적 자원을 생산해야 군량미를 마련할 수 있고 무기를 만들 수 있고 성을 쌓을 수 있기 때문이다.

맹자는 억울해하는 혜왕에게 당신이 정치를 한다면 백성을 살리는 정치를 해야 당신도 살고 백성도 사는 상생相生이 된다고 말했다. 그렇지 않으면 국가는 재정이 넘쳐나지만 백성들이 죽어나가니 이는 병마는 살찌고 백성들은 피골이 상접하는 살인의 정치가 된다. 이렇게 해놓고 정치를 한다고 할 수 있느냐고 항의하는 것이다. 지금도 지구상에는 그럴듯한 구호를 내걸며 국민의 고혈을 짜는 率獸食人의 정치가 없을까?

05
사랑

인자에게 맞설 사람이 없다

인자무적仁者無敵(「양혜왕」상 5, 「양혜왕」하 10~11, 「등문공」하 5)

입문___오늘날 우리는 자신이 살던 나라를 떠나 다른 나라로 이민 갈 수 있다. 정치적 이유만이 아니라 결혼과 취업 등으로 이민이 빈번하게 일어나고 있다. 지금 우리는 외국인이 우리나라로 이민 오는 입장이 되었지만 대한제국 시절에 우리나라를 떠나 외국으로 이민을 갔다. 1902년 12월 22일 제물포항에서 조선 사람을 태운 갤릭호가 하와이로 출항하여 다음 해 1월 12일 자정에야 호놀룰루 외항에 도착했다. 요즘 비행기로 7시간 정도면 가는 상황과 비교하면 참으로 많은 시간이 걸린 셈이다.

당시 하와이는 원주민의 일손이 대대적으로 부족하자 임금을 싸게 줄 수 있는 아시아인을 고용하려고 했다. 이러한 상황에 주한 미국 공사 알렌이 조선인 고용을 주선했고 고국으로 돌아오지 못하자 고용이 이민으로 이어졌다. '이민'은 1905년까지 모두 65차례에 걸쳐 7,226명이 하와이로 떠났다. 이들은 하와이에 도착하여 사탕수수 농장에서 일하게 되었는데, 낮은 임금과 차별에다가 채찍으로 맞는 가혹한 노동을 피할 수 없었다(강응천 외, 『타임라인 한국사 4: 1876~1945』, 다산북스, 2013 참조). 이처럼 하와이 이민은 먹고살기 위해 어쩔 수 없이 일자리를 찾아가 뜻하지 않게 이민을 하게 된 것이다.

요즘 글로벌 시민의 개념이 나오면서 이민의 가능성이 더 늘어났다. 이

전처럼 국경과 국적의 개념이 느슨해지자 내가 살 곳을 내가 정하는 시대가 되었다. 맹자는 유세를 하면서 만나는 제후들에게 "당신이 정치를 잘하면 사람들이 당신 나라로 살러 올 것이다"라며 대규모의 이민 가능성을 말했다. 맹자도 일찍부터 사람이 스스로 살고 싶은 나라를 선택할 수 있다는 파격적인 생각을 한 것이다. 시대를 앞선 듯한 맹자의 발언을 들으면 과연 현실적으로 가능할까라는 의구심이 들 수 있다. 사람이 개별적으로 살고 싶은 나라를 선택할 수 있다고 하더라도 어떤 국가가 그러한 선택에 개입하면 이민은 불가능해지지 않느냐고 반론을 펼 수 있기 때문이다. 이에 대해 맹자는 뭐라고 대답할까?

승당＿저들이 전쟁을 하느라 자기 백성이 농사지을 때를 빼앗아 밭 갈고 김매어 제 부모를 제대로 봉양하지 못하게 하면, 그들의 부모가 춥고 배고파서 얼어 죽고 형제와 처자도 뿔뿔이 흩어지게 될 것이다. 저들이 자기 백성을 위험하고 처참한 상황에 빠뜨리면, 당신(혜왕)이 해방군으로 그 나라로 가서 폭정을 바로잡는다면 누가 왕에게 맞서겠습니까? 그러므로 사랑의 지도자에게 맞설 사람이 없다고 하니 왕께서는 이 점을 의심하지 마세요.

彼奪其民時, 使不得耕耨, 以養其父母. 父母凍餓,
피 탈 기 민 시 사 부 득 경 누 이 양 기 부 모 부 모 동 아
兄弟妻子離散. 彼陷溺其民, 王往而征之, 夫誰與王敵?
형 제 처 자 이 산 피 함 닉 기 민 왕 왕 이 정 지 부 수 여 왕 적
故曰, 仁者無敵. 王請勿疑!
고 왈 인 자 무 적 왕 청 물 의

입실＿피彼는 3인칭 대명사로 '저쪽, 저 사람'의 뜻으로 여기서는 양나라를 공격하는 적국을 가리킨다. 양나라를 기준으로 하면 북쪽의 진晉,

동쪽의 제齊, 서쪽의 진秦, 남쪽의 초楚나라를 가리킨다고 할 수 있다. 탈奪은 '빼앗다, 잃다'의 뜻이다. 시時는 '때, 시절'의 뜻으로 구체적으로 씨 뿌리고 김매는 농번기를 가리킨다. 경耕은 '밭 갈다'의 뜻이지만 실제로 곡식 따위를 심어 가꾸는 맥락까지 포함한다. 누耨는 '김매다, 없애다'의 뜻이다. 동凍은 '얼다, 춥다'의 뜻이다. 리離는 '떼놓다, 헤어지다'의 뜻이다. 산散은 '흩어지다, 헤어지다'의 뜻이다. 이산은 오늘날 '남북이산가족'이란 말로 여전히 쓰이고 있는데, 『맹자』에 나올 정도로 참으로 오래된 문제라고 할 수 있다. 닉溺은 '빠지다, 잠기다'의 뜻으로 익사溺死로 쓰인다. 정征은 '치다, 가다, 취하다'의 뜻으로 쓰이는데 여기서는 '바로잡다, 구원하다'의 맥락으로 쓰인다. 수誰는 의문 대명사로 '누가'의 뜻이다. 적敵은 '맞서다, 상대방, 원수'의 뜻이다. 물勿은 금지 부사로 '~을 하지 말라'의 맥락이다. 의疑는 '의아하게 여기다, 두려워하다'의 뜻이다.

여언__ 맹자는 어떻게 사람이 살 나라를 선택한다는 파격적인 주장을 내놓을 수 있었을까? 대답은 간단하다. 사람들은 훌륭한 지도자가 정치하는 나라에서 살고 싶어 한다는 것이다. 맹자는 살기 좋은 나라와 살기 나쁜 나라를 구분하고 있다. 맹자는 자신의 이러한 생각을 구체화시키기 위해서 두 나라의 상황을 가설적으로 제시하고 있다. 편의상 두 나라를 (가)와 (나)라고 해보자.

(가)는 형벌을 공정하게 집행하고 세금을 적게 거두니 백성들이 제때 농사를 짓고 청장년층은 여유가 날 때마다 기본적인 덕목을 갈고닦아 부모를 잘 모시고 군주를 잘 섬긴다. 맹자는 이를 사랑의 정치를 펼치는 인정仁政이라고 불렀다. (나)는 「승당」에 나온 대로 백성들의 농사철을 빼앗으니 농사를 지어 제 부모조차 제대로 돌보지 못하니 부모는 춥고 굶주

리다 죽어나가고 형제와 처자는 어디에 있는지 모르게 흩어지게 된다. 맹자는 이를 무슨 정치라고 말하지 않지만 원문에 따르면 폭정暴政이다.

(가)가 해방군으로 (나)를 쳐들어가면 (나)의 폭군은 온갖 무기를 동원하여 (가)를 막도록 백성들에게 독려할 것이다. 맹자에 의하면 상황은 폭군의 기대와 전혀 다르게 전개될 수 있다. 폭정에 시달리는 (나)의 백성들은 (가)의 군대에 대항하기보다 오히려 도시락에 밥을 담고 병에 물을 넣는 "단사호장簞食壺漿"(「양혜왕」하 10~11; 「등문공」하 5)으로 그들을 환영할 수 있다. 또 (나)의 폭군이 군사를 이끌고 (가)를 침략하게 되면 어떻게 될까? 맹자에 의하면 (가)의 백성들은 주위의 나무를 모아다 몽둥이를 만들어서라도 단단한 갑옷과 날카로운 무기(堅甲利兵)에 맞서서 용감하게 싸워 (나)를 이길 수 있다.

이 모두 仁者無敵의 仁政이기에 가능한 일이다. 사랑의 정치를 펼치면 자국의 국민은 하나로 뭉쳐서 어떤 상황도 이겨내려고 하고 적국의 국민도 환영한다는 것이다. "리더가 사랑을 품으면 세상에 적이 없다(國君好仁, 天下無敵)"라는 것이다(「이루」상 7). 즉 진정한 사랑에는 적이 없기 때문이다. 혹시 맞서더라도 다른 사람의 지지를 받을 수가 없다. 인정은 편을 가르는 진영 정치와 크게 다르다.

06 살생 ── 군자는 도축장을 멀리한다

군자원포君子遠庖(「양혜왕」상 7)

입문___ 요즘 요리가 아주 다양해지고 있다. 나는 어릴 때 자장면이면 지구상의 최고 음식인 줄 알았다. 그 최고의 음식은 자주 먹지 못하고 졸업식 등 집안에 뭔가 행사가 있어야만 먹을 수 있다. 지금은 주위에 세계의 음식이 넘쳐나고 있다. 서울 대학로 거리를 거닐면 식사 시간에 온갖 향신료 냄새가 코를 자극한다. 여기가 한국인가라는 착각이 들 정도이다.

1970년대만 해도 소득 수준이 높지 않아 고기를 먹기가 쉽지 않았다. 지금 TV나 먹방 방송을 보면 진행자가 맛을 강조하는 몸짓에다 지글거리는 고기 굽는 소리를 곁들이며 각종 고기 요리를 선보인다. 없어서 못 먹던 고기도 먹으려고만 하면 쉽게 먹을 수 있게 되었다.

고기를 즐기는 현대인과 달리 표제어를 보면 맹자는 육식을 하지 않아 채식주의자인가라는 생각이 든다. 같은 곳에 "사람이 닭·새끼 돼지·개·돼지를 길러서 때를 놓치지 않으면 70세의 어른은 고기를 먹을 수 있다(鷄豚狗彘之畜, 無失其時, 七十者可以食肉矣. 「양혜왕」상 7)"라는 구절이 있다. 맹자 시대에는 고기가 귀해서 누구나 먹을 수 없으니 70세 이상은 먹게 하자는 제안을 하고 있는 듯하다. 특이하게도 견犬이 아니라 구狗는 식용의 대상이다. 맹자는 육식 반대자도 아니면서 도대체 왜 "군자가 도축장을 멀리한다"라고 했을까? 그 전말을 살펴보도록 하자.

승당___군자는 금수(동물)에 대해 산 경우라면 볼 수 있지만 죽은 경우라면 차마 쳐다보지 못한다. 금수(동물)가 죽으면서 내는 소리를 듣고서 고기 요리를 차마 먹지 못한다. 이 때문에 군자는 금수(동물)를 도축하는 푸줏간 근처를 가까이하지 않는다.

君子之於禽獸也, 見其生, 不忍見其死. 聞其聲,
군 자 지 어 금 수 야 견 기 생 불 인 견 기 사 문 기 성
不忍食其肉, 是以君子遠庖廚也.
불 인 식 기 육 시 이 군 자 원 포 주 야

입실＿＿금수禽獸는 날짐승과 들짐승을 가리키는데 오늘날 동물과 의미가 비슷하지만 어감이 다르다. 동물은 생물을 분류하는 용어이지만 금수는 사람보다 뒤떨어진다는 차별적 의미를 담고 있다. 기其는 대명사로 오해하지만 실제로 앞에 나오는 "명사와 지之"를 나타낸다. 여기서 기생其生은 앞에 나오는 "금수지생禽獸之生"을 줄여서 나타내는 말이다. 인忍은 '참다, 견디다'의 뜻으로 쓰이는데 맹자는 '차마 ~하지 못하다'라는 특별한 의미를 부여했다. 예컨대 인견忍見은 동물을 죽이는 특정한 장면을 차마 두 눈 뜨고 보지 못하겠다는 뜻이다. 사死는 '죽다, 죽음'의 뜻인데 여기서는 사람이 도축하여 죽은 상태의 동물을 가리킨다. 성聲은 '소리'의 뜻인데, 구체적으로 말하면 동물이 죽을 때 내는 처절한 울음소리를 가리킨다. 주廚는 '부엌, 푸줏간, 요리사'의 뜻이다.

여언＿＿君子遠庖의 발단은 종 만드는 이야기에서 시작된다. 혜왕이 나라의 상징물로 큰 종을 주조하는 프로젝트를 진행한 모양이다. 프로젝트가 어느덧 막바지에 이르러 흔종釁鍾 의식을 치를 때가 되었다. 흔종은 종을 주조하면서 표면에 있는 균열을 소의 피를 발라서 메우는 의식이다. 이는 신라시대에 성덕대왕 신종의 소리가 좋지 않자 아이를 넣어 에밀레종이 나왔다는 전설과 일맥상통하다. 그때 마침 혜왕이 대청에 앉아있다가 소를 끌고 그 아래로 지나가는 장면을 보게 되었다. 혜왕이 소를 왜 끌고 가느냐고 묻자 관리가 흔종 의식을 치르기 위해서라고 대답했다.

보통 같으면 이야기가 여기에서 끝난다. 하지만 이날은 혜왕이 웬일인지 곰곰이 생각하더니 "소를 놓아줘라"라고 지시했다. 관리가 깜짝 놀라서 "흔종 의식을 하지 말까요?"라고 묻자 혜왕은 "흔종 의식을 하지 않을 수 있겠는가? 양으로 바꿔라!"라고 지시했다. 혜왕은 왜 도대체 "소를 양으로 바꿔라!"라고 했을까? 그는 관리가 끌고 가는 소를 보니 그 소도 자신의 죽음을 예감했는지 "두려워서 벌벌 떨면서 아무런 죄 없이 사지로 나아가고" 있었고 혜왕은 그 장면을 보고서 "차마 모른 척할 수가 없었다(吾不忍其觳觫若無罪而就死地)." 이는 동물의 혈기에 초점을 두는 『예기』의 논의와 조금 다르다(「玉藻」: 君子遠庖廚, 凡有血氣之類, 弗身踐也).

혜왕의 "이양역우以羊易牛" 이야기가 널리 퍼지자 뜻밖의 소문이 돌았다. 혜왕이 비싼 소 죽이는 걸 아까워해서 값싼 양으로 바꾸었다는 말이다. 맹자도 이야기와 소문을 듣고서 전혀 다르게 평가했다. 맹자는 "소이냐 양이냐?"라는 논점의 일탈로 보았다. 초점은 혜왕이 눈앞의 소가 겪는 고통을 보고서 "차마 그대로 두고 볼 수 없다"라는 마음의 움직임에 두었다. 혜왕이 차마 내버려두지 못하는 마음의 움직임을 느끼고 또 그 움직임을 그냥 흘려보내지 않고 "소를 놓아줘라!"라고 했다.

혜왕은 이전에 이런 마음의 움직임을 느끼지 못했지만 소를 통해 그 마음을 느끼고 이에 부합하는 방식으로 반응했다. 여기서 맹자는 혜왕이 달라질 수 있다는 희망을 감지했다. 혜왕이 흔종의 소에서 느낀 마음의 움직임을 다른 경우에도 되풀이해서 느낄 수 있다면 소만이 아니라 다른 동물, 동물만이 아니라 사람의 생명을 구할 수 있기 때문이다. 이 기대가 "지금 은혜가 금수에 미치는데 도대체 왜 공로가 백성에게 이르지 않느냐(今恩足以及禽獸, 而功不至於百姓者, 獨何與)?"라는 말로 이어진다. 나아가 맹자는 살상 금지를 전국시대를 통일할 왕의 조건으로 내세웠다(不嗜殺人者能一之.「양혜왕」상 6).

물론 혜왕의 경험에는 한계도 있다. 눈앞에 보는 소는 안타깝지만 눈앞에 없는 양은 죽어도 좋다는 것인가라는 반론이 생길 수 있다. 이 때문에 혜왕더러 "소는 보고 아직 양은 보지 못한다(見羊未見牛)"라는 비판이 제기되었다. 사람이 어찌 한꺼번에 온전히 느껴서 통째로 바뀔 수 있겠는가? 소의 경험을 바탕으로 한 걸음 한 걸음씩 나아가면 되지 않겠는가? 하긴 우리는 산업 현장에서 숱한 산업재해, 가정 폭력, 데이트 폭력 등 숱한 죽음을 보고 들으면서도 근원적 해결을 찾지 않고 있다. 진천 종박물관(www.jincheonbell.net)을 찾아 다양한 종을 살펴보면서 혜왕이 느꼈던 마음의 움직임에 공감해보면 좋겠다.

07
핑계
하려고 하지 않거나 할 수 없거나
불위불능不爲不能(「양혜왕」상 7)

입문___사람은 선택을 할 때 고민하는 논점이 있다. 논점을 압축하면 다음 두 가지로 표현할 수 있다. "내가 이 일을 할 수 있을까?" "내가 이 일을 해야 할까?" 이 물음에 대해 각각 예스Yes와 노No가 가능하므로 총 경우의 수는 모두 네 가지라고 할 수 있다. 우리는 이 네 가지 경우의 수를 두고 평생 고민을 거듭한다. 이때 고민을 하는 이유가 있다. 할 수 없는 것과 할 수 있는 것, 할 수 없는 것과 하려고 하지 않는 것의 경계가 그렇게 선명하지 않기 때문이다. 경계가 아주 선명하다면 잠깐 뜸을 들이고 나서 바로 결정할 수 있지만 그렇지 않으니 며칠을 두고 판단을 내렸다가 다시 뒤집고 다시 처음으로 돌아가는 무한 반복을 되풀이한다.

이러한 고민의 원인에는 개개인의 성격, 시대의 분위기도 한몫하겠지만 근원적으로 따지고 보면 인간의 한계라고 할 수 있다. 사람이 어떤 일을 해보고 나서 결정한다면 실패의 두려움이 없다. 앞으로 어떻게 될지를 모르는 상태에서 결정해야 하니 다들 주저하고 고민하게 되는 것이다. 이러한 고민은 전국시대 맹자와 혜왕도 피해갈 수 없었다. "왕은 무엇을 어디까지 할 수 있을까?" 쉬운 문제가 아닌 만큼 고민도 깊어질 수밖에 없다. 카운슬러로서 맹자는 혜왕에게 어떤 말을 해줄까?

승당___혜왕: 하려고 하지 않는 사람과 할 수 없는 사람의 꼴이 어떻게 다른가요? 맹자: 겨드랑이에 태산을 끼고 북해를 뛰어넘는 일을, 주위 사람에게 "나는 할 수 없다"라고 말하면 이는 참으로 할 수 없는 일입니다. 어른을 위해 나뭇가지를 꺾는 일을, 주위 사람에게 "나는 할 수 없다"라고 말하면 이는 하려고 하지 않는 것이지 할 수 없는 것이 결코 아닙니다. 그러므로 왕이 왕 노릇 하지 않는 일은 겨드랑이에 태산을 끼고 북해를 뛰어넘는 종류의 일이 아닙니다. 왕이 왕 노릇 하지 않는 일은 나뭇가지를 꺾는 종류의 일입니다.

曰, 不爲者與不能者之形, 何以異?
왈 불위자여불능자지형 하이이
曰, 挾太山以超北海, 語人曰, 我不能. 是誠不能也.
왈 협태산이초북해 어인왈 아불능 시성불능야
爲長者折枝, 語人曰, 我不能. 是不爲也, 非不能也.
위장자절지 어인왈 아불능 시불위야 비불능야
故王之不王, 非挾太山以超北海之類也. 王之不王,
고왕지불왕 비협태산이초북해지류야 왕지불왕
是折枝之類也.
시절지지류야

입실___형形은 '꼴, 모양, 형세'의 뜻이다. 이異는 '다르다, 딴 것'의 뜻이다. 협挾은 '끼다, 가지다'의 뜻이다. 태산太山은 산동성에 있는 '타이산泰山'을 가리킨다. 초超는 '넘다, 뛰어넘다'의 뜻이다. 북해北海는 보하이渤海의 다른 이름이다. 성誠은 '정성, 진실로'의 뜻이다. 절折은 '꺾다, 자르다, 쪼개다'의 뜻이다. 지枝는 '가지, 나뭇가지'의 뜻이다. 왕王은 명사로 '왕', 동사로 '왕 노릇하다'의 뜻으로 쓰인다. "王之不王"에서 앞의 왕은 명사로, 뒤의 왕은 동사로 쓰인다. 이처럼 한문에는 같은 글자라도 위치에 따라 역할이 다른데, 어려워 보이지만 이를 알아차리면 그만큼 한문이 쉬워진다.

여언__ 혜왕은 '왕이 어떻게 왕 노릇을 잘 할 수 있을까?'를 고민한다면, 우리는 '내가 어떻게 나의 역할을 잘 할 수 있을까?'를 고민한다. 사람은 각자 자신의 위치에서 자신의 역할을 제대로 수행하고자 하기 때문이다. 이때 자신이 할 수 있는 일의 범위를 최소로 설정하면 실패할 리가 없을 터이니까 그로 인해 즐거움을 누릴 수 있겠지만 주위의 기대에 미치지 못할 수 있다. 반대로 목표를 최대로 잡으면 실패를 경험할 수 있지만 성사시켰을 때 그 성취감은 뭐라고 표현하기 어렵다.

혜왕은 맹자를 만나기 전에 부국강병에 성공하여 양나라를 패자의 나라로 올려놓고자 했다. 반면 그는 맹자를 만나고 나서 소를 비롯하여 사람을 사지로 몰아넣는 일처럼 "차마 할 수 없는 마음의 움직임"을 경험했다. 여기서 혜왕은 자신에게 소를 통해 느꼈던 마음을 존중한다고 하더라도 그 마음을 다른 경우로 확장할 수 있을까? 이렇게 생각하면 반신반의하게 된다. 이것은 혜왕만이 아니라 미처 예상하지 못했던 상황에 놓일 때 누구라도 고민할 수 있는 그런 상황이다.

맹자는 혜왕이 결단을 내리도록 도와주기 위해 두 가지 중요한 개념을 제시하고 있다. 하나는 객관적인 능력으로 할 수 있느냐와 할 수 없느냐의 상황이고, 다른 하나는 주관적인 의지로 하려고 하느냐와 하려고 하지 않느냐의 상황이다. 맹자는 두 상황의 차이를 설명하기 위해 예의 작가 능력을 발휘한다. 하나는 사람이 겨드랑이에 태산처럼 엄청난 크기의 산을 끼고서 거리가 아주 먼 북해를 뛰어넘는 일이다. 다른 하나는 집안의 어른을 위해 나뭇가지를 꺾는 일이다. 이 두 가지의 상황은 혜왕만이 아니라 이야기를 듣는 사람이라면 누구나 머리로 그려볼 수 있는 장면이다.

이제 맹자는 정면으로 혜왕에게 결론을 말한다. 누군가 겨드랑이에 태산을 끼고 북해를 뛰어넘으라고 할 때 "나는 할 수 없다"라고 말하면, 그것은 사람이라면 누구나 객관적으로 할 수 없는 일이므로 "할 수 없다" 하는 게 맞는 말이다. 반면 누군가 어른을 위해 나뭇가지를 꺾으라고 할 때 "나는 할 수 없다"라고 말하면, 그것은 사람이라면 누구나 객관적으로 할 수 있는 일이므로 "할 수 없다"라고 말하면 실제로 하고 싶지 않아서 둘러대는 말일 뿐이다. 맹자가 혜왕에게 "당신은 하려고 하지 않으면서 할 수 없다고 말하지 않느냐?"라고 따지고 있는 셈이다. 사실 이 말은 우리 자신에게도 들어맞을 때가 있다. 지금 내가 있는 세계에 너무 안주하여 도전을 기피하지 않나 생각해볼 일이다. 세계는 안주하면 좁지만 도전하면 얼마든지 넓어질 수 있다.

나무에 올라 물고기를 찾다

연목구어緣木求魚(「양혜왕」상 7)

입문__ 사람은 일을 할 때 목표를 정하고 그 목표를 이룰 수 있는 방법을 세운다. 계단이 없는 이층집에 올라가려면 사다리를 찾는 식이다. 육지에서 제주도로 가려면 보통 비행기를 타거나 배를 이용하는 식이다. 배가 고프면 자신이 직접 요리를 하거나 그럴 형편이 되지 않으면 음식점에 가서 식사하는 식이다. 이러한 방법은 목표를 이루는 데에 안전하면서도 유효한 길이라고 할 수 있다.

목표도 방법도 문제가 되는 경우도 있다. 예컨대 돈을 벌려고 무작정 땅을 파는 식이다. 땅을 파서 금을 찾을 수 있겠지만 확률이 없는 일을 한다는 점에서 쓸데없는 노력을 들인 셈이다. 사랑하고 싶은 상대의 마음을 얻기 위해 스토커인 양 졸졸 따라다니는 식이다. 졸졸 따라다니는 게 애정의 표현일 수 있지만 상대의 마음과 감정을 전혀 배려하지 않고 괴롭힌다는 점에서 바람직하지도 않다.

일을 시작할 때 목표가 거창하여 비현실적으로 보이고 방법도 비현실적으로 여겨지지만 훗날에 보면 위대한 도전으로 보이는 경우가 있다. 예컨대 어리석은 사람이 자신의 집 앞에 있는 산을 다른 곳으로 옮겨 길을 내겠다는 우공이산愚公移山의 일화가 있다(『열자』 「탕문湯問」). 다른 방법이 없다면 산을 옮길 수 있다. 기계나 기술이 없고 오로지 사람 힘에만 의존하면 그 일이 언제 이루어질지 모른다. 대대로 일을 계속한다면 산을 옮기는 데에 성공할 수도 있다. 시작도 안 해보고 이러쿵저러쿵 떠들기만 한다고 일이 진행되지 않는다. 이런 점에서 우공이산은 불가능을 가능으로 바꾸는 인간의 위대한 도전으로 간주된다. 그렇다면 나무에 올라 물고기를 찾는다면 어떻게 말할 수 있을까?

승당__맹자: 왕이 크게 바라는 일을 알 만합니다. 토지를 개간하여 넓히고 당시 강대국 진나라와 초나라를 양나라로 조회 오게 하고 황하 중하류에서 군림하며 주위 이민족의 세력을 누르고자 하시네요. 이와 같은 일로 이와 같은 욕망을 추구한다면 이는 나무에 올라가서 물고기를 찾는 것과 같습니다. 혜왕: 이와 같이 심각합니까? 맹자: 아마 생각하는 것보다 더 심각합니다. 나무에 올라가서 물고기를 찾는 일은 설사 물고기를 구하지 못하더라도 그 뒤에 문제가 생기지 않습니다. 이와 같은 일로 이와 같은 욕망을 추구하는 일은 마음과 힘을 다 짜내서 그렇게 하면 [욕망을 이루지 못할뿐더러 실패한] 뒤에 엄청난 재앙이 생길 겁니다.

曰, 然則王之所大欲可知已, 欲辟土地, 朝秦·楚, 莅中國,
왈 연즉왕지소대욕가지이 욕벽토지 조진 초 리중국
而撫四夷也. 以若所爲求若所欲, 猶緣木而求魚也.
이무사이야 이약소위구약소욕 유연목이구어야
王曰, 若是其甚與? 曰, 殆有甚焉. 緣木求魚, 雖不得魚,
왕왈 약시기심여 왈 태유심언 연목구어 수부득어
無後災. 以若所爲求若所欲, 盡心力而爲之, 後必有災.
무후재 이약소위구약소욕 진심력이위지 후필유재

입실__이르는 어조사로 뜻이 없다. 벽辟은 '임금, 법'의 뜻으로 쓰이지만 여기서는 '넓히다'는 뜻으로 땅을 개간하는 일을 가리킨다. 조朝는 '아침, 처음, 뵙다'의 뜻으로 많이 쓰이는데 여기서는 '조회 오게 하다'는 동사로 쓰인다. 리莅는 '다다르다, 이르다'의 뜻이다. 중국中國은 국중國中과 같은 맥락으로 황하 중하류 지역을 가리키지 나라의 이름이 아니다. 무撫는 '어루만지다, 누르다'의 뜻이다. 사이四夷는 보통 앞에 나오는 황하 주위에 문화적으로 뒤떨어진 남만南蠻·북적北狄·서융西戎·동이東夷를 가리킨다고 풀이한다. 이는 문화적 차별을 담고 있으며 사실과 부합하지 않는다. 당시 황하 중하류에는 오늘날 한족만이 아니라 다양한 종족이 뒤섞여 살고 있었기 때문이다. 사이는 주위의 이민족으로 풀이하면 괜찮다. 약若은 '만일, 너, 같다'의 뜻으로 쓰이는데 여기서는 '이와 같다'의 뜻이다. 연緣은 '인연, 가장자리'의 뜻으로 쓰이지만 여기서는 '오르다'의 뜻이다. 태殆는 '위태하다, 해치다'의 뜻으로 쓰이지만 여기서는 '거의, 아마'의 뜻이다. 재災는 '재앙, 불행'의 뜻이다. 진盡은 '다하다, 노력하다'의 뜻이다. 유有는 '있다'보다 '생기다, 일어나다'로 보는 게 더 자연스럽다.

여언__혜왕은 동쪽 제나라에 패배하여 맏아들이 사망하고 서쪽 진나라에 영토 700리를 빼앗기고 남쪽 초나라에 여러 성을 잃었다. 양나라의 국력이 나날이 약해지는 상황에도 불구하고 혜왕은 사자를 위해 패배를 설욕하고자 하는 욕망을 키울 수 있다. 이러한 상황에서 혜왕은 무엇을 어떻게 해야 할까? ① 승패를 따지지 않고 무조건 설욕전에 나서야 할까? ② 무작정 설욕에 나섰다가 패배하면 그 피해가 치명적이므로 미래의 결전을 차근차근 준비해야 할까? ③ 주위 강대국을 전쟁으로 이길 수 없다는 점을 인정하고 이전과 달리 평화의 길을 걸을까?

혜왕은 사실 ①을 하고 싶지만 현실을 고려하여 ②를 추진하고자 했지만 맹자는 ③을 제안하고 있다. 이에 맹자는 혜왕에게 ②가 얼마나 위험하고 부적절한지 설명해야 한다. 맹자는 먼저 강대국 초나라와 약소국 추鄒나라가 싸우면 누가 이길지 물어본다. 대답은 물어보나 마나이다. 그렇다면 지금의 형세는 아홉 강대국이 각축하고 있는데, 그중 하나가 다른 여덟을 이기려고 하면 가능한지 물어본다. 이도 대답이 뻔하다.

맹자는 지극히 현실적인 입장에서 혜왕의 설욕이 얼마나 무모한지 이야기하고자 했다. 이를 위해 그는 나무에 올라 물고기를 찾는 이야기를 했던 것이다. 緣木求魚는 처음부터 불가능한 일을 벌이려는 혜왕의 설욕전을 비판하고 있다. 緣木求魚는 실패하더라도 후과가 없지만 설욕전은 돌이킬 수 없는 치명적인 재앙을 낳을 수 있다. 오늘날 정치인은 여전히 임기 중에 치적을 쌓기 위해 그 흔한 테마파크와 같은 종류의 프로젝트를 벌이는데, 이게 愚公移山이 아니라 緣木求魚가 되는 경우가 적지 않다. 혜왕은 죽었지만 혜왕 같은 리더는 아직도 여기저기에 있다.

09 타락 — 리더가 향락에 빠진다면

유련황망流連荒亡(「양혜왕」하 4)

입문___2021년 여름 프로야구 몇몇 구단 선수가 코로나19에 확진되면서 게임이 취소되다가 급기야 리그가 중단되는 사태까지 일어났다. 리그 중단의 사유가 처음엔 코로나19로 알려졌지만 시간이 지나면서 몇몇 선수들이 엄중한 코로나19의 시국에도 불구하고 방역수칙을 어겨가면서 서울 원정팀 호텔 숙소에서 외부인과 술을 마신 사실이 드러났다. 그 뒤로 사건의 충격은 올림픽 국가대표의 자진 반납, 해당 선수의 징계 등등으로 일파만파가 일어났다.

2019년 시즌에 홍성흔 샌디에이고 파드리스 루키팀 코치가 두산 유니폼을 입은 신인 선수들을 대상으로 강연을 하면서 선수가 술을 조심해야 한다는 이야기를 했다. 당시 홍 코치는 "쉽게 술 사주는 주변 형님들을 만나지 말라"라고 이야기를 시작해서 "모든 게 술 때문이다. 여자 문제, 승부 조작, 도박 개입 등 모두 술에서 기인한다"라고 이야기했다. 아울러 성공하려면 "경쟁자들이 술을 마시러 갈 때 타격 스윙 한 번 더 하라"라고 충고했다(정철우, 「"술 사주는 형 조심하라" 이 사태 예견한 경고 있었다」, 『MK 스포츠』 2021.07.23. 기사).

술은 적당히 마시면 약이 되지만 심하면 독이 된다는 걸 모르는 사람이 없다. 그럼에도 술에 대한 경고가 끊임없이 있었다. 동아시아 고전 중에 가장 초기에 해당되는 『서경』에도 주나라 지도자들이 왕족들에게 "술을 조심하라!"라는 「주고酒誥」의 글을 남겼다. 화자와 맥락은 다르지만 술을 조심하라는 점에서 「주고」와 홍 코치의 말이 똑같다. 정치와 스포츠만이 아니라 일을 하면 긴장하게 되고 결과로 인해 스트레스를 받게 된다. 이때 스트레스를 풀기 위해 술을 가까이하기 쉽다. 하지만 술은 취하기 마련이고 취하다 보면 자신을 통제하지 못해 평소 하지 않던 일을 하게 된다. 일의 스트레스와 술의 쾌락이 극명하게 대비되면서 점점 술에 빠지게 된다.

제나라 선왕宣王도 양나라 혜왕과 마찬가지로 통치로 인한 긴장과 스트레스를 풀기 위해 별장에 해당되는 설궁雪宮에서 맹자를 만났다. 선왕은 과거 현자(성왕)도 이러한 호사스러운 즐거움을 누렸는지 물었다. 맹자는 2조목 "與民偕樂"의 취지에서 놀기의 쾌락에 빠지면 어떻게 되는지 이야기를 했다.

승당___뱃놀이하느라 물길 따라 하류로 내려가서 돌아오기를 잊으면 '류'라 하고, 상류로 거슬러 올라가서 돌아오기를 잊으면 '련'이라 하고, 사냥하느라 짐승을 잡으며 만족할 줄 모르면 '황'이라 하고, 술 마시기를 좋아하여 만족할 줄 모르면 '망'이라 한다. 선왕들에게 뱃놀이에 빠지는 류·련의 쾌락, 사냥과 음주에 빠지는 황·망의 행실이 없었으니 오직 군주가 행동하는 바에 달려있습니다.

從流下而忘反, 謂之流. 從流上而忘反, 謂之連.
종 류 하 이 망 반 위 지 류 종 류 상 이 망 반 위 지 련

從獸無厭, 謂之荒. 樂酒無厭, 謂之亡. 先王, 無流·
종 수 무 염 위 지 황 락 주 무 염 위 지 망 선 왕 무 류

連之樂, 荒·亡之行, 惟君所行也.
련 지 락 황 망 지 행 유 군 소 행 야

입실＿＿종從은 '좇다, 따르다'의 뜻이다. 류流는 '흐르다. 떠내려가다'의
뜻이다. 반反은 '돌아오다, 되돌리다'의 뜻이다. 련連은 '이어지다, 계속되다'
의 뜻이다. 염厭은 '만족하다, 싫다'의 뜻이다. 황荒은 '거칠다, 거칠게 하다'
의 뜻이다. 망亡은 '망하다, 달아나다'의 뜻이다. 여기서 流連荒亡은 방금
소개한 기본 의미를 가지면서도 맹자가 규정된 특별한 의미를 갖는다.

여언＿＿맹자는 양나라 혜왕과 이야기하면서 군주가 정원, 공연과 같은
감각적 쾌락을 누릴 수 있다고 주장했다. 다만 조건이 있다. 군주가 백성
들로 하여금 통치의 혜택을 누리게 하여 與民偕樂이 되는 경우여야 한
다. 그렇지 않으면 자신은 쾌락을 즐기지만 백성들이 고통에 신음하게 되
므로 獨樂이 된다고 경고했다. 맹자는 선왕을 만나서 과거 성왕의 與民
偕樂을 설명하면서 동시에 그와 상반되는 獨樂의 개념을 풀이하고 있다.
與民偕樂이란 "성왕은 백성들이 즐거워하는 일을 함께 즐거워하니 백성
들도 왕의 즐거움을 같이 즐거워하고 백성들이 걱정하는 일을 함께 걱정
하니 백성들도 왕의 걱정을 같이 걱정한다. 세상 사람들과 함께 즐거워하
고 세상 사람들과 함께 걱정하는 것이다."

설명이 좀 추상적이었던지 맹자는 천자가 제후의 영지를 돌아보는 순
수巡狩와 제후가 천자를 찾아가는 술직述職을 풀이했다. 천자와 제후가
돌아다닌다는 점에 초점을 두면 이들이 여행 또는 관광의 즐거움을 누
린 듯하다. 순수와 술직의 초점은 경치 좋은 곳을 돌아다니는 관광이 아
니라 가는 곳마다 무엇이 부족한지 파악하여 그것을 해결하는 보부족補

不足과 조불급助不給의 조치에 초점이 있다.

따라서 천자와 제후가 움직이면 백성들은 고통이 뒤따르지만 자신들의 문제가 해결되기 때문에 순수와 술직을 반기게 된다. 만약 순수와 술직이 없으면 문제가 서류상으로 보고된다고 하더라도 해결에 시간이 걸릴 수 있고 아예 묻혀서 논의조차 되지 않을 수 있다. 이렇게 보면 백성들이 성왕들이 놀기를 바라게 된다. 물론 이때 논다는 것은 왕궁을 떠나 놀기만 한다는 뜻이 아니라 유람하면서 백성의 문제를 해결한다는 이중의 의미를 담고 있다.

이와 달리 왕이 놀기만 하면 어떻게 될까? 한 번에 그친다면 피해가 적을 수 있다. 하지만 뱃놀이·사냥·음주의 놀이에 빠지게 되면 자신의 역할을 방치할 뿐만 아니라 백성의 문제는 해결되지 않은 채 고통만 가중하게 된다. 여기서 온갖 놀이에 빠져 즐거움을 만끽하는 왕과 "배고파도 먹지 못하고 힘들어도 쉬지 못하는 백성의 상황(飢者弗食, 勞者弗息)"과 극명하게 대비된다. 맹자는 선왕에게 두 가지 놀이 중에 어느 방향을 갈지 묻고 있다. 오늘날 리더도 마찬가지이다. 고전은 나와 상관없는 듯하다가 훅 치듯이 나의 세계로 치고 들어온다.

10 궁핍
세상에서 궁지에 몰린 사람들

환과독고鰥寡獨孤(「양혜왕」하 5)

입문___그리 멀지 않은 과거에 빚보증을 잘못 서서 갑자기 집을 날리고 어렵게 사는 경우가 흔했다. 특히 가족과 친구 사이에 그런 일이 많았다.

이런 일을 겪은 집안에서는 자식들에게 "절대로 보증을 서지 말라"라는 가훈이 생길 정도였다. 여러 사정이 있겠지만 큰돈이 필요할 때 빌릴 곳이 없으니 결국 친척과 친구에게 빌려주었다가 일이 잘못되면 보증인도 큰일을 치르게 되는 것이다.

지금은 은행이나 보증기관에서 보증을 서기도 하고 개인의 신용과 기술로 대출을 받을 수 있으므로 이전처럼 빚보증 이야기가 잘 들리지 않는다. 그렇다고 해서 주위에 도움을 청할 곳이 없는 사람이 적지 않다. 정부와 공동체가 복지와 기부를 통해 이러한 사각지대를 줄이려고 하지만 늘 역부족이다. 예컨대 최근 기후변화로 여름이면 폭염이 여러 날 지속된다. 에어컨을 틀면 되지 않느냐고 생각할 수도 있지만 전기요금의 부담 때문에 에어컨 틀기를 무서워하는 경우가 있다.

폭염이 온열질환으로 이어질 수 있는 만큼 에어컨 틀기가 어려운 가정에 대한 사회적 배려가 절실하게 요구되고 있다. 이처럼 우리 주위에는 고통이 있지만 혼자 해결할 수 없는 경우가 있는 만큼 이에 대한 공동체의 우선적인 배려가 요청된다. 맹자도 새로운 개념을 만들어낼 정도로 누구에게도 도움을 청할 수 없는 공동체의 사각지대에 관심이 많았다. 맹자가 만들어낸 말을 함께 살펴보자.

승당__ 주나라 문왕이 기산 지역을 다스릴 때 농부는 소득의 9분의 1을 세금으로 내고 공직자는 대대로 녹봉(월급)을 주고 관문과 시장에서는 부정을 관리하고 세금을 거두지 않았고 저수지와 물고깃길의 출입을 금지하지 않고 죄인은 처자에게 연좌하지 않았다. 늙어서 아내가 없으면 환(홀아비)이라 하고, 늙어서 남편이 없으면 과(과부)라고 하고, 늙어서 자식이 없으면 독(무의탁자)이라고 하고, 어려서 부모가 없으면 고(고아)라고 한다. 이 네 경우는 세상에서 가장 막다른 처지의 사람으로 하소연할 곳이 없는 사람이다. 문왕은 사랑의 정치를 펼치면서 반드시 이 네 경우를 우선적으로 배려했다.

文王之治岐也, 耕者九一, 仕者世祿, 關市譏而不征,
문 왕 지 치 기 야   경 자 구 일   사 자 세 록   관 시 기 이 부 정
澤梁無禁, 罪人不孥. 老而無妻曰鰥, 老而無夫曰寡,
택 량 무 금   죄 인 불 노   노 이 무 처 왈 환   노 이 무 부 왈 과
老而無子曰獨, 幼而無父曰孤. 此四者,
노 이 무 자 왈 독   유 이 무 부 왈 고   차 사 자
天下之窮民而無告者. 文王發政施仁, 必先斯四者.
천 하 지 궁 민 이 무 고 자   문 왕 발 정 시 인   필 선 사 사 자

입실 문왕文王은 주나라가 제후의 나라에서 천자의 나라가 될 수 있도록 기초를 다진 현군이다. 기岐는 원래 '갈림길'의 뜻이지만 여기서는 고유명사로, 산 이름으로 주나라가 처음에 도읍을 정했던 지역을 가리킨다. 사仕는 '벼슬하다, 섬기다'의 뜻이다. 록祿은 '녹, 녹봉, 행복'의 뜻이다. 관關은 '빗장, 잠그다, 통로, 성문'의 뜻으로 오늘날 국경을 통과할 때 거쳐야 하는 장소를 나타낸다. 기譏는 '나무라다, 충고하다'의 뜻으로 많이 쓰이지만 여기서는 국경을 통과하는 사람을 '살피다, 조사하다'의 뜻이다. 정征은 '치다, 취하다'의 뜻으로 많이 쓰이지만 여기서는 국경을 통과할 때 '세금 내다'의 뜻이다. 량梁은 '들보, 다리'의 뜻으로 많이 쓰이지만 여기서는 '물고기가 드나드는 길목'을 가리킨다. 노孥는 '자식, 아내'의 뜻이다. 환鰥은 '앓다'의 뜻이다. 과寡는 '적다'의 뜻이다. 고孤는 '외롭다, 홀로'의 뜻이다. 독獨은 '홀로, 홀몸'의 뜻이다. "鰥寡獨孤"는 앞에 소개한 기본 의미를 가지고 있으면서 맹자가 고립무원孤立無援의 처지라는 새로운 의미를 부여하고 있다. 궁窮은 '막히다, 어렵다'의 뜻이다. 고告는 '알리다, 묻

다, 의지하다, 하소연하다'의 뜻이다.

여언＿맹자는 문왕의 치세를 이상적인 정치로 꼽고 있다. 문왕은 농민에게 세금을 적게 걷고 공직자에게 안정적인 급여를 주고 시장에서 부정한 거래를 감시할 뿐 세금을 징수하지 않고 국민이 저수지 등 자연물을 자유롭게 이동할 수 있도록 했다. 문왕은 경제적 활동을 하는 사람만이 아니라 오늘날 기초생활보호대상자에 해당될 궁민窮民에게 우선 배려를 하고 있다.

이렇게 보면 문왕은 경제활동인구에게 생활의 안정을 가능하게 하고 궁민에게 최저생활을 보장하고 있다. 즉 안정과 보장이 핵심이라고 할 수 있다. 우리는 지금 〈생활보호법〉(1983)과 〈국민기초생활 보장법〉(2000)에 따라 기초생활보호대상자에게 생계, 주거, 의료, 교육, 해산, 장제 및 자활 등을 지급하여 최저생활을 보장하고 자활을 돕고 있다.

흥미로운 점은 맹자가 공동체의 배려가 필요한 사람을 窮民으로 추상적으로 명명하지 않고 鰥寡獨孤처럼 세분화를 시도하고 있다는 점이다. 맹자의 이런 시도는 공감을 받아서 『예기』에도 비슷한 내용이 실리게 되었다. "少而無父者謂之孤, 老而無子者謂之獨, 老而無妻者謂之矜, 老而無夫者謂之寡. 此四者天民之窮而無告者也, 皆有常餼."(『예기』「왕제」) 차이라면 유幼가 소少로 되어있고 환鰥이 긍矜으로 되어있으며 鰥寡獨孤의 순서가 고독긍과孤獨矜寡로 바뀌어있을 뿐이다. 의미상으로 별다른 차이가 없다.

오늘날에도 『맹자』와 『예기』의 鰥寡獨孤는 여전히 공동체의 우선 배려를 받고 있으면서 질병, 장애, 재해 등으로 어려움을 겪는 사람이 추가되고 있다. 이 경우는 모두 경제 공동체의 여건에 따라 배려의 깊이와 폭이 다르겠지만 전통적으로 합의된 사항이라고 할 수 있다. 반면 현대 사회에는 새로운 窮民이 나타나고 있다. 실직, 해고, 출산, 육아 등으로 어려움을 겪거나 시선을 외국으로 넓히면 전쟁 등으로 긴급 구호가 필요하거나 정치적 이유로 난민이 되는 경우도 있다. 궁민의 궁이 막다른 곳에 이르러 더 이상 어디로 갈 수 없는 상황을 나타내므로 鰥寡獨孤와 같은 전통적 사례나 실직 등의 현대적 사례 모두 공동체의 우선 배려로 막힌 길을 뚫을 수 있도록 해야겠다.

11 정당 ——— 땅 때문에 생명을 해치지 않는다
불이기소이양인자해인不以其所以養人者害人(「양혜왕」하 15)

입문___없는 살림에 사랑하는 사람이 있어서 결혼을 생각하면 답답하다. 벌이가 넉넉하지 않고 살집이 마련되어있지 않으니 결혼을 결심하기가 쉽지 않다. 또 학교를 마치고 무슨 일을 시작하려고 하면 막막한 느낌이 든다. 아이디어가 있다고 해도 경험이 부족할 뿐만 아니라 자본, 인력 등이 부족한 상태로 뭔가를 하기가 쉽지 않다. 요즘 지방자치단체가 신혼부부를 대상으로 주택 마련과 전세에 도움을 준다. 또 스타트업에 대한 지원이 있어서 착실히 준비를 하면 기회를 가질 수 있다. 세상이 좋아졌다고 할 수 있지만 여전히 시작은 쉽지 않다.

누구나 뭔가를 시작할 때부터 그럴싸하게 많은 걸 갖추면 좋다고 생각한다. 하지만 현실은 늘 그렇지가 않다. 이런 말을 하면 나이 든 세대는 "우리 땐 물 떠놓고 결혼했다"든지 "아무것도 없는 상태에서 시작했다"든지 하면서 "맨주먹론"을 들먹인다. 이 맨주먹론이 성공을 일군 이야기가 되겠지만 이것만 강조하면 "라떼"의 인물이 된다. 여기에 한 청년이 있다. 소국의 세자로 부왕을 이어서 군주가 될 신세이다. 이런저런 생각을 하느라 밤잠을 설치지 않았을까? "내가 왕이 되면 아버지보다 잘하겠다"라고 포부를 가질 수 있지만 막상 왕이 되면 무엇을 어떻게 하리라며 걱정으로 밤을 지새웠을 수 있다. 맹자는 등나라 정공을 이을 문공(재위 BC600~575)을 만나 멘토로서 무슨 말을 할 수 있을까?

승당__적인이 바라는 대상은 우리 땅이다. 내가 들은 바에 따르면 군자(지도자)는 사람을 길러주는 수단(토지) 때문에 사람의 생명을 해치지 않는다. 여러분은 무엇 때문에 군주가 없다고 걱정하겠는가? 나(고공단보)는 여기를 떠나려 한다. 빈 지역을 떠나서 양산을 넘어 기산 아래에 시가지를 만들어 거주했다. 빈 지역 사람들은 태왕이 진정 사람다운 인물이니 놓쳐서는 안 된다. 태왕을 뒤따르는 사람들은 마치 시장에 가듯 앞을 다투었다.

狄人之所欲者, 吾土地也. 吾聞之也, 君子,
적 인 지 소 욕 자 오 토 지 야 오 문 지 야 군 자
不以其所以養人者, 害人. 二三子, 何患乎無君?
불 이 기 소 이 양 인 자 해 인 이 삼 자 하 환 호 무 군
我將去之. 去邠, 踰梁山, 邑于岐山之下, 居焉.
아 장 거 지 거 빈 유 양 산 읍 우 기 산 지 하 거 언
邠人曰, [大王]仁人也, 不可失也. 從之者, 如歸市.
빈 인 왈 태 왕 인 인 야 불 가 실 야 종 지 자 여 귀 시

입실__적인狄人은 중원의 북쪽에 거주하는 이민족을 가리킨다. 소이 所以는 '바탕, 까닭'의 뜻이다. 이삼자二三子는 꼭 두세 사람을 가리키지 않고 '여러분'의 뜻이다. 아我는 훗날 주나라 건국의 바탕을 닦고 대왕(태왕)

으로 추존된 고공단보古公亶父를 가리킨다. 빈邠은 오늘날 산시陝西성 지역
이름이자 나라 이름이다. 유踰는 '넘다, 지나가다'의 뜻이다. 양산梁山은 오
늘날 산시성에 있는 산 이름으로 고공단보가 빈을 떠나 기산으로 가는
도중에 있는 산이다. 읍邑은 동사로 새로운 '읍을 세우다'의 뜻이다. 大王
의 大는 '크다'의 뜻으로 '큰 대'나 '클 태'로 발음된다. 후자의 경우 원문
에 大로 쓰여 있더라도 太와 泰로 바꿔 써서 '태'로 읽기도 한다. 귀시歸市
는 글자 그대로 '시장으로 돌아가다'는 뜻이지만 여기서는 사람들이 누가
뭐라고 하지 않아도 자발적으로 앞을 다퉈서 찾아간다는 맥락을 나타낸
다. 즉 빈 지역민이 새로운 정복자 적인을 달갑게 여기지 않고 대대로 살
던 땅을 버리고 고공단보를 따라 기산 지역으로 이주하는 일을 가리킨다.

여언___등나라 문공은 맹자를 만나자 평소 생각하는 물음을 던졌다.
"등나라는 소국인데 북쪽에 제나라가 있고 남쪽에 초나라가 있어서 어
느 나라와 친선 관계를 맺으면 좋을까?"(「등문공」하 13) "제나라가 등나라
에 가까운 설薛 지역에 성을 쌓으니 우리를 침략할까 걱정이 이만저만이
아닌데 어떻게 해야 할까?" "등나라는 소국이어서 대국을 잘 섬긴다고
하더라도 결국 화를 피할 수가 없다."

문공처럼 후계자의 자리가 좋을 수도 있다. 평소 자신이 생각하던 이
상을 실현할 수 있기 때문이다. 하지만 문공은 앞날에 대한 기대보다 걱
정과 불안이 앞섰다. 등나라를 둘러싼 제나라와 초나라 등의 강대국이
언제 쳐들어올지 모르기 때문이다. 자신이 즉위를 한다고 하더라도 등나
라의 운명이 걱정스러울 수밖에 없었다.

맹자는 문공의 이런저런 질문을 받고서 주나라의 건국 이야기를 들려
주었다. 그중에서 훗날 태왕으로 추존되는 고공단보의 이야기이다. 그가

빈 지역에 세력을 유지하고 있을 때 주위의 적인이 침략해왔다. 그는 정면으로 맞서기보다 피폐皮幣, 즉 짐승의 가죽과 비단을 바치며 화해를 청했지만 실패했다. 즉 막대한 비용을 지불하여 평화를 사려고 했던 것이다. 또 견마를 바치며 화해를 청했지만 실패했다. 즉 군사 물자를 제공하여 평화를 지키려고 했던 것이다. 그 뒤에도 주옥珠玉의 보물을 바쳤지만 역시 실패했다.

고공단보는 적인의 욕망이 피폐, 견마, 주옥에 있지 않다는 걸 알아차렸다. 다름 아니라 그들은 빈 지역의 땅과 사람을 원했던 것이다. 이제 그는 적인과 최후의 일전을 벌일지, 아니면 조용히 빈 지역을 적인에게 넘기고 다른 곳으로 갈지 고민했다. 이때 고공단보는 빈 지역의 땅보다 빈 지역에 살고 있던 백성의 처지를 더 고려했다. 자신이 빈 지역을 빼앗기지 않으려고 전쟁을 벌이면 이기기 어려울 뿐만 아니라 막대한 희생이 뒤따를 수밖에 없다.

고공단보는 "빈 지역의 사람이 대대로 농사를 지어온 땅"과 "빈 지역 사람들의 한 사람 한 사람의 생명" 중 무엇이 더 중요한지 생각했다. 그는 후자가 중요하다고 결론을 내렸다. "사람을 길러주는 토지" 때문에 그 지역에 사는 사람들의 무고한 "생명"을 해칠 수 없다. 그는 빈 지역 사람들을 모아놓고 자신과 같은 지도자가 없는 것을 걱정할 필요가 없으니 자신은 다른 곳으로 떠나겠다고 선언했다.

빈 지역의 사람들 중에 몇몇은 조상 대대로 살아온 땅을 떠날 수 없다고 했지만 대다수는 자발적으로 고공단보를 따라 빈 지역을 떠나 양산을 지나 기산에 새로운 정착촌을 세웠다. 수단인 토지가 생명을 앞설 수 없다는 그의 언행에 공감했던 것이다. 이처럼 고공단보는 적인에게 근거지를 빼앗기고 다른 곳에 이주하는 어려움을 겪었지만 백성들의 지지를 받아 훗날 주나라를 세울 수 있는 기틀을 다졌던 것이다.

맹자는 등나라 문공으로 하여금 지금 제대로 된 정치를 하면 주위의 위협에서 벗어나 주나라처럼 될 수 있다는 희망을 품게 했다. 문공은 이 이야기를 들을 때 지금까지 자신을 괴롭혀온 머릿속의 검은 그림자가 지워지는 체험을 했을 것이다. 시야를 넓히면 고공단보의 「출빈기出邠記」는 『성서』에 모세가 이스라엘 사람을 이끌고 이집트를 떠나 가나안으로 찾아가는 「출애급기出埃及記」의 해방과 탈출 이야기와 닮은 점이 있다.

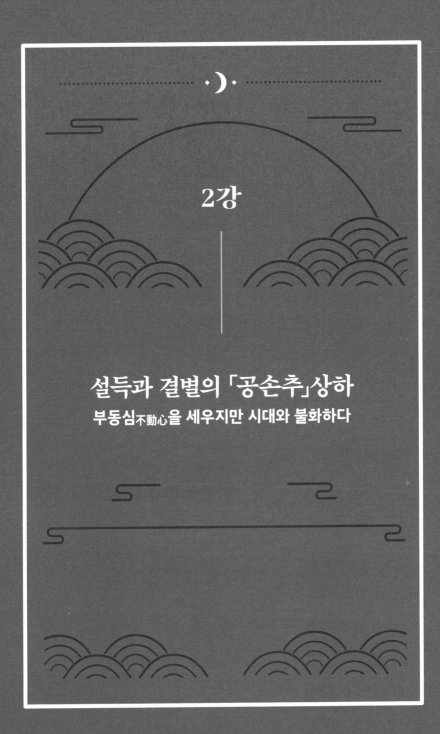

2강

설득과 결별의 「공손추」상하
부동심不動心을 세우지만 시대와 불화하다

'공손추'는 제나라 출신으로 맹자의 제자이다. 맹자가 제나라에 있을 때 스승과 제자의 인연을 가진 듯하다. 공손추가 이 편의 첫머리에 맹자에게 질문을 하고 있기 때문에 편명이 되었다. 공손추는 5강 편명의 만장萬章과 함께 맹자 학교의 고제高弟로 『맹자』의 편집에도 깊이 관여했다. 공손추의 이름인 丑은 지지地支의 두 번째인 소띠를 나타낼 때 '축'으로 읽지만 사람 이름은 '추'로 읽는다.

『맹자』는 『논어』와 마찬가지로 대화록의 특성을 지니고 있다. 맹자가 아무리 말을 하고 싶어도 질문자가 없으면 대화가 이루어질 수 없다. 따라서 질문자는 맹자의 말을 소극적으로 듣는 행위에 한정되지 않고 대화의 시작을 열면서 또 대화를 이끌어가는 적극적인 활동을 하고 있다. 공손추는 이 편만이 아니라 『맹자』 곳곳에 나오는 점에서 스승과 함께 『맹자』를 써 내려간다고 할 수 있다.

「공손추」에서 맹자는 객경客卿의 신분으로 제나라에 머물면서 선왕을 만나고 있다. 제나라는 도성 남문인 직문稷門 근처에 직하학궁稷下學宮을 두고 제자백가를 초빙하여 국정 자문을 구했다. 당시 맹자만이 아니라 순자 등 숱한 제자백가가 직하학궁을 거쳐 갔다. 직하학궁은 동아시아의 최초 대학으로 그리스의 아테네 학당에 견줄 만하다. 나는 두세 차례 직하학궁의 유적지를 찾았는데 넓은 옥수수 밭 한쪽에 표지석만 남아있다. 맹자는 직하학궁에 머물며 선왕에게 자문하기도 하고 제자백가와 교류하기도 했지만 뚜렷한 성과를 거두지 못하고 고향으로 돌아가게 된다.

11수의 내용은 다음과 같다. 사반공배事半功倍는 인의의 정치가 백성을 도탄에서 구해낼 뿐만 아니라 하는 일이 적지만 효과가 크다는 점을 밝히고 있다. 호연지기浩然之氣는 사람이 스스로를 통제하고 세상에 우뚝 설

수 있는 기상을 나타낸다. 알묘조장揠苗助長은 사람의 도덕적 성장은 차근차근 착실하게 이루어지지 널뛰듯이 일어나지 않는다는 점을 밝힌다. 이력가인以力假仁은 패권을 추구하면서 인의의 정치로 선전하는 당시 지도자의 위선을 폭로하고 있다. 측은지심惻隱之心은 시대의 흐름을 꿰뚫으면서 인간 본성에 대한 맹자의 예리한 통찰과 창조적 사고를 드러내고 있는데, 『맹자』에서 꼭 읽어야 할 내용을 담고 있다.

사기종인舍己從人은 순舜의 사례를 통해 자신의 부족을 보충하며 타인의 생각을 포용할 수 있는 통합의 리더십을 보여주고 있다. 이위이아위아爾爲爾我爲我는 류하혜柳下惠의 사례를 통해 어떠한 주위 환경에도 삶의 지향을 지켜내는 굳건한 의지를 나타낸다. 천시불여인화天時不如人和는 공동체의 운영에서 인화가 천시와 지리보다 더 가치 있다는 점을 역설하고 있다. 불소지신不召之臣은 아무리 왕이라도 학자에 대해 함부로 할 수 없는 상호 존중의 자세를 드러내고 있다. 지기죄자知其罪者는 공거심孔距心의 사례를 통해 정치인이 자신의 과오를 인정하는 미덕을 소개한다. 오백년필유왕자五百年必有王者는 치란治亂을 되풀이하는 역사 주기를 말하면서 맹자 자신의 위상을 은근히 밝히고 있다.

당신이 맹자를 만나면 아마 물어보고 싶은 질문이 많을 것이다. 어떤 대화를 나눌지 생각하면 『맹자』가 과거의 남 이야기가 아니라 지금의 내 이야기가 되리라.

12
덕정

일은 반이지만 효과는 배가 된다

사반공배事半功倍(「공손추」상 1)

입문＿＿일을 할 때 타이밍이 중요하다. 같은 일이라도 때를 잘 만나면 힘을 덜 들이고 좋은 결과가 나온다. 때를 잘못 만나면 한 단계 한 단계가 살얼음을 걷듯이 힘겹고 조심스럽고 결과가 불확실하여 가슴을 졸이게 된다. 이 때문에 동서양에는 때를 중시하는 격언이 많다. "물 들어올 때 노 저어라." "쇠가 달았을 때 두드려라(Strike while the iron is hot)." "햇빛이 날 때 풀을 말려라(Make hay while the sun shines)."

약육강식의 전국시대에는 망하지 않고 살아남는 자기 보존이 시대정신이었다. 살아남기 위해 개별 국가는 전쟁 물자의 분산 관리보다 통합 관리를 외치면서 군주의 권한이 강화되었다. 아울러 전쟁이 일어나면 물자를 사용할 수 있게끔 전략 물자를 비축하려고 하지 세금으로 거둔 자원을 재난 상황과 재분배를 위해 적극적으로 활용하지도 않았다.

맹자는 제후들에게 유세하면서 부국강병과 반대로 정치하면 오히려 성공할 수 있다는 대담한 제안을 내놓았다. 전쟁에 많은 자원을 집중하는 무력 정치보다 차라리 백성들의 문제를 해결하는 사랑의 정치를 펼치라는 것이다. 그렇게 하면 백성들이 두 정치 형태를 비교해보고 사랑의 정치를 펼치는 나라로 귀순 행렬이 이어진다는 논리이다. 즉 남들이 다들 전쟁 승리에 혈안이 되어있을 때 평화와 사랑을 추진하면 크게 성공할 수 있다는 말이다. 맹자도 타이밍을 강조한다고 할 수 있다.

전쟁의 시대에 사랑을 외치니 맹자의 주장이 비현실적으로 들리지만 그의 이야기에 귀를 기울이면 그럴 법하다는 생각이 들기도 한다. 과연 어떨까?

승당___공자에 의하면 덕의 유행은 역참의 파발로 명령을 전달하는 경우보다 빠르다. 요즘 시대라면 만승의 나라(강대국)가 사랑의 정치를 펼치면 백성들이 마치 매달린 상태의 고통에서 풀려나서 해방을 맞이한 듯이 아주 기뻐할 것이다. 그러므로 [지금 사랑의 정치를 펼치면] 하는 일은 절반이지만 그 효과는 갑절이 된다. 오직 지금 이때만이 그럴 수 있다.

孔子曰, 德之流行, 速於置郵而傳命.
공 자 왈 덕 지 류 행 속 어 치 우 이 전 명
當今之時, 萬乘之國, 行仁政, 民之悅之, 猶解倒懸也.
당 금 지 시 만 승 지 국 행 인 정 민 지 열 지 유 해 도 현 야
故事半古之人, 功必倍之, 惟此時爲然.
고 사 반 고 지 인 공 필 배 지 유 차 시 위 연

입실___속速은 '빠르다'의 뜻으로 뒤의 어於와 함께 '~보다 빠르다'는 비교급으로 쓰이고 있다. 치置는 '역참, 역마'의 뜻이다. 우郵는 '역참'의 뜻이다. 당금當今은 맹자가 활약하던 전국시대를 가리킨다. 승乘은 탑승의 용례처럼 '타다'의 뜻으로 쓰이는데 여기서는 전차를 세는 양사이다. 만승萬乘은 전차 만 승을 동원할 수 있는 나라로 강대국의 별칭이다. 이는 오늘날 차량을 세는 '대'와 같은 맥락이다. 열悅은 '기뻐다, 기뻐하며 따르다'의 뜻이다. 유猶는 '마치 ~와 같다'의 뜻이다. 도倒는 '거꾸로, 넘어지다'의 뜻이다. 현懸은 '매달다, 매달리다'의 뜻이다. 도현倒懸은 물구나무서듯이 피가 거꾸로 쏠려서 힘들 듯이 가장 심한 고통을 나타내고 해도현解倒懸은 그런 고통에서 풀려난 해방을 나타낸다. 배倍는 '곱, 갑절'의 뜻으로 뒤의 지之와 결합하여 '갑절이 되다'의 동사로 쓰인다. 유惟는 '생각하다, 꾀

하다'의 뜻으로 쓰이지만 여기서는 유唯와 같이 '오직'의 뜻으로 쓰인다.

여언___맹자는 싸우는 나라들의 시대, 즉 전국시대에 백성들이 당하는 고통을 배고파도 먹지 못하고 힘들어도 쉬지 못하는 "기자불식飢者弗食, 노자불식勞者弗息"(「양혜왕」하 4)이라고 표현한 적이 있다(09조목 "流連荒亡" 참조). 이러한 고통이 일시적으로 끝나지 않고 끝날 기미가 보이지 않으면 현실은 지옥으로 변하게 된다.

맹자는 지옥과도 같은 현실을 거꾸로 매달려서 힘겨워하는 "倒懸"으로 규정하고 있다. 이는 〈미션 임파서블〉에서 톰 크루즈가 붙잡혀 물구나무를 선 채로 고문당하며 그 상태를 벗어나기 위해 발버둥 치는 장면을 떠올리게 한다. 잠시도 어려운데 도현의 삶이 계속되면 사람은 살아도 산 것이 아닌 절망에 빠지게 된다. 맹자는 "解倒懸"으로 전국시대의 사람들이 그 고통에서 얼마나 벗어나고자 하는지 해방의 열망을 기묘하게 포착하고 있다. 놀랍게도 『장자』「대종사」에도 "현해縣解"라는 말이 나온다.

사실 부국강병은 약육강식의 시대에 앞으로 나아갈 방향을 제시하고 있지만 만능이 될 수는 없다. 현실에는 강대국과 약소국의 차이가 있을 수밖에 없다. 이때 약소국만 부국강병을 추구한다면 언젠가 강대국을 따라잡을 수가 있다. 약소국만이 아니라 강대국도 부국강병을 추구한다면 둘 사이의 격차는 결코 쉽게 좁혀질 수가 없다. 오히려 더 크게 벌어질 수가 있다.

손무孫武는 부국강병이 맞는 방향이라고 하더라도 군사의 운용은 열세의 상태에서도 우세의 적에 맞서 이길 수 있는 길을 찾으려고 했다. 그것이 바로 오늘날 『손자병법』으로 알려진 책이다. 『사기』「손자열전」에 보면 손자는 당시 처음으로 수군을 활용하여 초나라 수도를 전격 기습하여 초반 승세를 확보했다. 이는 상대가 전혀 눈치챌 수 없도록 병력을 운용하여 아군의 희생을 최소화했다.

맹자는 손자가 될 수 없었다. 병법도 결국 상대를 해쳐서 나의 이익을 실현하고자 하는 적대적 방법이기 때문이다. 그는 당시 부국강병이 한때 생존을 도와줄 수 있지만 결국 무한 대립의 경쟁에 빠질 수밖에 없다고 비판했다. 약소국이 사랑의 정치를 실시한다면 미래를 도모할 수 있고, 제나라와 같은 강대국이 사랑의 정치를 실시한다면 더 빨리 좋은 효과를 거둘 수가 있다. 이것이 事半功倍이다.

오늘날 사회가 빠른 속도에 빠져있지만 소비에선 느림이 호응을 얻고 있다. 시대가 한 방향으로 갈 때 그 방향을 주시할 필요도 있지만 다른 가능성도 모색한다면 오히려 새로운 길이 열릴 수 있다.

13
의지

기가 한결같으면 뜻을 흔든다

기일동지氣壹動志(「공손추」상 2)

입문___술에 취해 몸을 비틀거리면서 "정신이 말짱하다"라는 사람이 있다. 그의 말을 믿는다면 정신은 몸의 상태와 독립해서 작용할 수 있다. 몸이 피곤해서 죽을 지경이라 잠자리에 누웠지만 오히려 정신이 말짱해서 잠이 오지 않은 경우도 위와 마찬가지이다. 반면 노화가 진행되면 몸이 예전처럼 움직여지지 않아 반응 속도가 느려지고 기억력도 감퇴해서 자주 깜빡깜빡한다. 이렇게 보면 정신은 몸의 상태와 연관해서 영향을 받는다고 할 수 있다.

오늘날 우리는 몸과 정신의 용어를 가지고 사람을 분석하고 진단한다. 맹자는 어땠을까? 그는 사람을 소체小體(耳目)와 대체大體(心)로 나누거나 기氣와 지志로 나눈다. 소체와 기는 몸에, 대체와 지는 정신에 대응할 만하다. 기는 몸에 가득 차서 생명 활동을 유지하게 하므로 단순히 물질로 옮길 수는 없다. 지는 방향을 지니고 있어서 마음이 어디를 향해서 무엇을 할지 사람을 이끌어간다. 이때 기와 지는 서로 관련 없이 독자적으로 움직이지 않고 서로 엮이게 된다. 맹자는 기본적으로 지가 기를 압도한다고 말하지만 그 반대도 가능하다고 본다. 이제 지와 기가 상호작용하면서 사람을 어떻게 끌고 가는지 살펴보기로 하자.

승당＿＿뜻(의지)은 기를 이끌어가는 장수이고 기는 몸을 가득 채워 살게 한다. 뜻이 으뜸이고 기가 그다음이다. 그러므로 사람이 자신의 뜻을 잘 지키고 기를 사납게 굴지 않게 하라고 한다. … 맹자: 뜻이 한결같으면 기를 움직이게 하지만 기가 한결같으면 뜻을 움직이게 한다. 지금 사람이 넘어지거나 달리는 움직임은 기의 작용인데 [뜻의 통제가 없으면] 도리어 자신의 마음을 흔들게 된다.

夫志, 氣之帥也. 氣, 體之充也. 夫志至焉, 氣次焉.
부 지 기 지 수 야 기 체 지 충 야 부 지 지 언 기 차 언
故曰, 持其志, 無暴其氣. … [孟子]曰, 志壹則動氣.
고 왈 지 기 지 무 포 기 기   맹 자 왈 지 일 즉 동 기
氣壹則動志也. 今夫蹶者趨者, 是氣也, 而反動其心.
기 일 즉 동 지 야 금 부 궐 자 추 자 시 기 야 이 반 동 기 심

입실＿＿부夫는 '남편'의 뜻으로 쓰이지만 여기서는 문장이 시작되는 걸 나타내는 발어사이다. 수帥는 '장수, 인솔자, 지도자'의 뜻이다. 체體는 '몸, 신체'의 뜻이다. 충充은 '차다, 채우다'의 뜻이다. 지持는 '가지다, 지키다'의

뜻이다. 포_暴는 '사납다, 해치다'의 뜻이다. 일_壹은 '일_一'의 갖은자로 쓰이지만 여기서는 '한결같다, 오로지하다'의 뜻이다. 궐_蹶은 '넘어지다, 엎어지다'의 뜻이다. 추_趨는 '달리다, 성큼성큼 걷다'의 뜻이다. 반_反은 '도리어, 뒤집다'의 뜻이다. 동_動은 '움직이다, 흔들다'의 뜻이다.

여언___맹자가 활약하던 전국시대는 나라 차원에서 부국강병을 추구하여 자기 보전의 목표를 이루고자 했다. 이렇게 하려면 결국 부국강병에 참여하는 개인이 무엇을 해야 할까? 부국을 위해서, 농업 생산량을 늘리고 강병을 위해서 두려움 없이 전쟁에서 공을 세울 수 있어야 한다. 이때문에 당시 후자와 관련해서 용기를 기르는 양용_{養勇}, 용기를 좋아하는 호용_{好勇}이 즐겨 논의되었다. 이는 『중용』에서도 용_勇 대신에 강_强을 통해 진정한 강함이 무엇인지 논의를 하고 있는 데에서 확인할 수 있다(『오십 중용이 필요한 시간』, 02조목 "死而不厭" 참조).

맹자는 제자 공손추와 이야기를 하면서 북궁유_{北宮黝}의 양용, 맹시사_{孟施舍}의 양용, 증자_{曾子}의 양용을 구별하고 있다. 북궁유는 칼에 피부를 찔려도 꿈쩍도 하지 않고 화살이 얼굴로 날아들어도 눈을 피하지 않았다. 누군가 자신을 모욕하면 시장에서 매를 맞는 일처럼 치욕스럽게 생각해서 꼭 복수를 하는데, 한 나라의 후라도 눈 하나 꿈쩍하지 않았다. 주희는 북궁유를 자객_{刺客}형 양용으로 보았다.

맹시사는 적의 역량을 헤아려서 진격한다면 신중한 것이 아니라 오히려 적을 두려워하는 것이고 반드시 이긴다고 장담하기보다 두려움 없이 싸움에 나설 뿐이라고 주장했다. 객관적 정세를 신중하게 검토하여 승리를 꾀하기보다 한 점의 두려움을 갖지 않고 대범하게 전쟁에 임하는 자세를 엿볼 수 있다. 주희는 맹시사를 역전_{力戰}형 양용으로 보았다.

이들은 장점을 지니고 있지만 증자가 공자에게 들은 대용大勇에 미치지 못한다. 증자는 확고한 가치를 자각했기 때문에 누구에게도 꿀리지 않은 떳떳함 또는 당당함을 앞세웠다. 사람이 자신을 돌아봐서 떳떳하지 못하면 보통 사람에게도 벌벌 떨지만 자신을 돌아봐서 떳떳하다면 천만 명을 마주한다고 하더라도 굳건하게 나아갈 수 있는 것이다. 이게 "志壹動氣"의 상태이다.

세 사람을 비교하면 북궁유보다 맹시사가 더 간명하고 맹시사보다 증자가 더 간명하다. 여기서 간명하다는 것은 이것저것 복잡하게 따지지 않고 모든 것을 묶어주는 단일한 기준, 즉 수약守約을 말한다. 지켜야 할 것이 많으면 결정적인 순간에 이것저것 고려하다가 제대로 힘을 쓰지 못하고 주저앉을 수가 있기 때문이다. 이것이 바로 기가 지를 압도하는 것이다. 이게 "氣壹動志"의 상태이다.

이처럼 맹자는 세 가지의 양용을 말하고서 증자의 양용에 손을 들어준다. 용기를 제대로 기르게 된다면 사람은 어떠한 상황에서도 흔들리지 않은 부동심不動心을 유지할 수 있다. 지가 기를 압도하는 것이다. 그렇다면 이 不動心은 어떻게 잘 기를 수 있을까? 이와 관련해서 맹자는 "호연지기浩然之氣"라는 새로운 개념을 끄집어낸다. 浩然之氣는 더없이 넓고 커서 세상을 집어삼킬 만한 대담한 기상을 가리킨다. 즉 사람의 용기가 세상의 크기와 맞먹어서 한 치의 주저함과 머뭇거림이 없다.

浩然之氣가 없으면 사람이 소심해져 만사에 예민해지지만 浩然之氣가 있으면 사람은 담대하여 어떤 일에도 기죽지 않고 활기를 갖는다. 맹자는 志壹動氣와 氣壹動志의 두 방향을 제시하고 양용과 不動心을 바탕으로 浩然之氣를 志壹動氣로 확장시키고 있다. 지금의 나는 두 방향중에 어디로 가고 있을까?

14 착실

싹을 뽑아 올려 성장을 돕다

알묘조장揠苗助長(「공손추」상 2)

입문 ___ 스포츠 경기에서 이기는 팀이 경기 시간을 얼마 남겨놓지 않고 급격하게 무너지는 경우가 있다. 아직 승부가 결정되지 않았는데 '다 이겼다'고 생각해서 좀 느슨하게 경기하다 끝까지 최선을 다하는 상대에게 덜미를 잡히기 때문이다. 다 이기던 경기를 지면 마음이 매우 쓰라리다.

일을 끝까지 매듭짓고 나면 저절로 결판이 나기 마련이다. 결과를 조금이라도 앞당기려고 하거나 다 끝났다고 방심하다 보면 지금까지 잘되던 일도 갑자기 엉망이 될 수 있다. "끝날 때까지 끝난 게 아니다"라는 야구의 명언처럼 경기이든 일이든 사랑이든 지금의 순간에 집중하면서 한 걸음씩 나아가다 보면 최선을 다한 결과의 모습을 확인하게 되는 것이다. 이제 논에 심어놓은 벼가 빨리 자라지 않아 애가 타는 송나라 농부의 이야기를 통해 그이가 어디에서 패착을 하고 있는지 살펴보자.

승당 ___ 공손추: 감히 무엇을 호연지기라고 하는지 물어보겠습니다. 맹자: 설명하기 어렵네. 호연지기란 참으로 크고 참으로 굳세니 올곧게 키워서 손상이 없으면 하늘과 땅 사이를 꽉 메우게 된다. 호연지기는 의나 도와 짝으로 어울리는데, 그렇지 않으면 굶주려서 힘이 없다. 이처럼 호연지기는 의를 모아서(쌓아서) 생겨나지 의가 갑자기 들이닥쳐서 갖는 것이 아니다. 행위가 마음에 흐뭇하지 않으면 호연지기가 굶주려서 힘이 없다. … 반드시 호연지기의 돌봄에 종사해야 하지만 미리 기대하지 말고 마음에서 잊지 말고 자라기를 돕지 말라. 송나라 사람처럼 해서는 안 된다. 송나라 사람이 심은 벼가 빨리 자라지 않자 안타까워서 벼를 하나씩 살짝 뽑은 일이 있었다. 그는 무슨 짓을 했는지 아무것도 모른 채 집으로 돌아가 가족들에게 "오늘 아주 피곤하구나! 내가 벼가 잘 자라도록 도와 줬다." 그 사람 아들이 부리나케 뛰어서 논으로 가서 살펴보니 벼가 모두 말라있었다. 세상에 벼가 잘 자라도록 도와주지 않은 사람이 적다. 생각 해보면 이득이 없다고 그냥 내버려두는 사람은 벼의 김을 매지 않는 사 람이고, 벼가 자라는 것을 돕는 일은 벼를 뽑는 사람과 같다. 이는 모두 아무런 이득이 없을 뿐만 아니라 손해를 끼치게 된다네.

敢問何謂浩然之氣? 曰, 難言也. 其爲氣也, 至大至剛,
감 문 하 위 호 연 지 기 왈 난 언 야 기 위 기 야 지 대 지 강
以直養而無害, 則塞於天地之間. 其爲氣也, 配義與道.
이 직 양 이 무 해 즉 색 어 천 지 지 간 기 위 기 야 배 의 여 도
無是, 餒也. 是集義所生者, 非義襲而取之也.
무 시 뇌 야 시 집 의 소 생 자 비 의 습 이 취 지 야
行有不慊於心, 則餒矣. … 必有事焉, 而勿正, 心勿忘,
행 유 불 겸 어 심 즉 뇌 의 필 유 사 언 이 물 정 심 물 망
勿助長也. 無若宋人然. 宋人有閔其苗之不長,
물 조 장 야 무 약 송 인 연 송 인 유 민 기 묘 지 부 장
而揠之者. 芒芒然歸, 謂其人, 曰, "今日病矣!
이 알 지 자 망 망 연 귀 위 기 인 왈 금 일 병 의
予助苗長矣!" 其子趨而往視之, 苗則槁矣.
여 조 묘 장 의 기 자 추 이 왕 시 지 묘 즉 고 의
天下之不助苗長者寡矣. 以爲無益而舍之者,
천 하 지 부 조 묘 장 자 과 의 이 위 무 익 이 사 지 자
不耘苗者也. 助之長者, 揠苗者也. 非徒無益, 而又害之.
불 운 묘 자 야 조 지 장 자 알 묘 자 야 비 도 무 익 이 우 해 지

입실 호浩는 '크다, 넓다'의 뜻이다. 직直은 '곧다'의 뜻이다. 색塞은 '막다, 채우다'의 뜻이다. 뇌餒는 '주리다, 굶기다'의 뜻이다. 습襲은 '쳐들어가

다, 들이치다'의 뜻이다. 겸慊은 '흐뭇하다, 좋다'의 뜻이다. 정正은 '미리 기대하다'의 뜻이다. 민閔은 '가엾게 여기다, 안타깝다'의 뜻이다. 묘苗는 '벼, 싹'의 뜻이다. 알揠은 '뽑다, 뽑아 올리다'의 뜻이다. 망芒은 '아득하다'의 뜻으로 망茫과 같은데, 망망芒芒은 아무것도 모르는 모양의 의태어이다. 기인其人은 '가족'을 가리킨다. 병病은 '다치다, 아프다'보다 '피곤하다, 힘들다'의 뜻이다. 추趨는 '달리다, 빨리 가다'의 뜻이다. 고槁는 '시들다, 마르다'의 뜻이다. 운耘은 '김매다, 없애다'의 뜻이다. 도徒는 '무리'의 뜻으로 쓰이지만 여기서는 '홀로, 다만'의 부사로 쓰이는데, '비도非徒'는 아래의 '우又'와 결합하여 '다만 ~뿐만 아니라'의 관용 표현으로 쓰인다.

여언　揠苗助長은 『맹자』에서 널리 알려진 고사 중의 하나이다. 이 고사는 논에 심어놓은 벼가 빨리 자라도록 도와준 송인의 어리석음을 가리키는 식으로 알려져 있다. 揠苗助長의 고사만 살피면 그러한 독해도 가능하다. 揠苗助長은 浩然之氣 이야기 바로 다음에 나와 서로 연관되어 있다. 따라서 묘는 浩然之氣를 나타내고 揠苗助長은 浩然之氣를 키우는 제대로 된 방법이 아니라는 걸 나타낸다. 조장은 뭐든 도와주면 좋다고 볼 수 있지만 사실 생명을 해치므로 그 반대인 것이다.

浩然之氣는 무슨 일을 하려고 할 때 떨리거나 무서워하거나 당황하거나 걱정하지 않고 해야 할 일을 평소처럼 제대로 해낼 수 있는 흔들림 없는 도덕적 기상이다. 이 기상이 두둑하게 가득 차려면 자신이 옳은 일을 한다는 생각을 가져야 한다. 아무리 도덕적 기상이 대단하더라도 자신이 하는 일이 불의와 비리에 연루되었다고 느끼면 그 힘이 급격하게 줄어들어 힘을 쓰지 못한다. 맹자는 그것을 굶주려서 일어설 힘조차 없는 뇌餒, 시들어서 더 이상 자라지 못하는 고槁로 표현하고 있다.

浩然之氣는 사람이 날 때부터 자동으로 갖춰지거나 갑자기 빼앗아서 내 것으로 할 수 있는 것이 아니라 도와 의를 깨닫고 그 방향으로 살아가는 경험이 쌓이면서 어느 결에 단단하고 굳건한 모습으로 성장하게 된다. 그런 浩然之氣는 불의에 타협하지 않고 위력에 두려워하지 않고 유혹에 흔들리지 않고 선을 실천하는 도덕적 인간을 낳게 된다.

송인은 벼가 제 욕망과 달리 성장이 느리다고 생각했다. 그이는 무엇을 놓쳤을까? 浩然之氣라는 벼를 돌봐야 하는 점을 알았지만 지금 자라는 벼의 수확을 미리 기대하고 때맞춰 할 일을 잊고 빨리 자라도록 괜히 도와주는 잘못을 했다. 이렇게 보면 揠苗助長은 정正·망忘·조장助長으로 인해 浩然之氣 키우기에 실패한 사태를 가리킨다. 우리는 송인을 멍청한 사람의 대명사로 여기고 비난만 할 것이 아니라 아이의 성적과 투자 등에서 揠苗助長을 하느라 浩然之氣를 시들게 하지 않는지 살펴볼 일이다.

15
강압 ——— 힘으로 사람다움의 권위를 빌리다
이력가인以力假仁(「공손추」상 3)

입문___ 인류는 철기 문화 이전에 힘의 압도적 우위를 바탕으로 한 정복왕이 나올 수 없었다. 철제 무기와 이전 단계의 목제 무기가 경쟁하면 싸움이 될 리가 없다. 철제 무기가 목제 무기를 가볍게 베어버리기 때문이다. 당시 철기는 오늘날 원자폭탄에 맞먹는 위력을 가졌다고 할 수 있다. 또 철제 농기구는 심경深耕과 광작廣作을 가능하게 하여 생산물의 잉여가 발생했다. 잉여가 발생하자 정복을 위한 경제적·군사적 기반을 갖추게 되었다. 잉여가 없는 상태에서는 국경을 맞댄 상대끼리 전쟁이 가능해도 원정遠征이 불가능했다.

철기 이전에 지도자는 하늘의 뜻을 살펴서 공동체의 행운이 생기도록 하는 제사왕이었다. 프레이저의 『황금가지』에서 잘 설명되고 있듯이 제사왕은 공동체에서 존경을 받지만 모든 일, 특히 불행에 책임을 졌다. 예컨대 가뭄이 들면 자신을 희생으로 써서 끝없이 기도하여 비를 내리게 할 정도였다. 제사왕과 정복왕은 같은 왕이라고 해도 인류사에서 엄청난 차이를 가지고 있다.

철기시대가 시작되면서 모든 것이 바뀌었다. 철기의 소유는 자신이 살던 곳에 만족하지 않고 주변의 영토를 넓히다가 급기야 "땅 끝까지" 또는 "바다까지" 거대한 영토를 가지려고 했다. 이로써 성城 중심으로 모여 살던 성읍 국가에서 광대한 영토를 바탕으로 소국에게 지배력을 행사하는 영토 국가가 출현했다. 이처럼 철기는 인류사에서 이전과 구별되는 전혀 다른 세상을 만들어냈다.

철기 문화가 보편화되면 전쟁의 양상은 판이하게 달라진다. 상대적 우위를 바탕으로 나라 사이에 전쟁이 빈번하게 일어나게 되었다. 맹자는 정복왕이 출현한 상황에서 무한 대립이 일어나지 않은 길을 찾고자 했다. 그가 탕왕과 문왕에서 그 길의 가능성을 읽어내는 맥락을 살펴보자.

승당__힘으로 사람다움의 권위를 빌린 사람이 패자이다. 패자는 반드시 대국을 갖춰야 한다. 덕으로 사람다움의 덕목을 실천하는 사람이 왕자이다. 왕자는 대국을 필요로 하지 않는다. 예컨대 상나라 탕왕은 사방 70리에서 시작했고 주나라 문왕은 사방 100리에서 시작하여 왕이 되었다. 힘으로 사람을 굴복시킬 경우 마음속으로 복종하지 않고 힘이 부족

해서 복종할 뿐이다. 덕으로 사람을 복종시키는 경우 마음속으로 기뻐서 진실하게 복종한다. 예컨대 70명의 제자가 공자에게 복종한 경우이다.

以力假仁者, 霸. 霸必有大國. 以德行仁者, 王, 王不待大.
이력가인자 패 패필유대국 이덕행인자 왕 왕부대대
湯以七十里, 文王以百里. 以力服人者,
탕이칠십리 문왕이백리 이력복인자
非心服也, 力不贍也. 以德服人者, 中心悅而誠服也.
비심복야 력불섬야 이덕복인자 중심열이성복야
如七十子之服孔子也.
여 칠십자지복공자야

입실___ 력力은 '힘'의 뜻으로 구체적으로 말하면 '물리력, 군사력, 무력'을 나타낸다. 가假는 '빌리다, 가짜'의 뜻이다. 패霸는 '우두머리, 으뜸'의 뜻이다. 덕德은 앞의 力과 상반되는데 '덕목, 덕망'의 뜻이다. 대待는 '기다리다, 갖추다'의 뜻이다. 이以는 허사로 '로써, 부터'의 맥락을 나타낸다. 복服은 '복종하다, 따르다'의 뜻이다. 섬贍은 '넉넉하다, 많다'의 뜻이다. 칠십자七十子는 3,000여 명으로 알려진 공자의 제자 중에 뛰어난 그룹을 가리킨다.

여언___ 맹자는 나라와 나라 사이에 지배와 복종의 관계가 없는 상태를 이상으로 보지 않았다. 이 때문에 그는 모든 지배와 복종의 관계를 철폐해야 한다는 과격한 주장을 하지 않았다. 그는 나라와 나라 사이에 지배와 복종의 관계가 발생한다는 전제에서 출발한다. 지배와 복종은 어떤 방식으로 일어나게 될까? 맹자는 두 가지 방식이 있다고 보았다.

하나는 력力의 방식이고 다른 하나는 인仁의 방식이다. 仁은 한 나라가 군주의 학정, 자연재해 등으로 고통으로 겪지만 자체 역량으로 해결하지 못할 때 군사적으로 개입하여 그 나라 사람들의 환영을 받는 방식이다. 처음부터 해방군으로 정복이 아니라 문제 해결을 목적으로 참전했다가 상대의 요구로 통치를 하는 것이다. 이게 "以德行仁"이고 "以德服人"이다. 力은 한쪽이 다른 쪽에게 굴복을 요구하고 저항을 무력화시킬 수 있는 압도적 차이의 무력을 가리킨다. 힘의 차이가 지배와 복종의 관계를 낳는 것이다. 이게 "以力服人"이다. 以力服人이 仁을 실천하는 것이 아니라 흉내 내면 "以力假仁"이 된다.

맹자의 말에 따르면 力은 강압적 복종을 낳고 仁은 자발적 복종을 낳는다. 강압적 복종은 力의 차이 때문에 일어날 뿐 결코 마음속으로 복종하지 않는다. 힘의 우위가 바뀌면 설욕과 복수의 전쟁이 일어날 수 있다. "오월동주吳越同舟"의 고사처럼 오나라와 월나라의 관계에서 이러한 사례를 찾을 수 있다. 자발적 복종은 상대가 스스로 해결하지 못한 상태를 대신 해결한 상황이므로 상대는 마음으로 기뻐하며 지배를 받아들이게 된다. 맹자는 이러한 사례로 탕왕과 문왕이 작은 규모의 영토에서 너른 영토의 지도자로 발돋움하고 70명의 제자가 공자를 따랐던 경우를 소개하고 있다.

이렇게 보면 맹자는 전국시대가 강압적 복종이 아니라 자발적 복종의 방향으로 나아가야 한다고 주장하는 셈이다. 자발적 복종이야말로 전국시대에 벌어지고 있는 나라와 나라 사이의 침략, 설욕을 둘러싼 무한 대립의 상황을 해결할 수 있기 때문이다. 맹자의 이러한 주장은 현실적인 방안이 될 수 있었을까? 맹자가 제나라에 머무는 동안에 "벌연伐燕" 문제가 대두되었을 때를 살펴보자. 맹자도 비중 있게 이 사건을 다루고 관심을 나타냈다(「양혜왕」하 10~11, 「공손추」하 8~9).

연나라는 왕인 자쾌子噲가 재상인 자지子之에게 왕위를 개인적으로 양도하는 비상적인 일이 버젓이 일어나는 등 국정이 난맥상을 빚었다. 제나라는 연나라의 혼란을 이용해서 50일 만에 점령해버렸다. 이제 초점은 제나라가 연나라를 새로운 영토로 지배할 수 있느냐로 옮겨가자 다른 나라들이 제나라를 공격하려고 했다. 이때 맹자는 연나라 백성의 고통을 해결하고 그들이 바란다면 천리天吏로 연나라를 통치할 수 있지만 그렇지 않으면 연나라의 보물과 귀중품을 반환하고 철군해야 한다고 제안했다. 오늘날도 민주주의의 수호와 테러의 예방을 이유로 전쟁을 일으킨다. 맹자의 관점에서 그 전쟁의 정당성을 평가할 수 있다.

16 연대 ─ 놀라고 함께 아파하는 공감의 마음
측은지심惻隱之心(「공손추」상 6)

입문__철학사에서 맹자가 "성선性善"을 주장한 인물로 널리 알려져 있다. 오늘도 그렇지만 당시에 뭔가 주장을 하면 그 근거와 이유를 제시해야 했다. 그러면 우리는 맹자에게 "당신은 무슨 근거로 성선이라고 말하는가?"라고 물을 수 있다. 특히 군주가 탐욕을 부리며 백성들을 착취하고 또 전쟁을 벌여 다른 나라의 사람을 마구 죽이는 현실을 고려한다면 어떻게 "성선"을 주장할 수 있을까? 오늘날 부모가 게임을 하느라고 자기 자식을 방치하여 죽게 하거나 가족 등 아는 사람이 방어 능력이 없는 여성을 상대로 지속적으로 성폭력을 하거나 1,000만 원도 안 되는 돈 때문에 살인을 저지르는 현실을 보면 어떻게 성선을 주장할 수 있을까?

맹자도 순자가 말했듯이 입장을 가지고 말을 하려면 까닭과 이치를 가져야 한다는 "지지유고持之有故, 언지성리言之成理"를 수긍하므로 성선을 어떻게 입증할지 고민하지 않을 수가 있다. 그는 실제 상황이라기보다 가설적 상황을 고안했다. 아직 두 발로 서서 걷지 못하는 젖먹이가 앞에 우물이 있는데도 그쪽으로 엉금엉금 기어갔다. 몇 초 뒤에 무슨 일이 일어날지 상상해보시라. 아이가 우물에 빠지면 안타깝지만 죽거나 구조돼도 많이 다칠 것이다. 당신이 이 상황을 목격하게 된다면 어떻게 할까?

승당__소위 사람이 하나같이 다른 사람을 차마 나쁘게 할 수 없는 마음을 느낀다(경험한다)고 말하는 까닭은 뭘까? 가령 사람이 어린아이가 우물에 빠질 수 있는 상황을 본다면 모두 자연스럽게 깜짝 놀라서 함께 아파하는 공감의 마음을 느낀다. 이는 어린아이의 부모랑 교제를 맺으려는 까닭도 아니고 마을과 친구들로부터 칭찬을 받으려는 까닭도 아니고 그들의 나쁜 소문을 싫어하는 까닭도 아니다. 이런 사실로부터 살핀다면 함께 아파하는 공감의 마음이 없으면 사람이 아니고(사람 같지 않고) 잘잘못을 부끄러워하고 싫어하는 수치의 마음이 없으면 사람이 아니고 다른 사람을 배려하는 사양의 마음이 없으면 사람이 아니고 옳고 그름을 가리는 시비의 마음이 없으면 사람이 아니다. 측은지심은 사랑의 실마리이고 수오지심은 도의의 실마리이고 사양지심은 상호 존중의 실마리이고 시비지심은 지혜의 실마리이다.

所以謂人皆有不忍人之心者, 今人乍見孺子將入於井,
소 이 위 인 개 유 불 인 인 지 심 자　금 인 사 견 유 자 장 입 어 정
皆有怵惕惻隱之心, 非所以內交於孺子之父母也,
개 유 출 척 측 은 지 심　비 소 이 납 교 어 유 자 지 부 모 야
非所以要譽於鄉黨朋友也, 非惡其聲而然也.
비 소 이 요 예 어 향 당 붕 우 야　비 오 기 성 이 연 야

由是觀之, 無惻隱之心, 非人也. 無羞惡之心, 非人也.
유시관지 무측은지심 비인야 무수오지심 비인야
無辭讓之心, 非人也. 無是非之心, 非人也. 惻隱之心,
무사양지심 비인야 무시비지심 비인야 측은지심
仁之端也. 羞惡之心, 義之端也. 辭讓之心, 禮之端也.
인지단야 수오지심 의지단야 사양지심 례지단야
是非之心, 智之端也.
시비지심 지지단야

입실　인忍은 '참다, 잔인하다'의 뜻으로 쓰이지만 여기서는 '차마 ~하지 못한다'는 심리적 저항을 나타낸다. 사乍는 '갑자기, 잠깐'의 뜻이다. 유자孺子는 엉금엉금 기어 다니는 '젖먹이'를 가리킨다. 출척怵惕은 둘 다 '두려워하다, 놀라다'의 뜻이다. 측惻은 '슬퍼하다, 안타까워하다'의 뜻이다. 은隱은 '숨기다, 감추다'의 뜻으로 쓰이지만 여기서는 '아파하다'의 뜻이다. 측은은 오늘날 공감(sympathy)의 맥락으로 쓰인다. 납內은 '맺다, 사귀다, 받아들이다'의 뜻으로 납納과 바꿀 수 있다. 예譽는 '기리다, 칭찬'의 뜻이다. 성聲은 '소리, 소문, 평가'의 뜻으로 여기서는 '악평, 오명'의 맥락이다. 수羞는 '부끄럽다, 수치심'의 뜻이다. 사辭는 '물러나다'의 뜻이다. 단端은 '바르다, 곧다'의 뜻으로 쓰이지만 여기서는 아직 다 드러나지 않았지만 추리하여 전모를 파악할 수 있게 하는 '끝, 실마리'의 맥락이다.

여언　맹자가 성선을 주장했으니 그가 사람을 나쁜 마음을 품지 않거나 조금이라도 나쁜 짓을 하지 않는 순수한 상태의 천사로 보았다고 생각하기 쉽다. 그렇게 착각할 수 있다. 하지만 이는 맹자를 너무나도 현실 물정을 모르는 청맹과니로 취급하는 꼴이다. 맹자가 어찌 현실에 악이 가득 차고 사람이 음흉한 마음을 품는다는 걸 모를까?

맹자는 성선을 四端, 즉 네 가지 마음의 실마리(싹)로 입증할 때 초점은 사람이 어떠한 이해관계를 고려하지 않고 순수한 마음에서 사람을 돕는 마음을 경험하고 그 마음대로 행동을 한다는 데에 있다. 맹자는 이 사실을 찾아냈다는 점에서 세계사적 의의를 갖는다고 할 수 있다. 사람은 현실과 생업에서 이해를 첨예하게 따질 때도 있지만 태안 앞바다에 유출된 기름을 걷어내듯이 우리가 어떠한 보상을 바라지 않고 어려운 사람을 돕는다. 바로 후자의 마음은 맹자 이전에 누구도 알아차리지 못했다.

우물에 빠지려는 어린아이를 구하는 "惻隱之心"은 우리가 어떠한 이해관계를 따지지 않고 자신과 아무 상관이 없더라도 오로지 구해야 한다는 일념에서 위험을 무릅쓰고 우물로 달려가는 것이다. 이를 부인하지 않고 긍정하면 인간의 성선을 인정하게 된다. 이러한 마음의 정체는 어린아이가 그렇게 놓인 상황에 깜짝 놀라고 일어날 일에 함께 아파하는 공감이다. 이 공감 이외에도 수오, 사양, 시비의 마음이야말로 사람을 사람이게 하는 특징이다. 이러한 특징을 삶에서 한두 번이 아니라 지속적으로 실현하면 "사람다운 사람"이 되고 그렇지 않으면 사람의 꼴을 하고 있지만 "사람답지 않은 사람"이 되는 것이다.

성선을 입증하는 "不忍人之心"과 "四端"은 맹자 사후에도 주희와 육상산의 心 논쟁, 조선 성리학의 사단과 칠정 논쟁처럼 철학사를 뜨겁게 달구는 화두였다. 이 화두는 철학사만이 아니라 오늘의 나를 살피는 거울이 될 수 있다.

나를 내려놓고 남을 따르다

사기종인舍己從人「공손추」상 8)

입문＿＿사람이 똑 부러지게 일을 처리한다고 해도 사람인 한 실수를 저지를 수가 있고 오류를 범할 수 있다. 사람이 반성을 잘 하면 자신의 실수와 오류를 인지해서 고치면 그만이다. 이런 방식이 생각보다 쉽지 않다. 고집이 아집으로 나아가게 되면 약도 없다. 명백하게 실패가 예견되는데도 무작정 밀고 가려고 자존심을 내세우기 때문이다. 사람이 자신의 단점과 부족을 어떻게 바라봐야 할까? 공자는 일찍이 사람이 잘못하는 게 문제가 아니라 잘못하고서 고치기를 꺼린다면 더 문제가 된다고 했다(『마흔, 논어를 읽어야 할 시간』, 01조목 "勿憚改過").

맹자는 자로와 우임금의 사례를 소개하면서 자신의 단점을 메우는 데 맹진할 것을 요구했다. 이러한 자기계발과 관련해서 자신의 모자라는 점을 인정하고 다른 사람과 함께 선을 실천하려고 했던 탕임금을 빼놓을 수 없다. 『대학』에 보면 자신이 매일 사용하는 세숫대야에 글씨를 새겨 "매일 매일 새로워져라!"라고 요구한 사람이 아닌가(『1일1수, 대학에서 인생의 한 수를 배우다』, 08조목 "日日新" 참조)? 그렇다면 순은 어떻게 자신의 부족을 채우려고 하는지 살펴보도록 하자.

승당＿＿위대한 순은 자로나 우임금보다 더 뛰어나다. 선을 다른 사람과 함께하면서 자신의 주장을 내려놓고 다른 사람의 주장에 따랐다. 다른 사람의 장점을 받아들여서 함께 선을 실천하기를 즐거워했다. 순이 왕으로 되기 이전에 밭을 갈고 씨를 뿌리고 그릇을 굽고 고기를 잡을 때부터 황제가 되기까지 남의 장점을 받아들이지 않은 적이 없었다. 다른 사람의 장점을 받아들여 함께 선을 하는 태도는 다른 사람이 선을 실천하도록 돕는 것이다. 그러므로 군자는 다른 사람이 선을 실천하도록 돕는 태도보다 더 훌륭한 것은 없다.

大舜有大焉, 善與人同, 舍己從人, 樂取於人以爲善.
대 순 유 대 언 선 여 인 동 사 기 종 인 락 취 어 인 이 위 선
自耕·稼·陶·漁, 以至爲帝, 無非取於人者.
자 경 가 도 어 이 지 위 제 무 비 취 어 인 자
取諸人以爲善, 是與人爲善者也. 故君子,
취 저 인 이 위 선 시 여 인 위 선 자 야 고 군 자
莫大乎與人爲善.
막 대 호 여 인 위 선

입실＿＿대大는 '뛰어나다, 위대하다, 대단하다, 훌륭하다'의 뜻이다. 언焉은 지어之於의 줄임말로 여기서는 '~보다 더 위대하다'는 비교급의 맥락을 나타낸다. 사舍는 '집, 관청'의 뜻으로 쓰이지만 여기서는 '버리다, 내려놓다'의 뜻이다. 종從은 '따르다, 나아가다'의 뜻이다. 자自~지至~는 '~부터 ~까지'처럼 범위를 나타내는 관용 표현이다. 가稼는 '심다, 씨 뿌리다'의 뜻이다. 도陶는 '질그릇, 질그릇을 만들다'의 뜻이다. 어漁는 '물고기 잡다'의 뜻이다. 막대莫大는 비교급에 쓰이는 '호乎'와 함께 '~보다 더 훌륭한 것은 없다'는 맥락으로 최상급을 나타낸다. 여與는 '~와 함께, 주다, 베풀다'의 뜻으로 쓰이지만 여기서는 '돕다, 편을 들다'의 뜻이다.

여언＿＿사람은 장점과 단점을 가지고 있다. 이때 사람은 장점을 드러내고 단점을 숨기고 싶어 한다. 특히 요즘처럼 사생활권(the right to privacy)이 중요한 권리로 인식되는 상황에서 단점은 공적인 대화의 소재가 되지 않는다. 특히 신체적 특징과 관련해 특칭해서 발언하게 되면

차별적 행위로 책임을 질 수도 있다. 사람은 공적 평가의 대상이 되는 영역에서도 장점과 단점을 보인다. 약속은 누구나 지켜야 한다고 생각하는 덕목이다. 한 번 약속하면 철두철미하게 지키는 사람도 있지만 잘 지키지 못하는 사람도 있다. 전자는 약속 지키기에 장점이 있다면 후자는 약점이 있다고 할 수 있다.

이야기를 좀 더 일반적으로 하면 사람은 어떤 주제에서 도덕적으로 성공하기도 하지만 어떤 주제에서 도덕적으로 실패하기도 한다. 우리는 왜 도덕적으로 실패를 할까? 도덕적 실패는 사람다움 또는 인격을 향상시키려는 과정에서 미숙하거나 부주의로 인해 생겨나는 일이다. 도덕적 실패는 더 나은 방향으로 나아가는 과정에서 인간적 한계로 인해 생겨날 수밖에 없는 특성을 가지고 있다. 이때 우리는 도덕적 실패를 시인한다면 더 좋은 방향으로 나아갈 수 있는 가능성이 열리지만 은폐하려고만 하면 도덕적 성장이 일어나기 어려울 수 있다.

이제 맹자가 도덕적 성장의 모델로 제시하는 인물을 살펴보자. 자로는 "주위 사람들이 자신의 허물이 있다고 알려주면 기뻐했다(人告之以有過, 則喜)", "남의 눈의 티끌은 보면서 내 눈의 들보는 못 본다"라는 속담을 떠올리면 그 의미를 이해할 수 있다. 자로는 자신이 자신의 단점을 잘 보지 못하기 때문에 단점이 없다고 생각하지 않고 다른 사람의 눈을 통해 자신을 객관화시키고 있다. 다른 사람의 충고는 나를 깎아내리는 비하가 아니라 볼 수 없는 것을 볼 수 있도록 하는 절호의 기회라고 할 수 있다.

우임금은 자신이 도저히 생각할 수 없는 문제 상황을 해결할 수 있는 제안을 들으면 절을 했다(聞善言, 則拜). 내가 아무리 생각을 짜내도 다른 사람의 이야기를 듣기 전까지 막막하여 어찌 할 줄을 모른다. 이때 상대의 제안은 나를 오랫동안 짓누르는 어둠의 장막을 걷어내는 빛과 같다. 우임금은 그만큼 어두운 터널에 갇혀 답답한 느낌을 느꼈던 만큼 빛을 던져준 사람에게 고마움을 표현하는 것이다. 우리는 자로처럼 기뻐하거나 우임금처럼 절하지 못하더라도 화내지 않고 "나에게 이런 면이 있구나!"라고 인정하는 태도를 길러야겠다.

순은 어떻게 했을까? 그는 아예 자신의 생각을 비우고 다른 사람의 생각을 받아들이라고 제안했다. 이렇게 되면 다른 사람은 한때만 필요할 사람이 아니라 늘 나와 함께 같은 길을 걸어가는 동료가 될 수 있다. 나만이 아니라 다른 사람도 선을 향한 도정을 멈출 수 없게 만든다. 맹자는 순이 자신만이 아니라 타인과 함께 선을 한다는 점에서 그를 최고로 꼽는다. 초점을 우열에 두기보다 각자의 상황에서 맞는 길에 두면 좋겠다. 자로와 우 그리고 순의 사례를 통해 각자 어떤 유형에 가까운지 찾아보자. 세 사람에게 없다면 선에 대해 갖는 자신만의 특성을 찾으면 그것도 좋다.

18 자신

너는 너고 나는 나

이위이아위아 爾爲爾我爲我(「공손추」상 9)

입문___전국시대가 무한 경쟁으로 진행되면서 정국과 시대의 변화가 급격하게 일어났다. 역동적인 시대라고 할 수 있다. 그만큼 이 시대에는 숱한 인물이 주역으로 떠올랐다가 사라지고 또 어느 사이 새로운 인물이 등장했다. 드라마라면 주연과 조연이 수없이 나타났다가 사라지는 특성을 보였다. 맹자는 임금에 대해 도덕과 설득을 앞세우는 왕자王者와 무력과 강압을 앞세우는 패자霸者로 나누기도 하고 합리적이어서 모범이 되는 명군明君과 비상식적인 언행을 마구 일삼는 오군汚君으로 나누기도 했다. 다양한 군주를 파트너로 삼아 국정을 책임지는 대신은 어떠할까? 군주가 뭐라고 하면 앞뒤 따지지 않고 따르는 예스맨 유형도 있고 이치를 따져가며 자신의 목소리를 내는 사람도 있다.

맹자는 다양한 개성의 인물 중에 고죽국의 백이와 노나라의 류하혜에 대해 평론을 시도하고 있다. 두 사람이 보인 인생 역전을 간명하게 압축하고서 각자의 장단점을 탁 제시하고 있는데 문장이 압권이다. 나만의 느낌인지 몰라도 이런 경우에 맹자의 글은 역사적 인물의 촌평으로 널리 알려진 사마천의 여러 『열전』을 미리 읽는다는 느낌이 든다. 여기서 분량의 한계 때문에 「승당」에서는 「류하혜열전」만 소개하고 「여언」에서는 두 사람의 열전을 함께 살펴보도록 하자.

승당＿＿류하혜는 추잡한 군주를 모시더라도 부끄러워하지 않고 변변찮은 벼슬(직장)도 하찮게 여기지 않았다. 그는 벼슬하며 자신의 현능을 숨기지 않고 반드시 도리에 따르고 기회에서 빠지더라도 불평하지 않고 힘든 상황(곤궁)에 놓이더라도 걱정하지 않았다. 그러므로 그는 늘 "너는 너고 나는 나이니 네가 아무리 내 옆에서 웃통을 벗거나 홀라당 벗더라도 나를 어떻게 더럽힐 수 있겠는가?"라고 말했다. 이 때문에 그는 느긋하게 누구랑 함께 있더라도 스스로 무너지지 않아, 떠나려다가도 옷소매를 잡아끌며 멈추게 하면 멈추었다. 옷소매를 잡아끌며 멈추게 하면 멈춘 일은 떠나기를 달갑게 여기지 않기 때문이다.

柳下惠不羞汚君, 不卑小官, 進不隱賢, 必以其道,
_{류 하 해 불 수 오 군　불 비 소 관　진 불 은 현　필 이 기 도}
遺佚而不怨, 阨窮而不憫. 故曰, "爾爲爾, 我爲我,
_{유 일 이 불 원　액 궁 이 불 민　고 왈　이 위 이　아 위 아}
雖袒裼裸裎於我側, 爾焉能浼我哉?" 故由由然與之偕,
_{수 단 석 라 정 어 아 측　이 언 능 매 아 재　고 유 유 연 여 지 해}
而不自失焉, 援而止之而止. 援而止之而止者,
_{이 부 자 실 언　원 이 지 지 이 지　원 이 지 지 이 지 자}
是亦不屑去已.
_{시 역 불 설 거 이}

입실＿＿류하혜는 노나라 대부이자 당시 현자로 명망이 높았다. 오汚는 '더럽다, 추잡하다'의 뜻으로 비상식적인 언행을 보인다는 맥락이다. 비卑 는 '낮다, 하찮게 여기다'의 뜻이다. 유일遺佚은 '빠뜨리다, 제외되다, 누락 되다'의 뜻이다. 액阨은 '좁다, 막히다, 험하다'의 뜻이다. 민憫은 '고민하다, 가엽게 여기다'의 뜻이다. 단석袒裼은 '웃통을 벗다'의 뜻으로 몸의 일부를 드러낸다는 맥락이다. 라정裸裎은 '발가벗다'의 뜻으로 몸에 실오라기 하 나 걸치지 않는다는 맥락이다. 매浼는 '더럽히다'의 뜻이다. 유유由由는 '아 랑곳하지 않다, 태연하다'의 맥락이다. 해偕는 '함께 있다'의 뜻이다. 실失 은 '잃다, 무너지다'의 뜻이다. 원援은 '잡다, 당기다'의 뜻이다. 설屑은 '달 갑게 여기다'의 뜻이다.

여언＿＿맹자는 백이와 류하혜를 대비시켜서 각각의 장점을 드러내면 서도 단점을 아프게 꼬집고 있다. 먼저 백이는 꼬장꼬장하여 눈곱만큼의 타협을 받아들이지 않는다. 그는 자신이 생각하기에 섬길 만한 군주가 아니면 절대로 모시지 않고 가까이할 만한 친구가 아니면 죽어도 사귀지 않는 스타일이다. 부도덕한 사람의 조정에서 부도덕한 사람과 이야기를 하게 된다면 이를 관리의 옷과 관을 쓰고서 진흙과 숯 구덩이에 앉은 것 처럼 여겼다.

맹자는 백이의 인물을 "애隘" 한 자로 개괄했다. 隘는 '좁다'는 뜻으로 마음 씀씀이 티끌만큼의 여유도 없어 자신에게 맞지 않은 것을 조금도 받아들이지 않는 특성을 나타낸다. 자기 기준에 맞지 않으면 자신에게 가까이 오는 것을 가차 없이 가지치기를 한다. 좁다 보니 주위에 어울리는 사람도 적고 다른 사람과 쉽게 소통하기도 어렵다. 백이와 같이 있다면 숨 막히는 듯한 질식의 기운을 느낄 것이다. 물론 백이는 자신의 신념과 가치를 철통같이 지킨다는 점에서 대단하다고 할 수는 있지만.

류하혜는 백이와 대척점에 서있다. 그는 상대가 누구이든지 자신과 아무런 상관이 없다고 생각했다. 그것이 바로 "爾爲爾, 我爲我"이다. 상대가 아무리 타락했더라도 나를 타락시킬 수 없으니 내가 무엇을 피할 필요가 있느냐는 식이다. 사람의 배짱이 이 정도면 무서울 게 아무것도 없다. 맹자는 류하혜의 개성을 "불공不恭" 두 자로 압축했다. 그가 누구를 만나더라도 고분고분하기는 어렵고 자신이 지닌 원칙을 결코 양보하지 않는다.

『순자』「대략」에서 19금의 흥미로운 이야기가 나온다. 류하혜가 한겨울에 외출했다가 통금에 걸려 성 밖에서 노숙을 하게 되었다. 마침 한 여자도 찾아와서 함께 있으면 안 되느냐고 물었다. 류하혜는 자신의 솜옷을 벗어 여성에게 덮어주고 서로 껴안은 채 밤을 보냈지만 엉뚱한 생각을 하지 않았다. 이를 "좌회불란坐懷不亂"이라고 한다. 이 이야기를 전해 들으면 오해하기 좋은 내용이지만 류하혜라면 가능한 이야기일 것이다. 坐懷不亂도 류하혜의 爾爲爾, 我爲我라는 사고가 있기에 가능한 일이다. 조선에도 서경덕과 황진이 사이에 비슷한 이야기가 있다. 나중에 이러한 이야기가 왜 생겨났는지 조사하면 흥미로운 점이 밝혀질 듯하지만 여기서 다루지 않고 훗날의 과제로 남겨준다.

백이와 류하혜는 맹자의 말처럼 차이가 있지만 자신의 길을 향해 굽히지 않는 직진 본능의 소유자들이다. 누구나 할 수 없는 경지이다. 이에 맹자는 "군주라면 걸어갈 수 없는 길이다"라고 평가했다. 사마천처럼 간결하면서 간명하다. 백이와 류하혜가 있기 때문에 그 시대가 단조롭지 않고 풍부하다.

19 화합

천시가 인화보다 못하다

천시불여인화天時不如人和(「공손추」하 1)

입문___사업과 전쟁에서 결과가 좋으려면 인력과 물자가 많아야 한다. 이를 모르는 사람은 없을 것이다. 사람이 많고 물자가 쌓여있고 자금이 넉넉하면 모든 일이 잘 풀릴 수 있을까? 사실 인력과 물자는 무엇을 하든지 꼭 갖춰야 하는 기본 전제를 가리킬 뿐이다.

그러면 어떻게 해야 할까? 『논어』에 보면 자공子貢이 공자에게 정치를 묻자 공자는 "식량이 풍족하고 군사가 풍족하고 백성들이 지도자를 믿고 따라야 한다"(足食足兵民信之. 「안연」)라고 말했다. 자공이 다시 세 가지 중에서 가장 포기할 수 없는 것을 묻자 공자는 믿음을 꼽으면서 사람 사이에 믿음이 없으면 일을 벌일 수 없다고 말했다(『마흔 논어를 읽어야 할 시간』, 101조목 "無信不立" 참조).

맹자가 제나라에 있을 때 그는 선왕에게 약육강식의 시대에 사랑의 정치를 펼치며 좋은 기회를 가지라고 제안했다. 이때 그는 제나라 격언을 인용한 적이 있다. "아무리 훌륭한 지혜가 있더라도 때(기회)를 타는 것만 못하고 아무리 유용한 농기구가 있더라도 때를 기다리는 것보다 못하다(雖有智慧, 不如乘勢. 雖有鎡基, 不如待時. 「공손추」상 1)." 이처럼 맹자는 평소 공자가 말한 믿음의 신信과 제나라 격언의 시時를 바탕으로 이 문제에 대해 어떤 해답을 내놓을지 살펴보고자 한다.

승당___하늘의 때가 지리의 이점보다 못하고 지리의 이점은 사람의 단합보다 못하다. 3리의 내성과 7리의 외성을 포위하여 공격해도 이기지 못할 수 있다. 포위하여 공격하는 날은 반드시 천시에 맞아야 한다. 그러고도 이기지 못하면, 이는 천시가 지리보다 못하기 때문이다. 성이 높지 않은 것도 아니고 해자가 깊지 않은 것도 아니고 병기와 갑옷이 단단하고 날카롭지 않은 것도 아니고 쌀과 곡식이 많지 않은 것도 아닌데, 이런 군비를 모두 버리고 도망가니, 이는 지리가 인화보다 못하기 때문이다.

天時不如地利, 地利不如人和. 三里之城, 七里之郭,
천 시 불 여 지 리 지 리 불 여 인 화 삼 리 지 성 칠 리 지 곽
環而攻之而不勝. 夫環而攻之, 必有得天時者矣.
환 이 공 지 이 불 승 부 환 이 공 지 필 유 득 천 시 자 의
然而不勝者, 是天時不如地利也. 城非不高也,
연 이 불 승 자 시 천 시 불 여 지 리 야 성 비 불 고 야
池非不深也, 兵革非不堅利也, 米粟非不多也,
지 비 불 심 야 병 혁 비 불 건 리 야 미 속 비 불 다 야
委而去之, 是地利不如人和也.
위 이 거 지 시 지 리 불 여 인 화 야

입실___천시天時는 '계절, 기후, 운수' 등을 가리킨다. 불여不如는 '~가 ~보다 못하다'는 맥락으로 비교 대상 중 후자가 낫다는 뜻이다. 반대는 '승어勝於'이다. 지리는 험준한 지형과 평탄한 지형 그리고 성곽과 연못의 견고함 등을 가리킨다. 인화는 인심이 하나로 모이는 상태를 가리킨다. 성곽城郭은 각각 내성과 외성을 가리킨다. 환環은 '둘러싸다'의 뜻으로 포위

공격하는 맥락이다. 지池는 '연못, 저수지'의 뜻으로 여기서는 성벽의 접근을 막는 '해자'를 가리킨다. 견堅은 '굳다, 단단하다, 튼튼하다'의 뜻이다. 위委는 '버리다, 내버려두다'의 뜻으로 물자를 간수하지 않고 몸만 도망치는 맥락이다.

여언 일을 벌이려고 하면 때가 필요하다. "우산장사와 짚신장사" 이야기도 때에 따라 일의 승패가 갈리는 사례이다. 또 코로나19가 시작했을 때 막 개업한 사람들도 노력한다고 해서 상황이 좋아지기가 쉽지 않으므로 "때를 잘못 만났다"라고 할 수밖에 없다. 또 지형과 입지도 중요하다. 장사라면 일단 유동인구가 많아서 손님이 올 가능성이 크다.

전쟁이든 운동이든 사업이든 혼자서 북 치고 장구 칠 수는 없다. 여럿이 팀을 이루어 같은 목표로 나아가게 된다. 이때 사람 관계가 중요하다. 몸은 한곳에 있지만 마음이 딴 곳에 가 있으면 사람 수가 많다고 해서 많은 것이 아니다. 전쟁에서 전황이 불리할 때 모두 합심하여 적을 막으면 이길 수 있다. 반면 몇몇은 도망갈 궁리를 하고 몇몇이 결사항전하자고 하면 이미 내부에서 무너지고 있으므로 결과가 좋을 수가 없다.

이런 사례는 이순신의 명량해전에서 여실히 알 수 있다. 전함의 숫자를 보면 13척 대 130여 척으로 승부가 이미 갈렸다고 할 수 있다. 전투에 앞서 이순신은 병법에서 "반드시 죽고자 하면 살고 반드시 살고자 하면 죽는다(必死則生 必生則死)"와 "한 사람이 길목을 지키면 천 명을 두렵게 할 수 있다(一夫當逕 足懼千夫)"라는 말을 인용하며 승리의 가능성을 설파했다. 그는 『손자병법』을 최대로 활용하여 일본과 정면으로 싸우지 않고 적을 해협이 좁고 물살이 빠른 울돌목으로 유인하여 승리를 거두었다.

이순신이 아무리 승리의 가능성을 이야기한다고 해도 병사들이 믿지 않으면 13척의 배는 더 줄어들게 된다. 그렇지 않아도 객관적으로 전력이 절대 열세인데 병사의 마음이 하나로 뭉치지 않으면 싸워보지 않고 그 승패를 예상할 수 있다. 하지만 병사가 죽기를 각오하고 서로 한마음으로 똘똘 뭉치면 가능성을 현실의 승리로 일구어내는 것이다. 이러한 기적 같은 승리를 일구어내려면 먼저 마음 한쪽에 자리 잡고서 사람의 몸을 부자연스럽게 하는 불안과 두려움을 완전히 떨쳐내야 한다. 즉 "과연 이길 수 있을까!" 또는 "결국 지지 않을까!"라는 불안, "죽기 싫은데" 또는 "살고 싶은데"라는 두려움이 있다면 싸우려는 투지와 이기겠다는 열망을 깎아먹기 때문이다.

맹자가 공자의 말과 제나라의 속담을 조합한 "天時不如地利, 地利不如人和"를 교조적으로 받아들여서는 안 된다. 즉 "天時不如人和", 즉 인화 만능론을 내세워서 천시와 지리의 의의와 중요성을 망각해서는 안 된다. 아무리 인화가 완전하다고 하더라도 천시와 지리가 절대적으로 불리하다면 맹자의 말과 다른 결과가 나올 수 있다. 맹자의 말은 천시와 지리가 뒷받침한다고 하더라도 인화가 되지 않으면 좋은 결과를 낼 수 없다는 맥락으로 읽으면 좋겠다. 맥락을 살펴가면서 말의 의미를 이해해야지 덮어놓고 액면 그대로 받아들이면 오독의 가능성이 높다.

20 존중

못 부르고 찾아가는 신하

불소지신不召之臣(「공손추」하 2)

입문___고대의 왕과 신하는 지도자와 관료의 위계보다 동료의 관계에

90

가까웠다. 왕이라고 해서 신하에게 아무런 격식도 없이 막 대하지 못했다. 춘추전국시대에 각 나라가 부국강병을 추진하면서 군주는 가신을 관료로 변모시키고 절대적 권위를 가지게 되었다. 관료는 이제 더 이상 군주와 동등하게 교제하지 못하고 그이의 의지와 뜻을 받들어 일하는 아랫사람이 되었다.

춘추전국시대에도 군주가 대업을 벌이려고 하면 기존의 관료제로 충분하지 않을 수가 있다. 오늘날 정부와 기업에서 특정한 일을 해낼 만한 사람이 내부에 없을 때 외부에서 실력자를 스카우트하듯이 당시에도 파격적인 대우로 인재를 모셔오지 않을 수가 없었다. 인재를 초빙할 때나 초빙하고 나서 두 사람의 관계를 어떻게 설정하면 좋을까? 초빙되고 나면 인재는 기존 관료제의 일원이 되므로 별다른 대우를 고민하지 않아도 될까? 아니면 초빙할 때처럼 초빙하고서도 기존 관료제의 일원과 다른 특별한 대우를 해야 할까? 이에 대해 맹자는 어떤 주장을 펼치는지 살펴보도록 하자.

승당__증자: 진나라와 초나라의 부귀를 내가 미칠 수가 없는데 저들이 부귀를 내세우면 나는 내가 가진 인(사람다움)으로 맞서고 저들이 관직을 내세우면 나는 내가 가진 의(도의)로 맞서려고 하니 내가 어찌 꿀리겠는가? … 세상에 존경받을 만한 사람의 기준이 세 가지이다. 관직이 하나이고 나이가 하나이고 덕망이 하나이다. 조정에서 관직보다 나은 기준이 없고 지역에서 나이보다 나은 기준이 없고 세상 문제를 해결하고 백성을 이끌어가는 일에 덕망보다 나은 기준이 없다. 어떻게 셋 중 하나를 가지고서 다른 둘을 가진 사람을 업신여길 수 있는가? 그러므로 앞으로 크게 훌륭한 일을 벌이려는 군주는 반드시 자신에게 오라고 부르지 못한

신하가 있다. 어떤 일을 꾀하고자 하면 군주가 신하가 있는 곳으로 찾아갔다. 군주가 이 정도로 자신이 가지지 못한 덕망을 높이 하고 도의를 즐거워하지 않는다면 뭔가 함께 훌륭한 일을 할 수가 없다.

曾子曰, 晉楚之富, 不可及也. 彼以其富, 我以吾仁,
증자왈 진초지부 불가급야 피이기부 아이오인
彼以其爵, 我以吾義, 吾何慊乎哉? … 天下有達尊三,
피이기작 아이오의 오하겸호재 천하유달존삼
爵一齒一德一. 朝廷莫如爵, 鄉黨莫如齒,
작일치일덕일 조정막여작 향당막여치
輔世長民莫如德, 惡得有其一, 以慢其二哉?
보세장민막여덕 오득유기일 이만기이재
故將大有爲之君, 必有所不召之臣. 欲有謀焉則就之,
고장대유위지군 필유소불소지신 욕유모언즉취지
其尊德樂道不如是, 不足與有爲也.
기존덕락도불여시 부족여유위아

입실___급及은 '미치다, 이르다'의 뜻이다. 이以는 허사로 뜻이 없지만 '으로써'의 맥락을 나타내므로 피이彼以는 '내세우다'로, 아이我以는 '맞서다'로 풀이한다. 겸慊은 '부족하다, 모자라다, 꿀리다'의 뜻이다. 치齒는 '이, 이빨'의 뜻이지만 여기서는 '나이, 연장자'를 가리킨다. 막여莫如는 '~보다 나은 것이 없다'는 최상급을 나타낸다. 보輔는 '돕다'의 뜻이다. 오惡는 '어찌'의 뜻이므로 '오'로 읽는다. 만慢은 '오만하다, 업신여기다'의 뜻이다. 유위有爲는 도가의 무위無爲에 상반되는 개념으로 세상에 어떤 가치를 심고 사업을 일으키는 적극적인 통치를 가리킨다. 소召는 '부르다'의 뜻이다. 모謀는 '꾀하다, 벌이다'의 뜻이다. 취就는 '나아가다, 이르다'의 뜻이다.

여언___이 내용은 맹자가 제나라에 있을 때 맹자가 선왕을 만나려 조정에 가느냐, 아니면 선왕이 맹자를 만나려 숙소로 오느냐는 이야기와 관련된다. 공손추는 선왕이 맹자를 극진하게 대우하는 반면 맹자가 이

핑계 저 핑계를 대며 선왕을 만나러 가지 않자 불만을 터뜨리기도 했다. 한번은 이런 일도 있었다. 맹자가 아프다고 조정에 나가지 않고 다음 날 조문을 갔다. 그런데 선왕이 아프다는 맹자를 위해 의사를 보냈다. 제자들은 어찌 할 줄을 몰랐다. 어제는 몸이 편찮으시다 오늘 조금 나아 조문 갔는데 아마 조문하고 조정에 갈지 모르겠다고 둘러댔다. 그러고는 제자들은 맹자의 소재를 수소문하며 그가 다닐 만한 거리를 지키고 섰다가 조정으로 가게 하려고 했다. 맹자는 상황이 이렇게 되자 조정에 가지 않으려니 숙소로 돌아오지도 못하고 다른 사람 집에 가서 하룻밤을 묵게 되었다.

이 일화를 보면 맹자가 어린아이와 같다고 생각할 수도 있다. 하지만 나름의 맥락을 살펴보면 맹자의 처신을 조금 이해할 만하다. 춘추전국시대에 사士는 군주와 의기투합하면 출세를 할 수 있지만 그렇지 않으면 기회를 잡을 수 없었다. 특히 맹자와 같은 士는 군주에게 없는 덕德을 가졌다는 자부심이 아주 강했다. 따라서 德을 가진 士는 관직을 주는 군주와 대등하게 맞설 수 있다고 생각했다. 이렇게 해야 군주가 자신의 주장에 귀를 기울이며 국정 파트너가 될 수 있지 그렇지 않으면 일회용품과 같은 신세가 될 수 있었기 때문이다.

이러한 시대 상황과 자부심이 바로 "不召之臣"의 개념이 출현하게 되었다. 군주가 뭔가 대업을 이루려고 하지만 꿈과 욕망만 있고 지혜와 덕망이 없다면 아무것도 할 수가 없다. 물론 기존 관료제가 왕을 지원하겠지만 그것은 어느 정도까지 가능해도 현 상황을 돌파하는 일이 불가능하기 때문이다. 바로 여기서 맹자는 단순히 자신의 몸값을 올리려고 한다기보다 자신이 추구하는 이상과 가치를 존중하려는 태도를 강하게 드러낸다고 할 수 있다.

맹자의 不召之臣은 제 선왕과 안촉顏燭 사이에서도 일어났다. 두 사람은 만났지만 서로 자기 앞으로 오라고 했다(『전국책』「제책齊策」4). 훗날 마오쩌둥은 "안촉과 제 선왕이 서로 자기 앞에 오라고 한다네(顏燭齊王各命前)"라는 시를 남기기도 했다(「완계사浣溪沙·화류아자선생和柳亞子先生」). 안촉도 바로 맹자와 같은 인물이라고 할 수 있다. 우리 시대에도 누군가 불러도 "네가 오라!"며 자신이 가진 세계에 만족하고 자부심을 드러내는 사람이 많을까? 폴리페서polifessor: politics+professor는 현실 정치에 적극적으로 참여하는 교수를 부정적으로 말한다는 점을 고려하면 맹자와 안촉 같은 사람이 많지 않다는 뜻이다.

21 성찰 ——— 스스로 책임을 시인하는 사람

지기죄자知其罪者(「공손추」하 4)

입문___신이 자신을 닮게 사람을 창조했을 때 사람이 악을 저지르면 누구 책임일까? 신이 사람을 창조했다면 악을 행하지 않도록 해야 하는데 그렇지 않으니 신의 책임이라고 할 수 있다. 신은 창조 과정과 그 이후에도 사람에 대해 끝까지 책임을 저야 한다는 논리이다. 이렇게 되면 신은 무한 책임을 지는 반면 사람은 아무런 책임도 없이 하고 싶은 대로 무엇이든 할 수 있다. 이 세상은 어떠한 규칙과 규제가 불가능해진다.

반면 신이 사람을 창조했을지라도 창조 이후에 일어나는 일은 사람의 책임이라고 할 수 있다. 사람이 무엇을 하든 합리적으로 사고하고 그에 따라 방법을 선택한다. 따라서 결과가 좋으면 한 사람의 공이 되고 나쁘면 그 사람의 잘못이 된다. 이렇게 되면 신이 사람의 잘못을 용서할 수 있을지언정 사람이 저지르는 악행에는 책임이 없게 된다. 지금은 창조설에 따른다고 하더라도 창조 이후에는 신에게 책임을 물을 수 없고 사람에게 책임을 물어야 한다는 쪽이 타당하다. 신은 사람이 스스로 선택하여 실행한 일까지 책임질 수 없기 때문이다.

사회·정치 영역의 책임은 어떻게 될까? 학생이 입시에서 불합격했다고 그 책임을 정치인에게 물을 수는 없다. 학생이 열심히 노력하지 않은 탓이기 때문이다. 정치인이 국민 생활과 직결되는 정책을 펼치다가 많은 사람이 피해를 볼 수 있다. 정치인이 처음부터 피해를 주려고 하지 않았다고 결과의 책임으로부터 완전히 자유로울 수 있을까? 이러한 정치적 책임에 대한 맹자의 주장이 뭔지 살펴보자.

승당__맹자: 흉년이 들어 굶주리는 시절에 당신의 백성 중에 노약자는 시신으로 도랑과 골짜기에 굴러다니고 장년층은 뿔뿔이 흩어져 이곳저곳으로 갔는데, 모두 몇천 명이 되나요? [거심]: 이런 일은 거심이 책임질 것이 아닙니다. 맹자: 지금 다른 사람의 소와 양을 맡아서 주인을 대신해서 그들을 돌보는 목동이 있다면 그는 반드시 주인을 대신해서 목초지와 꼴을 찾는다. 만약 목초지와 꼴을 찾다가 생각대로 얻지 못하면 원래 주인에게 돌려주어야 할까요, 아니면 우두커니 서서 소와 양이 굶어 죽는 모습을 지켜봐야 할까요? 거심: 이 일은 거심의 죄(책임)입니다. 다른 날 맹자가 선왕을 만났다. 맹자: 왕이 고을을 맡긴 사람 중에 제가 다섯 명을 알고 지내는데, 그중에 자신의 잘못(책임)을 아는 사람은 오직 공거심뿐입니다.

[孟子曰:] 凶年饑歲, 子之民, 老羸轉於溝壑,
壯者散而之四方者, 幾千人矣?
[距心]曰, 此非距心之所得爲也. 曰, 今有受人之牛羊,
而爲之牧之者, 則必爲之求牧與芻矣.
求牧與芻而不得, 則反諸其人乎? 抑亦立而視其死與?
曰, 此則距心之罪也. 他日見於王, 曰, 王之爲都者,
臣知五人焉, 知其罪者, 惟孔距心.

입실 기饑는 '주리다, 흉년'의 뜻이다. 리羸는 '여위다, 약하다, 파리하다'의 뜻이다. 전轉은 '뒹굴다, 굴러다니다'의 뜻이다. 구溝는 '도랑, 시내, 하수도'의 뜻이다. 학壑은 '구렁, 산골짜기'의 뜻이다. 장壯은 '씩씩하다'의 뜻으로 장자壯者는 오늘날 장년壯年에 해당하는데, 한창 기운이 왕성하고 활동이 활발한 30세부터 40세 안팎의 나이를 가리킨다. 기幾는 '얼마, 몇'의 뜻이다. 거심距心은 제나라 관료로 사람 이름이다. 목牧은 '치다, 기르다'의 뜻이다. 추芻는 '꼴, 건초'의 뜻이다. 도都는 '마을, 도읍'의 뜻이다. 지知는 '알다, 시인하다'의 뜻이다. 유惟는 '오직'의 뜻으로 유唯와 바꿔 쓸 수 있다.

여언 가뭄과 홍수로 인해 흉년이 생길 수 있다. 사람이 자연에 일어나는 일을 완전히 통제할 수 없기 때문이다. 오늘날 기후변화로 인한 기상이변은 당하는 분의 고통이야 이만저만이 아니지만 불가항력이라고 할 수밖에 없다. 다만 자연재해를 예방하기 위해 사전에 무엇을 했는지, 이재민에 대한 적절한 구호를 했는지에 대해 책임을 물을 수가 있다. 하기에 따라 피해를 얼마든지 줄일 수 있기 때문이다.

맹자는 흉년을 비롯하여 정치적 책임과 관련해서 관심이 많았다. 그는 양나라 혜왕을 만나서 먼저 사람을 몽둥이로 죽이거나 칼로 죽이거나 차이가 있는지 물었다. 도구의 차이가 있지만 살인에는 차이가 없다. 이어서 그는 혜왕에게 사람이 칼 때문에 죽거나 정치 때문에 죽으면 차이가 있는지 물었다. 역시 칼이든 정치이든 살인에 이르렀다는 점에서 차이가 없다(「양혜왕」상 4).

맹자는 다시금 흉년으로 노약자는 굶주려서 아사하고 장년은 사방으로 떠돌아다닌다면 누구 책임져야 할까? 공거심은 읍재, 즉 군수나 시장이었지만 처음에 자신의 잘못이 없다고 생각했다. 그는 자신이 흉년의 발생에 인과적으로 대응 관계가 없기 때문이다. 군이 책임을 따진다면 자연에 돌릴 수 있다. 하지만 자연에 책임을 물을 수 있는 방법이 없으므로 아무에게도 책임이 없는 셈이다.

이에 맹자는 예의 작가의 발상으로 목동 이야기를 끄집어낸다. a가 어떤 사람의 소와 양을 돌보는 목동이 되었다고 가정해보자. a는 목동을 하며 임금을 받는다. 그렇다면 a는 소와 양이 먹을 풀을 찾아 최선을 다해야 한다. a는 노력했는데도 불구하고 소와 양이 먹을 풀을 찾지 못하면 어떻게 해야 할까? a는 자기 능력의 한계를 인정하고 소와 양을 주인에게 돌려주어야 할까, 아니면 우두커니 소와 양이 죽어가는 모습을 지켜봐야 할까?

맹자의 목동 이야기를 듣고서 공거심은 읍재로서 "知其罪者", 즉 자신의 책임을 인정했다. 맹자는 이 사실을 선왕에게 전하며 자신이 알고 있는 다섯 명 중에 공거심만이 자신의 책임을 인정한다고 평가했다. 자신의 책임을 인정해야 통렬한 반성과 성찰을 통해 자기 혁신이 가능해진다.

오늘날도 공거심 같은 사람이 많다면 적어도 같은 원인으로 인해 불행이
되풀이되지 않을 것이다.

22 예측

500년마다 꼭 구원자가 나온다

오백년필유 왕자五百年必有王者(「공손추」하 13)

입문___현대 사회는 대부분 선거로 임기제의 정치 지도자를 선출한다.
현 지도자가 잘 한다면 계승을 강조하고 반대로 못한다면 비판을 강조한
다. 이로써 선거는 집권 세력과 도전 세력에 대한 심판의 특성을 갖는 것이
이다. 반면 과거 왕조 시절에는 세습으로 정치 지도자가 교체된다. 안정
과 평화 시기가 지속된다면 큰 문제가 없지만 폭압과 전쟁의 시기가 지속
된다면 사람들은 새로운 지도자 또는 메시아의 출현을 기대하게 된다.

맹자는 싸우는 나라들의 시대, 즉 전국시대를 살면서 장기간 지속된
역사의 규칙을 찾아냈다. 500년 단위로 새로운 왕자가 출현한다는 것이
다. 이는 한 왕조가 등장하여 안정과 평화의 시대를 이끌어가지만 500년
의 시간이 흐를 즈음에 폭압과 전쟁의 시대로 들어서게 된다는 말이다.
폭압과 전쟁은 모두에게 극심한 고통을 준다. 이 고통은 제도의 개혁으
로 끝나지 않고 새로운 왕자의 출현으로 새로운 판을 열게 되는 것이다.
맹자는 주나라부터 전국시대를 살펴보니 500년을 넘어 700년이 다 되
어갔다. 진정한 왕자가 출현할 때가 된 것이다. 과연 진정한 왕자는 누구
일까?

승당___500년마다 반드시 훌륭한 왕자가 나와 호전이 일어나며 사이

사이에 한 세대에 이름을 떨칠 사람이 반드시 생겨난다. 주나라로부터 시작해서 700여 년이 흘렀으니 연수로 보면 500년을 훌쩍 넘겼고 시세로 보면 왕자가 나올 만하다. 그럼에도 왕자가 나오지 않으니 하늘(하느님)이 아직 세상을 평화롭게 다스리려고 하지 않은 듯하다. 만약 세상을 평화롭게 다스리려면 지금의 시대를 맞이하여 나를 내버려놓고 그 누가 있겠는가? 내가 어찌 기쁘지 않겠느냐?

五百年必有王者興, 其間必有名世者. 由周而來,
오 백 년 필 유 왕 자 흥   기 간 필 유 명 세 자 유 주 이 래
七百有餘世矣. 以其數則過矣, 以其時考之則可矣.
칠 백 유 여 세 의   이 기 수 즉 과 의   이 기 시 고 지 즉 가 의
夫天未欲平治天下也. 如欲平治天下, 當今之世,
부 천 미 욕 평 치 천 하 야   여 욕 평 치 천 하   당 금 지 세
舍我其誰也? 吾何爲不豫哉?
사 아 기 수 야   오 하 위 불 예 재

입실___유有는 '있다'의 뜻으로 여기서는 '나타나다, 출현하다'의 맥락으로 쓰인다. 흥興은 '일다, 일어나다, 일으키다'의 뜻이다. 여餘는 '남다, 넉넉하다'의 뜻으로 많이 쓰이지만 여기서는 '남짓'의 맥락이다. 수數는 '수, 숫자, 세다'의 뜻이다. 고考는 '살피다, 밝히다'의 뜻이다. 평平은 '고르다, 평평하다'의 뜻이다. 사舍는 '집, 관청'의 뜻으로 많이 쓰이지만 '버리다, 내버리다'의 뜻이다. 예豫는 '즐기다, 기뻐하다'의 뜻이다.

여언___맹자는 전국시대 양 혜왕과 제 선왕 그리고 등 문공 등을 만나면서 지금이야말로 사람다움(사랑)의 정치, 즉 仁政을 실천할 절호의 기회라고 주장했다. 다들 약육강식의 시대에 살아남기 위해 부국강병을 추구하느라 백성들의 고통이 이만저만이 아니었다. 이때 지도자가 인정을 펼치면 상식적인 사람은 자신이 살던 곳을 떠나 인정의 나라로 귀순하리

라고 맹자는 예상했다.

나아가 맹자는 전국시대를 살아가는 자신의 역할에 대해 고민했다. 500년이면 새로운 왕자가 출현할 때이다. "五百年必有王者"의 시간이 된 것이다. 이 주장이 맞다면 춘추시대에 활약한 공자야말로 새로운 왕자에 어울리는 사람이라고 할 수 있다. 하지만 공자는 식견과 덕망을 가졌지만 정치적 권력이 없어서 자신의 이상을 실현할 수가 없었다.

그렇다면 五百年必有王者, 즉 500년 주기설은 틀린 것일까? 이에 대해 맹자는 실로 파격적인 주장을 내놓았다. 첫째, 500년을 훌쩍 뛰어넘어 700년이 되어도 진정한 왕자가 왜 출현하지 않을까? 맹자는 이에 하늘이 아직 "평치천하平治天下"를 이루려고 하지 않는다는 이유를 제시했다. 그렇다면 주나라로부터 700년이 지난 지금도 왜 왕자가 나타나지 않았을까? 아니다. 나타났다. 누구인가? 그 사람이 바로 맹자 자신이라는 파격적인 주장을 내놓는다.

맹자의 500년 주기설은 이미 「공손추」하 13에 간단하게 나오지만 『맹자』 제일 마지막 「진심」하 38에 아주 자세하게 나온다. 간단히 살펴보면 다음과 같다. 제1기가 요순에서 탕까지이고, 제2기는 탕에서 문왕까지이고, 제3기가 문왕에서 공자까지이다. 제1기에는 우禹나 고요皐陶와 같은 현자가 성왕과 함께했고, 제2기는 이윤伊尹이나 내주萊朱와 같은 현자가 성왕과 함께했고, 제3기는 태공망太公望이나 산의생散宜生과 같은 현자가 성왕과 함께했다.

공자가 제4기를 열 만한 자격을 가졌지만 그럴 기회를 갖지 못하고 그 뒤로 100여 년의 시간이 흘렀다. 전국시대의 맹자는 공자가 이루지 못한 기회를 자신이 잡을 수 있는 최적의 인물로 생각했다. 공자와 자신이 활약한 곳이 거리상으로 멀리 떨어져 있지 않고 시간상으로 가깝다는 이유를 제시하고 있다. 이러한 500년 주기설에 대해 훗날 맹자의 핵심 사상이 아니라고 보는 학자도 많다. 500년 주기설은 춘추전국시대에 음양과 오행으로 왕조와 역사의 교체를 설명했던 추연鄒衍의 학설에 가깝지 인정仁政과 존심양성存心養性의 수양을 강조하는 맹자의 사상과 어울리지 않는다고 보았기 때문이다.

500년 주기설은 현재 『맹자』 텍스트로 보면 충분히 맹자의 핵심 사상으로 볼 만하다. 첫째, 맹자는 500년 주기설로 유세할 때마다 부국강병이 아니라 인정을 펼칠 절호의 기회라고 강조하고 있다. 둘째, 맹자는 왕조가 인정을 멀리하고 폭정을 일삼으면 역성혁명이 가능하다고 보았다. 이러한 논거만으로도 500년 주기설은 『맹자』의 내용과 논리적으로 잘 들어맞는다고 할 수 있다. 다만 제4기의 새로운 시대를 열 인물로 맹자 자신을 자천自薦하고 있다는 점에서 당시 얼마나 공감했을지 면밀히 살펴볼 필요가 있다. 五百年必有王者설은 위기의 시대에 희망을 줄 수 있지만 맹신하면 한갓 예언에 지나지 않게 된다. 오늘날 휴거설과 멸망설도 五百年必有王者설을 맹신하는 변형이라고 할 수 있다.

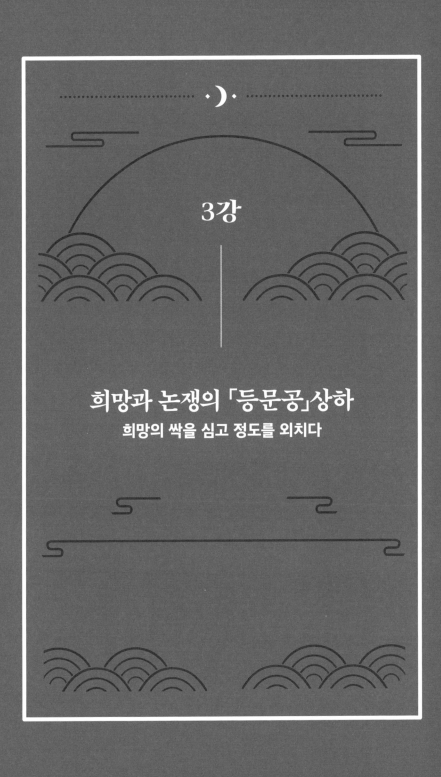

3강

희망과 논쟁의 「등문공」상하
희망의 싹을 심고 정도를 외치다

'등문공'은 등나라 문공을 가리킨다. 맹자와 문공의 인연은 양나라 혜왕이나 제나라 선왕에 비해 좀 독특하다. 맹자는 혜왕과 선왕이 군주일 때 두 사람을 방문하여 유세를 한 적이 있다. 물론 결과는 실패로 끝났다. 반면 문공은 세자 시절에 楚나라를 가려다가 宋나라를 지나다가 맹자를 만났다. 그때 맹자는 문공에게 요순을 들먹이며 성선을 이야기했다. 또 초나라에서 등나라로 돌아가는 길에 두 사람이 만났다. 이때 맹자는 문공에게 "갈 길은 하나뿐이다"라고 강조했다. 문공은 세자 시절부터 약소국의 비애를 극복하기 위해 분주하던 차에 맹자를 만났던 것이다.

혜왕과 선왕은 맹자가 말한 인의의 정치에 관심을 두지 않았다. 반면 문공은 세자 시절에 인의의 정치에 관심을 갖고 부친 정공이 죽자 주위 반대에도 불구하고 삼년상을 정성으로 지내 반대자를 감동시켰다. 문공은 즉위하고서 힘의 정치로 주위 강대국에 대항할 수 없으므로 인의의 정치를 실시하여 미래 세대에 기회를 주려고 했다. 나는 등국고성滕國故城을 방문했을 때 문공이 약소국으로 인의의 정치를 실시하려고 했던 자취를 찾으려고 한 적이 있다.

아울러 「등문공」에는 맹자가 농가 허행許行과 진상陳相, 묵가 이지夷之를 만나서 논쟁을 하는 내용이 있다. 「등문공」에는 맹자가 이들을 상대로 일방적으로 이긴 상황으로 정리되고 있지만 실로 불꽃 튀는 논쟁이 벌어졌으리라. 상대의 글이 남아있다면 당시 상황을 좀 더 생생하게 파악할 수 있겠지만 맹자의 일방적인 승리가 남아 아쉬움이 많다.

11수의 내용은 다음과 같다. 항산항심恒産恒心은 먹고사는 문제의 중요성을 말하는데, 이는 정전제과 왕도 정치의 구상과 연결된다. 여민병경與民幷耕은 치자도 직접 농사를 지어야 한다는 농가의 주장인데, 이에 대해 맹자는 사회 분업으로 대응했다. 애무차등愛無差等은 박애로 해석하는 묵가의 해석에 대해 그 부당성을 비판하는데, 이는 친친親親에서 인민仁民으로, 인민에서 애물愛物로 나아가는 단계론적 사랑의 발판이 된다. 대장부大丈夫는 부귀·빈천·위무에도 흔들리지 않고 자신의 길을 뚜벅뚜벅 걸어가며 새로운 시대를 열 수 있는 초인을 나타낸다. 후거십승後車十乘은 맹자가 여러 나라의 제후를 찾아 유세하러 다닐 때 그의 행차가 호화롭다고 비판받는 맥락이다. 이는 공자가 상가지구喪家之狗라는 별칭으로 불리는 장면과 크게 대조를 보인다.

일부중휴一傅衆咻는 한 사람이 아무리 선하게 노력을 해도 다수의 사람을 당해낼 수 없다는 환경을 이야기한다. 월양일계月攘一鷄는 나쁜 관행과 악행을 끊으려면 즉각 그만두어야지 질질 끌 수 없다는 말이다. 여부득이予不得已는 맹자가 어쩔 수 없이 논쟁에 나서는 자신의 처지를 말하고 있다. 지아죄아知我罪我는 공자가 『춘추』를 지어 세상을 바로잡고자 했고 그 작업이 결국 자신에게로 되돌아오는 점을 말하고 있다. 위아겸애爲我兼愛는 공자를 비판했던 양주와 묵적의 대표적인 개념을 가리킨다. 예예지육睨睨之肉은 형의 재산이 부정하다고 생각해 먹던 거위고기를 토해냈던 진중자陳仲子의 일화를 말한다.

23 생계

안정된 일자리와 변치 않는 마음

항산항심恒産恒心(「등문공」상 3)

입문___사람은 자신이 지금 있는 자리의 고마움을 잘 모른다. 직장이 있으면 그곳의 단점이 자꾸 눈에 들어오지 자리 자체의 소중함을 놓칠 수 있다. 다른 업체는 "구내식당이 어떻고 복장 규정이 어떻고" 하면서 자신의 직장이 그에 미치지 못한다고 불만을 갖기 쉽다. 물론 법의 기준에 맞지 않은 노동 조건이 있다면 이에 대한 불만족은 정당한 권리의 요구라고 할 수 있다. 그렇지 않고 "조금이라도 처지는 것"에 만족하지 못하면 지금 있는 자리를 떠나려는 마음이 생길 수 있다.

구직이 뜻대로 되지 않거나 실직을 한 경우라면 일자리가 있으면 뭐든 할 수 있다는 생각을 한다. 아직 가져보지 못했거나 가졌던 것을 잃고 보면 그 일자리의 가치가 크게 보인다. 이때 일자리는 여러 가지 의미를 갖는다. 과거의 노력이 빚어낸 결과이고 현재의 삶을 살아가는 바탕이고 미래를 준비할 수 있는 조건이다. 즉 삶이 지금 있는 자리를 중심으로 해서 모든 일이 벌어진다고 할 수 있다.

맹자도 전국시대, 즉 "싸우는 나라들의 시대"를 살아가면서 '사람들이 모두 자신의 일자리를 가진다면 어떨까?'라는 상상을 했다. 그의 상상은 세상 물정 모르는 사람의 이야기가 아니라 시대의 핵심을 꿰뚫은 방안에 가깝다. 그의 이야기에 귀를 기울여보자.

승당___백성이 살아가는 길은 항산이 있으면 항심이 있고, 항산이 없으면 항심이 있을 수 없다. 만일 항심이 없으면 아무 거리낌 없이 제멋대

106

로 굴거나 비딱하게 굴고 사치 부리며 못할 짓이 하나도 없다. 그러다가 결국 범죄에 빠진 다음에 정부가 기다렸다는 듯이 하나씩 쫓아다니며 형벌을 내린다면 이는 백성을 상대로 그물질하는 것이다. 어찌 사람다운 사람이 지도자의 자리에 있으면서 백성을 상대로 그물질한다면 가당하 겠는가?

民之爲道也, 有恒産者, 有恒心, 無恒産者,
민 지 위 도 야 유 항 산 자 유 항 심 무 항 산 자
無恒心. 苟無恒心, 放辟邪侈, 無不爲己. 及陷乎罪然後,
무 항 심 구 무 항 심 방 벽 사 치 무 불 위 이 급 함 호 죄 연 후
從而刑之, 是罔民也. 焉有仁人在位, 罔民而可爲也?
종 이 형 지 시 망 민 야 언 유 인 인 재 위 망 민 이 가 위 야

입실__ 항恒은 '늘, 언제나'의 뜻으로 변하지 않아 안정된 바탕을 나타 내는 맥락이다. 구체적으로 말하면 항산恒産은 경작할 농토나 일할 업무 를 가리키고 항심恒心은 흔들리지 않고 나아갈 삶의 방향을 가리킨다. 구 苟는 '만일, 가령'의 접속사로 쓰인다. 방벽放辟은 '아무 거리낌 없이 제멋 대로 하다'의 뜻이다. 사치邪侈는 '바르지 못하고 사치 부리다'의 뜻이다. 함陷은 '빠지다, 파묻히다'의 뜻이다. 죄罪는 '허물, 범죄'의 뜻이다. 함죄陷 罪는 '죄에 빠지다'는 뜻과 '죄를 짓다, 범죄에 가담하다, 범죄에 연루되다' 는 뜻을 동시에 나타낸다. 종從은 '따르다, 나아가다'의 뜻으로 정부가 백 성의 뒤를 캐며 수사해서 혐의자를 모조리 잡아들이는 맥락이다. 망罔은 '그물'의 뜻으로 망網 자와 같다.

여언__ 동아시아는 산업화가 되기 전에 왕조 교체에도 불구하고 소 농경제가 사람들을 먹여 살리는 중요한 바탕이었다. 소농경제는 적게는 4~5인, 많게는 7~8인의 생계를 책임지면서 내년의 농사를 준비하고 세

금을 낼 수 있었다. 즉 가정 경계는 먹고살 수 있는 기반을 마련하고 국가 경제는 세수를 통해 안정적으로 운용될 수 있다. 소농 경제가 무너지게 되면 가족은 먹고살 길을 찾아 뿔뿔이 흩어지고 국가는 재정 위기로 혼란스러워진다. 아울러 사회는 치안의 부재로 약탈이 일어나고 외국은 이를 빌미로 호시탐탐 침략의 기회를 엿보게 된다. 즉 내우외환內憂外患이 끊이지 않게 되는 것이다.

이를 막으려면 어떻게 해야 할까? 맹자는 제일 먼저 "恒産"과 "恒心"에서 논의를 시작했다. 恒産은 오늘날이면 일자리에 해당되고 당시라면 농토를 가리킨다. 소농이 농사를 지을 땅을 안정적으로 확보한다면 1년만이 아니라 향후의 계획을 세울 수가 있다. 반면 농토가 없으면 소농은 살길을 궁리하느라 오만가지의 多心을 갖게 된다. 多心은 이리저리 바뀌는 변심變心으로 나아간다. 이것이 바로 恒産과 恒心이 한 덩어리로 맞물리게 되는 맥락이다. 恒産이 있으면 농토를 중심으로 현재와 미래를 설계하는 恒心을 갖게 되지만 그렇지 않으면 恒心이 아니라 變心하게 된다. 원문을 고치면 "有恒産者, 有恒心, 無恒産者, 有變心"이 된다.

국가의 역할은 무엇일까? 국가가 소농이 먹고사는 일에 어떻게 일일이 개입할 수 있느냐며 "작은 정부론"을 내세운다고 하자. 소농은 먹고살기 위해 "放辟邪侈", 즉 약육강식의 정글 상태가 일어나게 되는데, 국가는 나 몰라라 하고 있다가 범죄가 일어나면 그때야 법망을 펼쳐서 범인을 잡아들인다. 맹자는 이를 백성을 상대로 그물질하는 "罔民"이라고 강력 비판하고 있다. 오늘날 중국어로 네티즌을 "왕민"이라고 하는데 그 한자가 罔民이다. 글자가 같지만 의미는 크게 다르다. 고대의 망민은 백성을 억압하는 측면을, 오늘날의 망민은 인터넷에서 자유롭게 정보를 낚는 측면을 나타내기 때문이다.

이렇게 보면 맹자는 명확히 말하지 않지만 작은 정부가 결국 망민으로 이어지기 때문에 큰 정부가 필요하다고 주장하는 셈이다. 여기서 그는 국가가 사람들에게 경작할 토지를 나눠줘야 한다는 정전제井田制의 제안으로 나아간다. 소농 8가구가 囲 모양의 토지에서 중앙의 공전公田에 농사 지어 그 소득을 세금으로 내고 각자 나머지 8곳의 사전私田에 농사를 짓는 것이다. 이렇게 되면 "산 사람을 키우고 죽은 사람을 보내는 데에 유감이 없는 왕도 정치의 출발점이 시작된다(養生喪死無憾, 王道之始也)"라고 할 수 있다(「양혜왕」상 2).

맹자는 性善에 주목하면 전국시대에 돈키호테 같은 인물로 보이지만 井田制의 구상을 보면 꽤 주도면밀한 사상가라고 할 수 있다. 오늘날 정치인도 국가의 장밋빛 전망만을 제시할 게 아니라 井田制와 같은 명확한 대안을 제시해야 한다. 그렇지 않으면 罔民 정치를 벗어나지 못하게 된다.

24
분업

백성과 함께 쟁기를 끌다

여민병경與民井耕(「등문공」상 4)

입문__ 대통령과 국회의원 선거가 되면 입후보자들은 시장을 찾아 상인을 만나 고통을 듣고 길거리 음식을 먹었다. "서민 코스프레cospre"를 한다는 비판도 있지만 정치인이 시민을 만나는 행위 자체를 뭐라고 할 수는 없다. 시장을 찾아 "서민을 위한 정치"를 하겠다고 해놓고 나중에 다른 정치를 한다면 언행 불일치로 비판을 할 수는 있다. 요즘은 반려동물을 키우며 SNS에 소식을 자주 올려야 한다. 산책하고 먹이 주는 건 기본이고 함께 어울려서 잠을 자는 사진까지 올린다. 그러다가 사람이 대통령이 되면 반려동물은 퍼스트 도그가 된다. 이후에도 한 번씩 가끔 반려동물의 근황을 전하며 변함없는 사랑을 표시하고 외국 정상과 교류에서 사람만이 아니라 반려동물의 경조사까지도 챙긴다.

우리는 정치인을 한꺼번에 다 알 수가 없다. 정치인이라면 정책과 도덕성에 주목하는 편이 제일 좋지만 시장 방문이나 반려동물의 SNS 소식이 대중의 관심을 끌고 있다. 이처럼 대중의 관심을 끄는 행위를 통해 정치인이 자신을 알리고자 한다. 어떤 행위이든 그 사람을 대변하는 '표본'이면 괜찮다. 이를 통해 그 사람을 판단해도 크게 어긋나지 않으니까 말이다. 반면 어떤 행위는 '표본'과 거리가 멀고 보여주기나 관심 끌기 식의 '연출'일 때가 많다. 이를 보고 그 사람을 판단한다면 당연히 잘못된 선택으로 귀결된다.

맹자도 농가 일파인 진상陳相과 만나서 농가가 '표본'이 아니라 '보여주기' 식의 코스프레를 한다고 비판했다. 맹자 시대에 서민 코스프레라니 믿기지 않겠지만 그 내용을 함께 살펴보도록 하자.

승당__진상이 허행을 만나서 이야기를 나누고 아주 크게 기뻐하며 자신이 진량에게 배운 유가의 학문을 모두 내버리고 허행에게 농가를 배웠다. 그 뒤 진상은 맹자를 만나서 허행의 말을 전달했다. 진상: 등나라 군주는 참으로 현군입니다. 비록 현군이라 그럴 만하지만 아직 진정한 농가의 도를 알지 못합니다. 현자라면 백성과 함께 밭 갈아서 먹고 직접 밥을 해결하며 다스립니다. 지금 등나라에는 곡식 창고와 재물 창고가 곳곳에 있는데, 그렇다면 이는 백성을 해쳐서 자신을 돌보는 셈이니 어찌 참으로 현군일 수 있겠습니까?

陳相見許行而大悅, 盡棄其學而學焉. 陳相見孟子,
진 상 견 허 행 이 대 열   진 기 기 학 이 학 언   진 상 견 맹 자
道許行之言. 曰, 滕君則誠賢君也, 雖然, 未聞道也.
도 허 행 지 언   왈   등 군 즉 성 현 군 야   수 연   미 문 도 야
賢者與民幷耕而食, 饔飧而治. 今也, 滕有倉廩府庫,
현 자 여 민 병 경 이 식   옹 손 이 치   금 야   등 유 창 름 부 고
則是厲民, 而以自養也, 惡得賢?
즉 시 려 민   이 이 자 양 야   오 득 현

입실__ 진상陳相은 초나라의 유가 진량陳良을 따르던 인물이다. 진량은 초나라 출신이지만 평소 주공周公과 공자孔子의 학문을 좋아해서 진상은 중원으로 '북학北學'을 할 정도였지만 오히려 북방의 학자가 그에 필적할 사람이 없었다(박제가의 『북학의北學議』는 이 '북학'을 차용하여 지은 이름이다). 진상은 진량에게 배우고 동생 진신陳辛과 함께 농기구를 짊어지고 송宋나라를 거쳐 등滕나라로 왔다. 도道는 '말하다'의 뜻으로 여기서는 진상이 허행의 말을 맹자에게 전달한다는 맥락이다. 현자賢者는 원래 '현명하고 뛰어난 사람'의 뜻으로 여기서는 정치 지도자를 가리키는데 앞의 현군賢君과 같은 뜻이다. 병幷은 '나란히, 함께'의 뜻이다. 옹손饔飧은 '아침밥, 저녁밥'을 가리키지만 여기서는 '직접 밥을 짓다'의 뜻이다. 창름倉廩은 '곡식을 보관하는 창고'를 가리키고 부고府庫는 옛날에 '관청의 문서·재물을 간직하는 곳집'을 가리킨다. 려厲는 '해치다'의 뜻으로 백성들에게 피해를 준다는 맥락이다.

여언__ 우리가 『맹자』를 읽다 보면 맹자가 제자나 경쟁 사상가를 만나서 양주와 묵적만이 아니라 다양한 사상가를 비판하고 있다는 걸 확인할 수 있다. 여기서 맹자는 우리에게 좀 덜 알려진 농가를 비판하고 있다.

맹자는 "與民偕樂"을 주장했지만 농가의 "與民幷耕"을 받아들일 수 없다. 두 학파의 논쟁 속으로 들어가 보자.

등나라 문공은 막 즉위하고서 부국강병의 노선을 걷지 않고 요·순 등 성왕의 정치를 재현하고자 했다. 사상가들은 이 소식을 듣고 하나둘씩 등나라로 모여들었다. 이 때문에 맹자 당시 등나라는 강대국은 아니지만 사상가들 사이에 뜨거운 곳이었다. 먼저 농가 허행이 초나라에서 등나라로 와서 문공에게 "성인의 백성"이 되고자 요청하자 그에게 거처를 마련해주었다. 이에 그의 제자 수십 명이 같이 단체 생활했다. 초나라 유가인 진량에게 배운 진상도 송나라에서 등나라로 와서 성인의 백성이 되고자 요청했다. 그는 원래 진량처럼 북쪽의 유학을 배우고자 했지만 허행을 만나 감동을 받고서 농가로 전향했다.

진상은 맹자를 만나 등나라 문공이 유학의 성왕이 실행했던 왕도 정치에 경도되어 농가의 진정한 가치를 모른다고 비판했다. 그는 농가의 주장에 따라 군주가 현자라면 백성들에게 고통을 안겨주어서는 안 된다고 생각했다. 일례로 현군이라면 정사를 돌본다고 궁궐에 앉아 세금을 축내며 호의호식하면 부당하다는 것이다. 대신에 현군이라면 농민과 함께 밭을 갈아 수확을 하고 또 그 수확으로 직접 밥을 지어 먹으면서 정사를 돌봐야 한다는 與民幷耕의 논리이다. 지금처럼 창고에 곡식과 재물을 채워놓고 정사를 돌보면 백성을 해쳐서 자신을 돌보는 "厲民自養"의 정치가 된다고 비판했다. 요즘 정치인도 생산 활동에 종사하지 않는 유한 계층에 불과하다는 이야기이니 참으로 근본적인 비판이다.

맹자는 허행이 직접 농사를 지어 밥을 해 먹지만 옷과 관을 직접 만들지 않고 곡식으로 장인의 물건과 교환한다는 점을 비판한다. 진정한 농가라면 모든 일을 자체적으로 해결해야 한다는 말이다. 농가가 농사만 직접 짓고 나머지는 교환한다면 정치 리더도 직접 농사를 짓지 않더라도 백성이 더 잘살게 하면 되지 않느냐고 비판했다. 나아가 맹자는 공동체 복지를 위해 정치에 종사하는 노심자勞心者와 생산 활동에 종사하는 노력자勞力者를 구분하여 분업이 필수적이라는 논리를 펼친다. 與民并耕과 "饗殱而治"는 애민愛民 정신의 진정한 표본이 아니라 애민 코스프레에 지나지 않는다는 것이다.

『맹자』에는 맹자가 진상과 논쟁에 이긴 모양으로 끝난다. 하지만 훗날 궁전에서 왕이 친경親耕을, 왕비가 친잠親蠶을 한 걸 보면 농가의 與民并耕은 역사에서 계속 살아남았다고 볼 수 있다. 하지만 왕과 왕비의 친경과 친잠이 애민 코스프레로 끝나지 않으려면 진정한 애민 정치를 펼쳤는지 살펴야 한다. 오늘날 우리는 맹자와 진상의 논쟁처럼 정치인이 厲民自養의 서민 코스프레만 하는지, 아니면 "養生喪事無憾"(「양혜왕」상 3)의 왕도 정치를 하는지 잘 살펴야 한다.

25
보편

사랑에 차등이 없다

애무차등愛無差等(「등문공」상 5)

입문___천주교가 동아시아에 전래되었을 때 사대부들은 종교라기보다 과학에 더 매료되었다. 천문학의 정확성을 비롯하여 안경, 망원경 등의 기물은 새로운 것을 찾는 사대부의 관심을 받기에 충분했다. 천주교가 제사에 대한 강대한 입장, 즉 우상숭배로 비판하자 사대부들은 분화되기 시작했다. 반천주교로 돌아서거나 확실히 천주교를 믿는 쪽으로 말이다. 일반 민중은 과학보다 "원수를 사랑하라"까지는 아니더라도 "모든 사람을 차별 없이 사랑하라"라는 설교를 반겼다. 일반 민중은 신분제의 고통을 온몸으로 겪으면서 차별 없는 사랑을 갈구하던 터에 박애의 복음을 반기지 않을 수가 없다. 그렇지 않으면 그 많은 순교자를 어떻게 설명할 수 있겠는가?

기세춘에 의해 묵자는 일찍이 기독교에 비견되었다(기세춘 외, 『예수와 묵자』). 묵자가 나와 남, 나의 가족과 남의 가족을 구별하지 않는 겸애兼愛를 주장했기 때문이다(32조목 "爲我兼愛" 참조). 묵자는 유가의 사랑을 "差等愛"로 규정하는 자신의 兼愛와 대별시켰다. 이 때문에 맹자는 겸애가 논리적으로 성립되지 않고 얼마나 비현실적인지를 밝히고자 했다. 시대의 차이 때문에 맹자는 묵자를 직접 만날 수 없지만 당시의 묵자 일파 이지夷之를 비판했다. 두 사람의 논점을 들여다보자.

승당 이자: 유자의 도리에 옛 사람은 [무지한 백성을] 갓난아이를 돌보듯이 한다고 하는데, 이 말은 무슨 뜻인가요? 나는 사랑에는 차등이 없지만 사랑의 실행은 어버이로부터 시작한다고 생각합니다. 서벽이 이 이야기를 맹자에게 전달했다. 맹자: 이자는 진실로 사람이 자기 형의 자식을 가까이하는 것이 이웃집 갓난아이를 가까이하는 것과 같다고 생각하는가? 인용한 『서경』 구절은 다른 맥락을 나타낸다. 어린아이가 기어서 우물에 빠지려고 하면 이는 그 어린아이의 잘못이 아니라는 맥락이다. 하늘(하느님)이 만물을 낳아 각자 근본을 하나이게 했지만 이자는 근본을 둘로 하기 때문이다.

夷子曰, 儒者之道, 古之人若保赤子, 此言何謂也?
이 자 왈 유 자 지 도 고 지 인 약 보 적 자 차 언 하 위 야

之則以爲愛無差等, 施由親始. 徐子以告孟子.
지 즉 이 위 애 무 차 등 시 유 친 시 서 자 이 고 맹 자

孟子曰, 夫夷子, 信以爲人之親其兄之子,
맹 자 왈 부 이 자 신 이 위 인 지 친 기 형 지 자

爲若親其隣之赤子乎? 彼有取爾也, 赤子匍匐將入井,
위 약 친 기 린 지 적 자 호 피 유 취 이 야 적 자 포 복 장 입 정

非赤子之罪也. 且天之生物也, 使之一本,
비 적 자 지 죄 야 차 천 지 생 물 야 사 지 일 본

而夷子二本故也.
이 이 자 이 본 고 야

입실__이자夷子는 제자백가 중 묵가墨家 일파의 사람으로 이지夷之의
존칭이다. 맹가孟軻를 맹자孟子로 부르는 성姓 다음에 자子를 붙이는 존칭
은 당시 관행이라고 할 수 있다. 고지인古之人은 『서경』「강고康誥」에 나오
는 말을 가리킨다. 약若은 '같다'의 뜻이다. 보保는 '지키다, 돌보다'의 뜻이
다. 적자赤子는 핏덩이가 묻어있는 '갓난아이'를 가리킨다. 이위以爲는 '생
각하다, 여기다'의 뜻이다. 차이差等는 '고르거나 가지런하지 않고 차별이
있다'의 뜻이다. 시施는 '베풀다, 실행하다, 실시하다'의 뜻이다. 서자徐子는
맹자 제자 서벽徐辟을 가리킨다. 친親은 '어버이, 부모'의 뜻이다. 린隣은 '이
웃'의 뜻이다. 포복匍匐은 '엎드려 기어가다'의 뜻이다.

여언__철학사를 보면 주장이 서로 비슷하면 학파나 사상가끼리 더 격
렬하게 논쟁을 벌인다. 사이비似而非라는 말이 재밌다. 사似는 닮은 측면이
고 비非는 다른 측면이다. 닮았지만 다르다는 애증이 교차하는 말이지만
실제로 증에 초점이 있는 듯하다(77조목 "惡似而非" 참조).

공자와 묵자는 사랑을 강조한다는 점에서 닮았다. 하지만 공자는 가
족에 바탕을 두지만 묵자는 가족을 넘어선다. 이 때문에 유가와 묵가는
결국 집요하게 싸울 수밖에 없다. 이지는 사실 맹자를 만나서 '일합'을 겨

루고자 했다. 맹자는 병을 핑계로 만나주지 않았다. 다음에 또 만남을 요청하자 맹자는 응했지만 서벽을 통해 먼저 이야기할 의제를 조율했다. 맹자는 묵자가 장례를 간소하게 지내는 박장薄葬을 원칙으로 하는데 이지가 부친상을 후장厚葬으로 치른 사실을 언급하며 급소를 공격했다.

이지도 가만히 있지 않았다. 그는 『서경』「강고」에 나오는 "약보적자若保赤子"가 바로 "愛無差等"을 입증한다고 주장했다. 백성을 자기 집의 어린아이를 돌보듯 한다고 하니 이는 나와 남, 나의 가족과 남의 가족을 구별하지 않는다는 것으로 풀이하고 있다. 결국 유가도 원래 겸애를 주장한다는 말이다. 이지는 愛無差等이 원칙이지만 현실적 한계가 있다고 보았다. 사람은 남이 아니라 각자의 가족과 살아가므로 사랑이 가족 관계에서부터 시작될 수밖에 없다는 것이 바로 "施由親始"이다.

맹자는 이지의 주장이 『서경』「강고」의 잘못된 해석에 바탕하고 있다고 대응했다. 즉 若保赤子는 사람을 "차별 없이 사랑하라"라는 맥락이 아니라 아무것도 모르는 사람이 법망에 걸려서 형벌을 받지 않도록 해야 한다는 맥락으로 쓰인다고 반박했다. 어린아이가 앞에 우물이 있는 줄도 모르고 그쪽으로 가면 내버려두는 것이 아니라 구하듯이 백성이 법 규정을 몰라 범법의 상황에 놓이면 옳거니 하고 처벌할 것이 아니라 그럴 상황을 미연에 방지해야 한다는 것이다. 예컨대 우리도 퀵보드의 운행 규정이 바뀔 때 계도 기간을 설정해서 범법자가 생기지 않도록 하지 법을 어겼다고 처음부터 잡아들이지 않는다. 즉 이지가 「강고」의 구절을 맥락대로 읽지 않고 탈맥락적으로 해석하는 오류를 범했다는 말이다.

이어서 맹자는 묵자의 말처럼 과연 자기 형의 자식(조카)을 사랑하듯이 이웃집 사람의 자식을 똑같이 사랑할 수 있는지 물어본다. 박장의 규정을 어긴 이지가 현실에서 겸애의 원칙을 지킬 수 있는지 확인하는 것이다. 이를 고수한다면 이지는 愛無差等이지만 가족부터 사랑하는 施由親始의 두 가지 원칙을 가지게 된다고 비판했다(정재현,『차별적 사랑과 무차별적 사랑』참조).

맹자는 겸애를 비판했지만 유가의 차등애 논란에 대응이 필요했다. 이에는 유가의 사랑이 가족에 갇히지 않고 가족을 넘어서는 확장 가능성을 주장했다. 즉 먼저 나의 가족을 사랑하고 그 사랑을 이웃으로 확장한다는 선추善推(「양혜왕」상 7)를 말했다. 또 그는 유가의 사랑이 가족 사랑(親親)에서 이웃(백성) 사랑(仁民)으로, 다시 만물 사랑(愛物)으로 단계가 있다고 주장했다(「진심」상 45). 맹자는 묵자의 과도한 비판에 대등하면서 건설적 비판을 수용해서 자신의 논리를 한층 더 벼리고 있다. 우리도 진영 논리에 빠져 상대를 "무조건 틀렸다"라고 할 것이 아니라 그 틀을 벗어나 옳은 것은 옳다고 인정하고 그른 것은 그르다고 비판하는 건전한 토론 문화가 더 활발하게 진전되어야 하지 않을까?

대장부라는 초인의 소환

26
위인

대장부大丈夫(「등문공」하 2)

입문___문제가 없는 시대와 사회는 없다. 개개인이 주체가 되어 직접 문제 해결에 나설 수도 있고 특별한 능력을 가진 사람이 지지자와 함께 문제 해결에 나설 수 있다. 후자를 영웅이라고 부른다. 맹자도 주나라 문왕과 같은 인물, 즉 성왕聖王을 문제 해결의 주역으로 보았다. 이처럼 과거에는 문제 상황의 해결을 위해 개개인의 조직화보다 구세주나 메시아와 같은 영웅의 출현을 바랐다. 신화와 전설만이 아니라 역사에서도 수많은 영웅 사관을 확인할 수 있다.

우리나라도 고려 말에 왜구의 노략질이 심해지자 이들을 물리칠 영웅으로 이성계가 부각되었다. 임진왜란으로 나라가 절체절명의 위기에 빠지자 육지 각 지역에서 의병이 들고 일어났고 바다에서 이순신이 일본의 전략을 무력화시켰다. 한국전쟁에서도 대구와 부산으로 내몰린 한국의 위기를 한 번에 반전시킨 맥아더의 인천 상륙 작전이 있다. 이러한 위기의 상황에 남다른 결정과 용기를 발휘하고 개인적 아픔과 희생을 겪은 영웅의 가치는 깎아내릴 수 없다. 아울러 그러한 영웅의 탄생 이면에 〈장사리: 잊혀진 영웅들〉(2019)에서 보이듯 이름 모를 수없는 보통 사람과 학도병의 협력과 희생도 결코 무시할 수 없다. 영웅이 신이 아니므로 보통 사람과 병사 없이는 위대한 업적을 이룰 수 없기 때문이다.

우리도 대통령 선거에서 단순히 유능한 일꾼이 아니라 시대의 문제를 풀어가는 지도자와 영도자를 찾는다. 이는 대선이 다른 선거와 다른 특성이라고 할 수 있다. 맹자도 자신의 시대 문제를 풀어갈 사람을 찾고자 했다. 여기에 대장부가 등장하는데 그 특성을 함께 살펴보기로 하자.

승당＿천하의 드넓은 집에 머물고 천하의 올바른 자리에 서고 천하의 큰길을 걸어간다. 자신의 뜻(포부)을 펼치면 백성과 함께 도를 말미암고 자신의 뜻(포부)을 펼치지 못하면 홀로 도를 실행한다. 경제·사회적 부귀도 빠져들게 할 수 없고 빈천도 바뀌게 할 수 없고 정치·군사적 위무도 굽히게 할 수 없다. 이를 대장부라고 부른다.

居天下之廣居, 立天下之正位, 行天下之大道.
거 천 하 지 광 거   립 천 하 지 정 위   행 천 하 지 대 도

得志, 與民由之. 不得志, 獨行其道. 富貴不能淫,
득 지   여 민 유 지   부 득 지   독 행 기 도   부 귀 불 능 음

貧賤不能移, 威武不能屈. 此之謂大丈夫.
빈 천 불 능 이   위 무 불 능 굴   차 지 위 대 장 부

입실__ 앞의 거居는 '살다, 머물다'의 뜻이고 뒤의 거居는 '있는 곳, 머무른 곳'의 뜻이다. 광廣은 '넓다, 널찍하다'의 뜻이다. 득지得志는 글자 그대로 '뜻을 얻다'의 뜻으로 여기서는 자신의 기량과 포부를 펼칠 수 있는 기회를 갖는다는 맥락이다. 독獨은 '홀로, 혼자'의 뜻으로 사회적 관계를 떠나 은거한다는 맥락이다. 음淫은 '빠지다, 어긋나다'의 뜻으로 벗어나지 못하고 타락한다는 맥락이다. 이移는 '옮기다, 변하다'의 뜻이다. 굴屈은 '굽다, 굽히다'의 뜻이다.

여언__ 보통 맹자를 비롯하여 유가 하면 사람을 君子와 小人의 도식으로 나눈다고 알고 있다. 맞는 말이다. 이 도식은 사람이 도덕적으로 자신을 성숙시키느냐를 두고 구분하는 경우이다. 하지만 맹자는 사회 변혁과 관련해서 다른 도식을 보였다. 그것이 바로 범민凡民과 호걸지사豪傑之士의 구분이다. 즉 자신이 직접 앞에 나서지 않으면서 영웅 또는 성왕을 기다리는 사람을 범민凡民으로 불렀다. 성왕이 없더라도 시대의 문제 해결에 직접 나서는 사람을 호걸지사豪傑之士로 불렀다(69 조목 "兼善天下" 참조). 이는 맹자가 당시에 싸우는 나라들의 시대, 즉 전국시대를 살면서 약육강식의 혼란이 빨리 끝내기를 바라는 뜻을 담고 있다.

맹자는 여기에 그치지 않고 또 하나의 도식을 제시했다. 도식의 한쪽이 바로 오늘날에도 널리 쓰이는 "大丈夫"이다. 사실 大丈夫는 맹자보다 노자가 먼저 사용했다. 노자는 춘추전국시대가 법규를 지나치게 강조하

면서 사람들이 하나같이 좀생원처럼 꽉 막히게 됐다고 봤다. 그는 사람이 얄팍함보다는 두터움, 거품보다는 내실을 살리는 大丈夫가 돼야 한다고 주장했다.

이와 달리 맹자는 이렇게 살아야겠다고 한 번 뜻을 세우면 부귀, 빈천, 위무 등에 조금도 흔들리지 않은 사람을 大丈夫로 보았다. 사실 셋 중에 하나만으로도 사람을 흔들기 쉽다. 엄청난 돈, 번듯한 자리로 유혹하면, 또 반대로 찢어지게 힘든 가난, 멸시받는 대우로 협박하면, 나는 새도 떨어뜨리는 위세와 총칼을 앞세우는 무력으로 겁박하면 솔직히 "하라면 하는 대로 하겠다"라고 말하기가 쉽다.

大丈夫는 부귀, 빈천, 위무 중 하나가 아니라 셋을 한꺼번에 들이대더라도 꿈쩍도 하지 않는다. 대장부는 어떻게 초연할 수 있을까? 이 셋은 권력과 상황에 휘둘리는 조건에 불과하지만 대장부는 자신이 결정할 수 있는 "내 안의 것(在我者)"을 확실히 믿고 있기 때문이다(「진심」하 34). 『논어』에서 비슷한 말을 찾는다면 지사志士라고 할 수 있다. 이처럼 大丈夫라는 말이 널리 알려지자 한나라 유방은 진시황의 행렬을 보고 "대장부라면 마땅히 이 정도는 돼야지(大丈夫當如此也)!"라고 말했다(『사기』「고조본기」). 그 뒤에 "사내대장부" 또는 "남자대장부", "여장부"라는 말이 생겨났다.

역사적으로 보면 송나라 말 원나라 대군에 포로가 되어 베이징의 옥중에서 변절하지 않고 오히려 「정기가正氣歌」를 불렀던 문천상, 의병을 일으켜서 실패하고 쓰시마 섬으로 유배되어 온갖 회유에도 버티며 단식하다 병을 얻어 죽은 최익현, 그리고 일본 제국의 침략성을 알린 안중근 등도 大丈夫라고 할 수 있다. 맹자는 이 大丈夫가 나와서 혼탁한 세상을 바로잡아 주기를 바랐다고 할 수 있다.

그렇다면 大丈夫의 반대는 무엇일까? 흔히 "졸장부拙丈夫"라고 생각하겠지만 맹자는 "천장부賤丈夫"로 불렀다. 부귀, 빈천, 위무 중 하나라도 금방 마음을 바꾸기 때문에 싼값에 움직인다는 뜻이다. 지도자라면 자신의 평가를 당장의 지지율보다는 역사의 평가에 맡기고 국익과 보편 가치를 위해 지지자와 반대자 모두를 대상으로 설득에 나서야 大丈夫라는 말을 쓸 수 있지 않을까?

27 의전 — 뒤따르는 자가용이 수십 대

후거십승後車十乘(「등문공」하 4)

입문 동아시아 문화에서는 행사와 교류에서 의전과 예절을 많이 따진다. 예컨대 졸업식 행사의 경우 입장 순서를 상상해보자. ① 내빈과 졸업생이 자유롭게 입장한다. ② 졸업생이 먼저 입장하고 교장 선생님을 선두로 내빈이 등장한다. 이 중에 "어느 쪽이 우리나라에서 즐겨 보는 장면인가요?"라고 물으면 다들 "②번이요"라고 대답할 것이다. 더 이상 풀이할 필요가 없다.

이러한 예절과 의전은 상황에 따라 다양하게 규정되고 있다. 자리에는 상석이 있고 식사에는 선후가 있다. 만약 자리가 사전에 정해지지 않았다면 비서진은 상석을 차지하려고 온갖 아이디어를 짜내야 한다. 성공하면 할 일을 한 것이지만 실패하면 곤혹스러워진다. 1970년대 드라마를 보면 가족 식사에서 어른이 먼저 숟가락을 들 때까지 아이들은 밥을 먹고 싶어도 침을 삼키면서 참는 장면이 나온다.

러시아 대통령 푸틴은 정상회담에서 지각쟁이로 유명하다. 지각은 외교와 상식에서 누가 봐도 결례이다. 그는 일부러 회담장에 늦게 나타나서 주도권을 잡으려는 것이다. 2014년 독일 앙겔라 메르켈 총리는 4시간 15분을 기다리는 수모를 겪었다. 아베는 총리 시절에 외국 사절을 접견할 때 자신의 의자는 높고 화려하게, 상대의 의자는 낮고 수수하게 마련하여 구설수에 올랐다. 의자의 높이를 통해 자국의 우위를 과시하려고 했던 것이다. 맹자도 의전과 관련해서 제자로부터 "너무 화려하지 않느냐?"라는 의혹을 받았다. 도대체 무엇을 어떻게 해서 제자로부터 그런 질문을 받았는지 살펴보기로 하자.

승당___팽갱: 평소 품었던 의심을 질문했다. 수십 대 수레가 선생님의 뒤를 따르고 수백 명의 수행원이 선생님을 모시는데도 선생님은 제후들을 찾아 기식하고 있으니, 이는 과도하지(화려하지) 않은가요? 맹자: 도에 맞지 않으면 한 광주리의 밥을 다른 사람에게 받아서 안 되지요. 반면 도에 맞으면 순이 요임금의 천하를 물려받아도 과도하다고 여기지 않았지요. 당신은 지금 과도하다고 여기는가요?

彭更問, 曰, 後車數十乘, 從者數百人, 以傳食於諸侯,
팽 갱 문 왈 후 거 수 십 승 종 자 수 백 인 이 전 식 어 제 후
不以泰乎? 孟子曰, 非其道, 則一簞食, 不可受於人.
불 이 태 호 맹 자 왈 비 기 도 즉 일 단 사 불 가 수 어 인
如其道, 則舜受堯之天下, 不以爲泰. 子以爲泰乎?
여 기 도 즉 순 수 요 지 천 하 불 이 위 태 자 이 위 태 호

입실___팽갱彭更은 맹자의 제자이다. 후거後車는 오늘날 VIP를 뒤따르는 수행원들의 차량에 해당된다. 종자從者는 오늘날 VIP의 수행원을 가리킨다. 전식傳食은 여러 곳에서 얻어먹으며(붙어) 다니다는 뜻이다. 전傳

은 '붙이다'의 기奇와 같다. 태泰는 '크다, 넉넉하다'의 뜻으로 쓰이지만 여기서는 부정적으로 '과도하다, 화려하다, 사치스럽다'의 맥락이다. 단簞은 '대광주리'의 뜻이다. 食은 '먹다'의 뜻이면 '식'으로, '밥'의 뜻이면 '사'로 읽는다.

여언___『논어』나 『맹자』를 읽어도 공자와 맹자의 전기 자료가 그다지 많지 않다. 『논어』나 『맹자』 그리고 사마천의 『사기』 등을 종합하여 공자와 맹자의 전기를 재구성할 수 있다. 흔히 맹자가 어느 나라에 중용된 적이 없기 때문에 힘들게 살았으리라 추측할 만하다. 또 유세를 다닐 때 제자 몇몇과 단출하게 다녔으리라 상상할 수 있다.

"後車數十乘"과 "從者數百人" 이야기는 앞서 말한 추측과 상상을 여지없이 깨뜨린다. 맹자가 유세를 다닐 때 그 행렬이 초라하기보다 화려하고 눈에 띄지 않기보다 떠들썩했다는 걸 알 수 있다. 왜냐하면 後車數十乘과 從者數百人 규모의 행렬이라면 어떤 곳을 지나가더라도 가는 곳마다 주목을 받을 만하고 또 이야깃거리를 낳을 만하다.

맹자는 이러한 화려한 규모의 행렬에 대해 별다른 생각을 하지 않은 모양이다. 반면 그의 제자 팽갱은 맹자가 하는 일에 비해 그의 행렬이 다소 어울리지 않는다고 생각했다. 그는 맹자의 유세를 "전식傳食", 즉 이곳 저곳을 돌아다니며 가는 곳의 제후들에게 얻어먹는다고 생각했다. 이렇게 보면 화려한 행렬과 전식 사이에 커다란 간격이 느껴진다. 팽갱은 그 간격을 "태泰" 한 글자로 포착했다.

태泰는 보통 '크다, 넉넉하다, 편안하다' 등의 의미처럼 좋은 뜻으로 많이 쓰인다. 하지만 여기서는 그렇게 볼 수가 없다. 부정적인 어감을 전달하기 때문이다. 결국 규모가 커서 불편하게 느낀다니 泰는 '화려하다, 호화롭다, 사치스럽다, 거창하다'의 맥락을 나타낸다고 할 수 있다. 요약하면 팽갱은 맹자의 행렬이 하는 일이 비해 호화와 사치의 낭비로 보는 듯하다.

팽갱의 질문은 그리 단순하지 않다. 맹자와 같은 士(제자백가)가 놀고먹는 유한 계층이나 하는 일이 없이 대접을 받는 기생충이지 않느냐는 뜻을 내포하고 있기 때문이다. 맹자도 그걸 느낀 듯하다. 이에 그는 자신과 같은 士가 직접 생산에 종사하지 않지만 그와 같은 대접을 받을 수 있다는 존재 가치를 입증하려고 했다.

그래서 맹자는 거꾸로 팽갱에게 묻는다. 농부는 농사를 지어 곡식을 거두고 여성은 길쌈해서 옷을 만들고 장인은 각자 기술을 발휘해서 물건을 만든다. 이들의 생산만으로 세상이 제대로 돌아갈 수 있을까? 맹자는 그렇지 않다고 생각했다. 농부, 여성, 장인은 각자 자신의 일에 집중할 뿐 공동체 차원의 전체를 고려할 수 없다.

여기서 맹자와 같은 士가 농부, 여성, 장인의 생산을 연결하는 "통공역사通功易事"와 "연보부족羨補不足", 즉 각자의 성과를 중재하고 사업을 교류하여 남는 것으로 부족한 것을 보충하는 것이다. 이 역할은 공동체에서 누구나 해야 할 일인 만큼 士가 그 일을 떠맡는다면 그에 대해 보상이 타당하지 않느냐는 논리이다. 우리도 밥벌이를 하면서 내 수입이 정당한 것인지, 남의 노력을 얼마간 가로채는 것인지 따져볼 만하다. 또 공적 활동의 특성이 어느 정도인지 따져볼 일이다.

28 환경

한 사람이 가르치고 여럿이 떠들면

일부중휴―傅衆咻(「등문공」하 6)

입문___세상을 바꾸는 방법은 여러 가지가 있다. 정부와 정치권에서 가치와 방향을 제시하며 법제화를 하면 변화가 일어날 수 있다. 또 뜻을 같이하는 시민이 모여서 그 영향을 조금씩 넓혀가는 길이 있다. 전자가 위에서 아래로의 변화라고 한다면 후자가 아래에서 위로의 변화라고 할 수 있다. 두 가지 변화의 방법에서 속도는 전자가 빠르고 후자가 느리다. 반면 깊이는 전자가 형세에 따라 이전으로 돌아올 수 있지만 후자는 현실에 착실히 뿌리를 내린다.

맹자 시대에는 어떻게 시대의 변화를 이끌려고 했을까? 현명한 사람이 등용되어 군주를 설득하면 된다고 생각했다. 이는 맹자를 비롯하여 수많은 유학자가 공유하는 길이라고 할 수 있다. 오늘날 우리는 대통령 선거철에 입후보자들이 "자신이 대통령이 되면 세상이 바뀐다"라고 하는 말을 심심찮게 들을 수 있다. 둘 다 위에서 아래로의 변화라고 할 수 있다.

맹자 시대에 다른 나라 언어를 배우기 위해 유학遊學을 갔을까? 맹자는 세상의 변화를 이야기하다가 갑자기 유학 이야기를 끄집어내는 걸 보면 당시 유학이 있었던 모양이다. 왜 유학 이야기를 하는지 구체적으로 살펴보도록 하자.

승당___맹자: 제(맹자)가 당신에게 똑똑하게 알려주겠습니다. 여기 초나라 대부가 있다고 가정합시다. 그는 자신의 자식이 제나라 말(언어)을 하기를 바란다면 제나라 사람으로 하여금 자식을 가르치게 할까요, 아니면 초나라 사람으로 하여금 그이를 가르치게 할까요? 대불승: 제나라 사람으로 하여금 가르치게 하지요. 맹자: 제나라 사람 한 명이 자식을 가르치는데 주위 초나라 사람 여럿이 주위에 시끄럽게 떠든다면 비록 날마다 종아리를 때리며 제나라 말을 하라고 다그쳐도 뜻대로 되지 않을 겁니다. 만약 초나라 대부의 자식을 제나라의 장악 인근에다 옮겨서 몇 년간 유학 보내면 비록 날마다 종아리를 때리며 반대로 초나라 말을 하라고 다그쳐도 뜻대로 되지 않을 겁니다.

我明告子, 有楚大夫於此, 欲其子之齊語也,
아 명 고 자 유 초 대 부 어 차 욕 기 자 지 제 어 야
則使齊人傅諸, 使楚人傅諸? 曰, 使齊人傅之.
칙 사 제 인 부 지 사 초 인 부 지 왈 사 제 인 부 지
曰, 一齊人傅之, 衆楚人咻之, 雖日撻而求其齊也,
왈 일 제 인 부 지 중 초 인 휴 지 수 일 달 이 구 기 제 야
不可得矣. 引而置之莊嶽之間數年, 雖日撻而求其楚,
불 가 득 의 인 이 치 지 장 악 지 간 수 년 수 일 달 이 구 기 초
亦不可得矣.
역 불 가 득 의

입실___ 명明은 '분명하다, 똑똑하다'의 뜻으로 여기서는 고告를 꾸며주므로 부사로 쓰인다. 자子는 '당신, 그대'의 대명사로 쓰이는데 여기서는 송나라 대불승戴不勝을 가리킨다. 유有는 '있다'의 뜻이지만 여기서는 다음의 '어차於此'와 함께 '이런 사람이 있다고 가정해보자'라는 맥락이다. 제어齊語는 '제나라 말, 제나라 언어'라는 뜻으로 여기서는 초나라 사람이 제나라 언어를 배운다고 하니 맹자 당시에도 나라마다 언어가 달랐다는 점을 알 수 있다. 부傅는 '스승'의 뜻으로 많이 쓰이지만 여기서는 '사使'와 호응하여 '~으로 하여금 가르치게 하다'의 맥락이다. 휴咻는 '떠들다,

시끄럽다, 시끄럽게 굴다'의 뜻으로 시장에서 여러 사람이 동시에 왁자지 껄하게 떠들어서 옆 사람과 이야기를 나누기 힘든 상황을 나타낸다. 달撻 은 '매질하다, 때리다'의 뜻으로 오늘날 "지도편달指導鞭撻을 바랍니다"에 도 쓰인다. 지도편달은 '바른길로 가도록 가르쳐 이끌며 경계하고 격려하 다'의 뜻이지만 편鞭은 '채찍', 달撻은 '매질'이라는 형벌의 의미를 담고 있 다. 인引은 '끌다', 치置는 '두다'의 뜻으로 여기서 인치引置는 학습을 이유로 사람이 있는 장소를 다른 곳으로 바꾼다는 맥락을 나타낸다. 인치를 학 습자의 의지와 상관없이 '강제로 유학시키다'의 뜻으로 이해하면 좋겠다. 장악莊嶽은 합쳐서 말하면 제나라 거리의 이름이고 나눠서 말하면 장莊 은 거리 이름이고 악嶽은 마을 이름으로 오늘날 산둥성山東省 쯔보시淄博 市에 있다.

여언___이 이야기의 발단은 맹자가 대불승이라는 송宋나라 신하를 만 나서 "당신의 왕이 선정을 하기를 바라는가?"라는 물음에 있다. 이어서 맹자는 자신의 견해를 구체적으로 말하지 않고 느닷없이 유학 이야기로 운을 뗐다. 초나라 사람이 제나라 언어를 배우려면 어떻게 해야 할까? 제 나라에서 배우면 선생님이 아무리 힘껏 가르쳐도 주위에 온통 초나라 사람이므로 제나라 말이 늘기 어렵다. 맹자는 이를 한 사람이 제나라 말 을 힘껏 가르쳐도 주위에 여러 사람이 초나라 말을 하는 "一傅衆咻"로 포착했다.

반면 제나라로 유학을 가면 학습자는 언어 환경이 확 바뀌게 되므로 제나라 말을 하지 않으려고 해도 그럴 수가 없다. 제나라 말이 자연스럽 게 늘게 된다. 이는 오늘날 우리도 외국어를 배우기 위해 대부분 언어의 본고장으로 연수나 유학을 떠나는 추세와 일맥상통한다고 할 수 있다.

맹자는 역시 사상가이면서도 교육에 많은 관심을 갖고 있는 듯하다.

그런데 세상 바꾸는 이야기를 물어놓고 갑자기 왜 언어를 배우기 위해 유학을 가야 한다는 말을 했을까? 맹자는 유학 이야기를 해놓고 화제 대상을 송나라 설거주薛居州로 바꾼다. 당시 설거주가 송나라 왕에 의해 등용되었지만 별다른 능력을 발휘하지 못하고 있었다. 이에 대해 맹자는 설거주 한 사람이 왕을 가까이하는 경우랑 설거주에 동조하는 많은 사람이 왕을 가까이하는 경우랑 비교했다.

설거주 혼자서 송나라 왕을 상대하는 것이 바로 앞의 一傅衆咻라고 할 수 있다. 초나라에서 제나라 말을 배우기 어렵듯이 설거주 혼자서 송나라 왕을 변화시키기가 어렵다는 말이다. 처음에는 세상의 변화와 언어유학이 전혀 별개의 이야기인 듯한데 맹자의 이야기를 끝까지 들어보면 둘은 찰떡처럼 하나의 맥락으로 달라붙는다. 맹자의 글을 읽다 보면 "역시"라는 말이 절로 나온다. 오늘날 대통령 선거의 입후보자는 "자신이 세상을 바꿀 수 있다"라고 하지만 누구랑 함께하려고 하는지 밝혀야 하지 않을까?

29
결단

한 달에 닭 한 마리씩만 훔치겠다

월양일계月攘一鷄(「등문공」하 8)

입문__ 시험 일자가 발표되었는데 오늘이 목요일이라고 해보자. 언제부터 시험공부를 시작할까? 많은 사람이 이번 주까지는 쉬고 월요일부터 공부를 시작하겠다고 한다. 또 프로젝트를 마치고 다른 걸 시작해야 하는데 지금이 28일이라고 해보자. 그러면 언제부터 새 프로젝트를 준비하려고 할까? 현실에서야 녹록지 않지만 대부분 다음 달 1일부터 시작하면 좋겠다고 생각할 것이다.

이런 일이 일상에서 빈번하게 일어난다. 부모와 사장의 입장에서 보면 "그렇게 쉬다가 언제 공부나 일할 건가?"라는 목소리가 나올 법하다. 반대로 학생과 노동자의 입장에서 보면 일단 공부나 일을 시작하고 나면 긴장의 연속이므로 그 전에 휴식을 취해서 기분 전환을 하고 시작하는 게 뭐가 문제인가라고 생각할 수 있다. 이것은 선악의 문제가 아니라 서로 논의해서 합의할 수 있는 사항이다.

하지만 하나의 결정이 여러 사람의 삶과 직결되는 경우라면 어떨까? 이번 주 일요일까지 쉬고 다음 주 월요일부터 시작하고 이번 달 30일까지 쉬고 다음 달 1일부터 시작해도 되는 걸까? 이 문제를 두고 송나라 대부와 맹자가 이야기를 나누었다. 구체적인 내용으로 들어가 보자.

승당__대영지: 농사 소득의 10분의 1 세금, 관문과 시장의 세금 폐지 문제를 올해에는 제대로 할 수 없습니다. 바라건대 세금을 낮추고 내년이 된 다음에 그만두고자 합니다. 이렇게 하면 어떻습니까? 맹자: 가령 어떤 사람이 매일 자신의 이웃 닭을 훔친다고 합시다. 어떤 사람이 그에게 "닭 절도는 군자의 도리가 아니다"라고 알려주었습니다. 이에 닭 절도범이 "숫자를 줄여서 한 달에 한 마리씩만 훔치다가 내년이 되기를 기다린 다음에 그만두고자 합니다"라고 대답했습니다. 만약 자신이 한 짓이 도의가 맞지 않는다는 걸 알았다면 재빨리 그만두어야지 어떻게 내년을 기다리겠습니까?

戴盈之曰, 什一, 去關市之征, 今兹未能. 請輕之,
대 영 지 왈 십 일 거 관 시 지 정 금 자 미 능 청 경 지

以待來年然後已, 何如? 孟子曰, 今有人,
이 대 래 년 연 후 이 하 여 맹 자 왈 금 유 인

日攘其隣之鷄者, 或告之. 曰, 是非君子之道, 曰,
일 양 기 린 지 계 자 혹 고 지 왈 시 비 군 자 지 도 왈

請損之, 月攘一鷄, 以待來年然後已. 如知其非義,
청 손 지 월 양 일 계 이 대 래 년 연 후 이 여 지 기 비 의

斯速已矣, 何待來年?
사 속 이 의 하 대 래 년

입실 __ 대영지戴盈之는 송나라의 대부이다. 십일什一과 관시지정關市之征
은 맹자가 구상하려는 仁政의 핵심 사항에 속한다. 什一은 농부가 농사
를 지어 소출 중 10분의 1일을 세금으로 내는 세금이다. 오늘날 소득세
에 해당된다. 關市之征은 지역과 지역, 나라와 나라의 경계를 통과할 때
거치는 관문, 상거래를 벌이는 시장에서 거두는 세금을 말한다. 오늘날
비자 발급 비용과 영업세에 해당한다. 맹자는 정부가 인정을 펼쳐 관문
과 시장에서 기본적인 치안 기능을 관리하고 세금 징수를 하지 말라고
주장했다. 대待는 '기다리다'의 뜻으로 구체적으로 시간을 늦춘다, 연기
한다는 맥락이다. 이는 어조사로도 많이 쓰이지만 여기서는 '그만두다,
멈추다'의 뜻이다. 양攘은 '훔치다, 물리치다'의 뜻이다. 속速은 '빨리 하다,
빠르다, 빨리'의 뜻으로 쓰이는데 여기서는 뒤에 이已라는 동사가 나오므
로 이를 꾸며주는 부사로 쓰인다.

여언 __ 사람은 일상과 생업에서 할 일을 미루려는 경향을 보인다. 당장
해도 별 문제가 없는데도 차일피일 미적거린다. 이때 미적거리는 경향을
어떻게 봐야 할까? 우리 사회가 노동에 대해 휴가를 확실하게 보장하여
누구나 원하면 쉴 수가 있고 또 휴가를 떠나서 일을 완전히 내려놓을 수
있는지 생각해보자. 이에 대해 '그렇다'고 생각한다면 미적거리는 경향은

130

개인의 버릇으로 돌려도 무방하다. 하는 일에 집중하여 실행하지 않고 차일피일 미루는 태도를 일반화시킬 수 없기 때문이다.

'그렇지 않다'고 생각한다면 미적거리는 경향은 우리 사회의 특성을 반영한다고 할 수 있다. 일을 끝내고도 제대로 쉴 수가 없고 쉬어도 일로부터 완전히 분리되지 않는다면 사람은 결국 일 중에 쉬는 길을 찾지 않을 수가 없다. 그것이 바로 하나의 일이 끝나고 다음 일로 이행될 때 '합법적으로'(?) 쉬어가자고 하는 것이다. 이는 방금 시험이 끝나서 조금 쉬려고 하는데 어머니가 "아니, 대입이 코앞인데 지금 어디서 쉬고 있느냐?"라고 다그치는 상황과 조금도 다를 바가 없다.

이제 우리는 일과 휴식을 갈등과 대립을 넘어서서 바라볼 때가 되었다. 일하지 않으면 노는 것이 아니라 일도 해야 하지만 놀기도 해야 하는 것이다. 노는 걸 그것도 편안히 노는 걸 걱정스러운 시선이 아니라 편안한 시선으로 바라보는 태도가 필요할 듯하다(신정근, 「일과 휴가」, 『세계일보』, 2017.07.02 기사 참조).

대영지도 세금과 관련된 중요한 결정을 내려야 하는데 차일피일 미루고 있었다. 이에 맹자는 대영지에게 따지듯이 추궁하고 있다. 세금 문제는 어떤 정책을 펼치느냐에 따라 심하면 사람이 죽고 사는 문제이기도 하다. 따라서 하루를 늦춘다면 그만큼 겪지도 않아야 하는 부담을 겪고 그로 인해 고통이 뒤따르게 된다. 공직자는 이래도 그만 저래도 그만이겠지만 세금을 내는 사람의 입장에서 하루가 보통이 아니다. 그런데 하루가 아니라 해를 넘긴다고 하면 여러 사람을 죽일 수도 있는 일이다.

맹자는 "지금 당장"을 외치고 있다. 이 주장을 펼치기 위해 맹자는 예의 작가의 솜씨를 발휘하여 재미있는 이야기를 건넨다. "月攘一鷄", 즉 이

윗집 닭을 매일 훔치던 사람이 한 달에 한 마리씩만 훔치고 내년에 그만 둔다고 하면 그사이에 당하는 이웃의 고통은 그대로 남는다. 우리도 공 직과 기업 등에서 바꿔야 할 것을 차일피일하지 않을까? "斯速已矣", 즉 "하던 걸 지금 당장 그만두고 곧바로 바꾸시오"라는 맹자의 호통이 들려 오는 듯하다. 대영지의 月攘一鷄처럼 시간을 끄는 의사 결정권자가 적다 면 오늘날 우리도 필요 없는 고통을 겪지 않아도 될 것이다.

30
절박

난 어쩔 수가 없어!

여부득이予不得已(「등문공」하 9)

입문__ 사람이 하고 싶은 일만 하고 살 수 있으면 좋겠지만 그렇지 못 하다. 과거의 '장남'은 부모님이 계실 때 제 하고 싶은 것도 못 하고 부모님 이 돌아가시면 나이 차 많이 나는 막내를 건사하느라 고생했다. 이래서 장남이 많이 못 배우고 잘나지 못해도 동생을 알뜰하게 살폈다. 왜 장남 이라고 하는 싶은 것이 없었을까? 자신의 처지를 알고 나니 그렇게 살게 된 것일 뿐이다.

여성의 삶도 장남에 못지않았다. 오래된 드라마 〈아들과 딸〉(1992)에 서도 귀남이(최수종)와 후남이(김희애)라는 극중 이름처럼 가족에서 여성 은 남성보다 우선순위가 뒤처졌다. 그때 딸은 먹는 입 하나 줄이고 집안 살림을 보탠다고 일찍부터 도회지로 식모살이를 떠나거나 공단으로 일 자리를 찾아다녔다. 그렇게 벌어서 집에 보낸 돈으로 가족도 돌보고 생 계도 보태고 남동생 교육을 시키기도 했다. 그때 여성이라고 왜 학교 다니고 싶지 않았을까?

장남이든 여성이든 집안의 사정을 '나 몰라라 할 수 없기 때문에', '그래, 나라도 해야지!'라는 생각을 하게 된 것이다. 사람이 전쟁의 시대에 태어나느냐 평화의 시대에 태어나느냐에 따라 인생이 판이하게 갈라진다. 평화의 시대라면 자신의 꿈을 펼치기 위해 오대양육대주를 누빌 수 있지만 전쟁의 시대에 태어나면 전쟁터에 나서야 한다.

27조목 "後車十乘"을 보면 맹자가 수십 대 수레(자가용)를 대동한 채 이 나라 저 나라를 호화롭게 돌아다닌 듯하다. 이 행차는 맹자가 너무 폼나게 산 듯해도 당시에 많은 오해를 받았다. 맹자는 또 다른 오해를 받았다. 그중에 하나가 "호변好辯"이다. 무슨 맥락인지 한 걸음 더 깊이 들어가보자.

승당___공도자: 외부 사람들이 모두 선생님더러 변론을 좋아한다고 일컫습니다. 감히 왜 그렇게 하는지 그 이유를 묻고 싶습니다. 맹자: 내가 어찌 변론을 좋아하겠는가? 내 어쩔 수 없이 그렇게 한다네. 천하에 사람이 살아온 지 참으로 오래되었는데, 길게 보면 한 번 안정되고 한 번 혼란스럽다네.

公都子曰, 外人皆稱夫子好辯, 敢問, 何也? 孟子曰,
공 도 자 왈   외 인 개 칭 부 자 호 변   감 문   하 야   맹 자 왈

予豈好辯哉? 予不得已也. 天下之生久矣, 一治一亂.
여 기 호 변 재   여 부 득 이 야   천 하 지 생 구 의   일 치 일 란

입실___공도자公都子는 제나라 출신으로 맹자 학생이다. 외인外人은 맹자와 그 학생을 내인內人으로 할 때 그 이외의 사람을 가리킨다. 부자夫子는 학생이 선생을 부를 때 사용하는 말이다. 변辯은 '말 잘하다'의 뜻으로

'나누다, 분별하다'의 변辨과 글꼴이 비슷하지만 의미가 조금 다르다. 오늘날 변호사의 한자는 '辨護士'가 아니라 '辯護士'로 쓴다. 변호사는 말을 잘하며 의뢰인의 이익을 지키는 사람이기 때문이다. 이는 '그치다, 끝내다'의 뜻이다. 생生은 '사람이 태어나다'의 맥락을 나타낸다. 일一~일一~은 '한 번 ~하고 한 번 ~한다'는 뜻으로 반복과 순환의 맥락을 나타낸다. 여기서는 세상이 한 번 안정되었다가 한 번은 혼란스러웠다가 치란을 되풀이한다는 맥락이다.

여언 공자를 비롯해서 유가는 말을 잘하기보다 오히려 말을 억제하라고 이야기했다. 말이 많아지면 그대로 실천하기도 어렵기 때문이다. 이를 반영하듯 공자는 말은 느릿느릿 아니면 더듬거려도 좋지만 행동은 재빠르게 하라고 요구했다(『마흔, 논어를 읽어야 할 시간』 13조목 "訥言敏行" 참조). 맹자도 공자의 말을 인용하면서 "흐르는 물처럼 물이 유창한 사람을 싫어한다(惡佞)"라고 말했다(77조목 "惡似而非" 참조). 이런 영향인지 동아시아 사회에는 "말 많은 사람치고" 다음에 좋은 말이 호응하지 않고 주로 좋지 않은 말이 뒤따른다.

그런데 맹자가 好辯의 평가를 받았으니 도대체 무슨 맥락일까? 일단 외부 사람들은 앞서 말했듯이 유가 하면 공자가 말했듯이 "과묵한 사람"을 연상하는데 맹자의 好辯을 보고 상당히 놀랐다는 걸 알 수 있다. 또 好辯의 의혹은 맹자가 진정한 유가의 사상가인지 의심을 받는다는 뜻이기도 하다. 즉 好辯의 의혹은 맹자가 단순히 말 잘하고 논쟁을 잘 벌인다는 객관적 사실만이 아니라 맹자에게 상당히 불리할 수 있는 문제 상황이라고 할 수 있다.

맹자는 제자 공도자로부터 외부 사람의 평가를 전해 듣고서 "무슨 소리이냐?"라거나 "누가 그러더냐?"처럼 팔짝 뛰지 않는다. 즉 그는 자신에 대한 好辯의 혐의를 순순히 인정하고 있다. "그래 맞아. 내가 好辯하고 있지!" 이렇게 끝나버리면 맹자는 자신에게 덧씌워진 혐의를 벗지도 못하고 그의 好辯 실력이 드러나지 않는다. 맹자는 "그런데 말이야. 내가 好辯을 할 수밖에 없잖아?"라고 동의를 구하면서 한마디를 던졌다. 그것이 바로 予不得已이다. 이 말에는 '그래, 나도 好辯의 혐의를 알고 있어! 하지만 나라도 好辯에 나서지 않으면 도대체 어떻게 하란 말인가?'라는 복잡한 심정을 담고 있다. 사랑에만 "어쩔 수가 없어!"가 해당하는 것이 아니라 사람의 역할에도 같은 말을 할 수 있다.

왜 그럴까? 맹자는 양주와 묵적의 후학(25조목 "愛無差等"; 32조목 "爲我兼愛") 농가의 허행과 진상(24조목 "與民并耕"), 법가와 병가의 비판 (37조목 "殺人盈野"), 명가 순우곤과 논쟁(39조목 "嫂溺手援"), 고자와 인성 논쟁(56조목 "性猶湍水"; 57조목 "仁內義外") 자막의 집중執中 비판(72조목 "擧一廢百") 등 당시의 사상적 경쟁자와 끊임없이 논쟁을 벌여야 했다. 맹자는 자신이 가만히 있으면 공자를 위시한 유가의 사상이 사람들의 관심에서 멀어지다가 사회적으로 완전히 묻힐 우려도 있다고 보았다. 그러니 맹자처럼 장남과 '후남'이도 되뇌었을 予不得已이다. 자신이 무대에 오르지 않을 수 없다는 말이다.

그러면 "一治一亂"은 무슨 뜻일까? 사람이 治의 세상에 태어나면 그에 맞는 역할을, 亂의 세상에 태어나면 그에 맞는 역할을 하게 된다는 뜻이다. 이를 위해 맹자는 요순의 세상에 홍수가 나자 우가 치수 사업을 했다는 실례를 제시한다. 오늘날 언론은 전통적인 신문과 방송 이외에 유튜브를 비롯하여 매체가 넘쳐난다. 이들은 맹자처럼 好辯일까, 아니면 "아니면 말고!"식의 상업주의 망령일까?

31 심판

나를 아는 자와 나를 벌주는 자

지아죄아知我罪我(「등문공」하 9)

입문＿사람을 평가하기란 여간해서 쉬운 일이 아니다. 보편적이고 공정한 기준이 확립되지 않으면, 평가 결과가 공표되면 여기저기서 불만의 소리가 터져 나온다. 기준이 있다고 하더라도 그것을 현실에 적용하려면 완전히 들어맞기보다 조금씩 혹은 미세하게 차이가 나는 경우가 있다. 그래도 우열을 매겨야 하는 참으로 힘겨운 평가가 된다.

성적과 고과의 평가가 이렇게 어려운데 인생의 평가는 얼마나 힘들겠는가? 공자는 역사의 법정에서 수많은 사람의 언행을 평가하고서 한마디 말을 내뱉었다. 판사는 "판결로 말한다"라는 말처럼 사관으로서 공자는 "평가 언어는 나를 이해할 수도 있고 나를 벌줄 수 있는 기준이다"라고 말이다. 무슨 뜻인지 한 걸음 더 깊이 들어가 보자.

승당＿세상이 쇠퇴하고 도리가 약해지자 비딱한 이론과 사나운 행동이 자꾸 일어난다. 예컨대 신하가 군주를 죽이는 일이 일어나고 자식이 어버이를 죽이는 일이 일어난다. 공자가 이러한 사태를 두려워하여 『춘추』를 지어서 사실대로 평가했다. 『춘추』의 저술은 원래 천자가 하는 사업이다. 이 때문에 공자는 나를 이해하는 길도 오직 『춘추』이고 나를 벌주는 길도 오직 『춘추』일 것이리라! … 공자가 『춘추』를 완성하자 나라를 어지럽히는 신하와 어버이에게 불효하는 자식이 두려움에 떨게 되었다.

世衰道微, 邪說暴行有作. 臣弑其君者有之,
세 쇠 도 미　사 설 폭 행 유 작　신 시 기 군 자 유 지
子弑其父者有之. 孔子懼, 作春秋. 春秋, 天子之事也.
자 시 기 부 자 유 지　공 자 구　작 춘 추　춘 추　천 자 지 사 야
是故孔子曰, "知我者, 其惟春秋乎! 罪我者,
시 고 공 자 왈　지 아 자　기 유 춘 추 호　죄 아 자
其惟春秋乎!" … 孔子成春秋, 而亂臣賊子懼.
기 유 춘 추 호　　　　공 자 성 춘 추　이 난 신 적 자 구

입실 쇠衰는 '약해지다, 작아지다'의 뜻이다. 미微는 '떨어지다, 약해지다'의 뜻이다. 사邪는 '삐딱하다, 치우치다'의 뜻이다. 폭暴은 '사납다, 해치다'의 뜻이다. 유有는 '있다'는 뜻으로 쓰이지만 여기서는 우又처럼 '또, 다시'의 반복을 나타내는 맥락이다. 앞의 작作은 '일어나다, 생겨나다'의 뜻이고 뒤의 작作은 '짓다, 저술하다'의 뜻이다. 시弑는 '죽이다'의 뜻으로 아랫사람이 윗사람을 살해하는 경우를 가리키는 맥락이다. 구懼는 '두려워하다, 위태로워하다'의 뜻이다. 춘추春秋는 역사라는 뜻이다. 춘추가 각각 생살生殺을 나타내므로 역사에서 살릴 사람은 살리고 죽일 사람은 죽이는 심판의 맥락을 나타낸다. 지知는 '알다, 이해하다'의 뜻으로 공자의 언행과 인생을 평가하는 맥락을 나타낸다. 죄罪는 '벌주다, 처벌하다'의 뜻이다. 기其~호乎는 허사로 뜻이 없지만 '반드시 그러하다'는 어감을 나타낸다. 공자는 『춘추』를 저술했기 때문에 자신에 대한 긍·부정의 평가가 『춘추』에 달려있다는 확신을 전달하고 있다. 유惟는 유唯와 마찬가지로 '오직'의 뜻이다.

여언 『춘추』의 저술이 왜 천자의 일일까? 춘추시대는 한 명의 천자와 여러 명의 제후가 각자 협력하여 통치하는 시대이다. 제후는 자신의 나라에 있었던 일을 천자에게 보고하면 사관은 천자를 대신하여 한 해에 있었던 일을 연대기로 기술하면서 시비是非와 정사正邪의 평가를 하게

된다. 이때 천자를 대신하는 사관은 신분 지위의 고하를 막론하고 시비곡직을 엄정하게 따지게 된다. 그렇지 않고 평가가 특정인에게 호락호락하고 특정인에게 가혹하면 『춘추』는 권위를 잃을 수밖에 없다. 이 때문에 사관은 목숨을 걸고 진실을 지킨다는 "동호직필董狐直筆"의 고사가 생겨났다(『신정근 교수의 동양고전이 뭐길래?』 중 「『춘추』 역사 기술과 사후 심판」 참조).

『춘추』의 저술이 원래 천자의 사업인데 어떻게 공자가 하게 된 걸까? 춘추시대에 이르면 천자는 이미 제후 나라를 관할하는 권위를 잃었고 국력은 강력한 제후 나라보다 못한 상황이었다. 따라서 당시 천자가 『춘추』의 저술을 주관하는 일은 현실적으로 불가능했다. 이런 상황에도 불구하고 신하가 군주를 죽이고 자식이 어버이를 죽이는 일이 빈번하게 일어났다. 이는 당시 사회 질서의 근간을 허무는 극악무도한 범죄이다. 원래 천자가 정상적인 권력을 행사한다면 천자가 연합국을 거느리고 쿠데타의 주모자를 처단하는 일에 앞장서야 한다. 사회 근간을 허무는 일이 버젓이 일어나도 누구 하나 잘못했다고 말도 못 하고 또 그 주모자를 처벌하지도 못했던 것이다. 이런 상황이 방치되면 이 세상에 누가 무슨 짓을 해도 아무런 제재를 받지 않은 무정부 상태가 될 수밖에 없다. 그래서 공자는 천자가 아니지만 공정한 사관의 역할을 할 수 있으므로 『춘추』의 저술에 나섰던 것이다.

일단 『춘추』가 저술되면 현실에서 성공한 쿠데타라고 하더라도 역사의 법정에서 명백히 범죄로 평가된다. 반대로 현실에서 억울하게 누명을 쓰고 비참하게 죽었더라도 역사의 법정에서 충신으로 평가되어 누명이 벗겨질 뿐만 아니라 명예가 회복된다. 난신적자亂臣賊子는 한 번 평가를 받으면 지울 수 없는 이러한 평가 앞에 두려워하게 된 것이다. 공자의 두려움이 난신적자의 두려움으로 바뀌게 되었다. 공자는 병사를 한 명 거느리지 않고 세상을 평정하는 역사 법정을 개막하게 된 셈이다.

이제 공자가 한 말의 속내를 이해할 수 있다. 공자가 춘추시대에 있었던 수많은 일들을 제대로 평가했다면 동시대 또는 후대의 사람은 그 평가에서 공자의 진면목을 확인할 수 있을 것이다. 반면 공자가 제대로 평가를 하지 못했다면 동시대 또는 후대의 사람은 그 평가에서 공자의 실수 또는 잘못을 지적할 것이다. 아무리 천하의 공자라고 해도 그 작업이 얼마나 두렵고 두렵겠는가? 순임금도 자신을 죽이려고 했던 동생을 처벌하지 않아 내로남불의 혐의를 받았다(46조목 "人誅弟封" 참조).

『춘추』를 저술해놓고 나니 공자는 새삼스레 역사 법정이 갖는 무게를 실감하고서 "知我者"와 "罪我者"의 이야기를 한 것이다. 현실의 법정이든 역사의 법정이든 신의 법정이든 "知我罪我"의 무게는 결코 가볍지 않다. 우리 시대의 평가는 공정하고 엄중한가, 아니면 내로남불하고 경박한가?

32
부정

"내가 먼저"와 "모두 함께"

위아겸애爲我兼愛(「등문공」하 9)

입문___ 사람은 자신이 자신의 모습을 볼 수 없다. 다른 사람이 말로 표현할 수 있지만 아무래도 말과 실제가 똑같다고 보기가 쉽지 않다. 이 때문에 거울은 인류사에서 일찍부터 등장했다. 자기가 자신을 보기 위해서 말이다. 물론 이때 거울은 오늘날 유리거울이 아니라 석경과 청동거울이다.

자기가 자신을 본다는 것은 자신을 확인하는 가장 기본적이고 인간적인 활동이다. 동물은 거울에 비친 자기 모습을 보고 타자라고 생각해서 같이 놀려고 하거나 공격하려고 한다. 사람도 아이 단계에서 거울에 비친 자신을 자신으로 바로 인지하지 못한다. 자신의 행동을 따라 한다고 생각하지도 못하고 타자가 자신에게 신호를 보내지만 자신이 다가갈 수 없다고 생각한다.

이처럼 사람은 거울로 자신의 모습을 확인하고 또 의식으로 자신의 정체를 확인할 수 있다. 이는 자신을 대상으로 파악하는 자의식이라고 할 수 있다. 자의식은 인간에게 축복이자 재앙과 같다. 자신의 실제와 정체에 만족한다면 축복이겠지만 둘 사이에 거리가 있으면 부단히도 그걸 메우고자 하지만 가까워지지 않은 재앙이 된다. 여기서 더 나아가 사람은 시선을 밖으로 돌려 타자를 통해 자신을 바라보게 된다. 사람이 거울과 자의식으로 자신의 실제와 정체를 확인한다면 타자를 통해 자신을 재확인할 수 있다. 이 재확인은 공존의 연대와 대립의 공수攻守라는 상반된 방향으로 나아갈 수 있다. 맹자는 양주와 묵적을 만나서 어떤 방향으로 나아가려는지 살펴보고자 한다.

승당__구세주 같은 성왕이 나타나지 않고 제후들이 제멋대로 일을 벌이고 재야의 사는 아무 거리낌 없이 국정에 왈가왈부하고 양주와 묵적의 언론이 세상에 가득 찼다. 천하의 언론이 양주에게 쏠리지 않으면 묵적에게로 쏠린다. 양씨는 "나를 위해 살자"라고 말하니 군주를 부정하고 묵씨는 나와 남을 "아울러 사랑하자"라고 하니 아버지를 부정한다. 이처럼 아버지를 부정하고 군주를 부정하면 사람이 동물이 된다.

聖王不作, 諸侯放恣, 處士橫議, 楊朱墨翟之言, 盈天下.
성 왕 부 작 제 후 방 자 처 사 횡 의 양 주 묵 적 지 언 영 천 하
天下之言, 不歸楊則歸墨. 楊氏爲我, 是無君也.
천 하 지 언 불 귀 양 즉 귀 묵 양 씨 위 아 시 무 군 야
墨氏兼愛, 是無父也. 無父無君, 是禽獸也.
묵 씨 겸 애 시 무 부 야 무 부 무 군 시 금 수 야

입실__ 방자放恣는 '어려워하거나 삼가는 태도가 없이 무례하고 건방지다'의 뜻으로 규정과 관행을 무시하고 함부로 군다는 맥락이다. 처사處士는 관직을 맡지 않고 재야에 있는 사를 가리킨다. 횡의橫議는 '함부로 논의하거나 비평하다'의 뜻으로 분수를 벗어나 국정에 딴소리를 내는 맥락이다. 양주楊朱는 도가의 선구자로 공동체보다 개인의 생명을 우선시하여 당시 파격을 일으켰다. 그의 사상은 오늘날 『맹자』와 『한비자』에 토막글만 전해지고 책이 전해지지 않는다. 묵적墨翟은 기술자 중심의 집단생활을 하며 침략 전쟁을 반대하는 등 실천적 특성을 보였으며 가족의 틀을 초월하는 보편적 사랑을 제창했다. 영盈은 '가득 차다'의 뜻이다. 귀歸는 '돌아가다'의 뜻으로 여기서는 '추종하다, 믿고 따르다'의 맥락이다. 위爲는 '위하다'의 뜻으로 나를 가장 우선시한다는 맥락을 나타낸다. 무無는 '없다'의 뜻으로 여기서는 존재의 가치를 '부정하다, 무시하다, 인정하지 않다'의 맥락을 나타낸다. 겸兼은 '아우르다, 겸하다'의 뜻으로 사람을 나와 남으로 구분하지 않고 아울러서 돌본다는 맥락을 나타낸다.

여언__ 동아시아 철학사가 유가, 도가, 불교 중심으로 기술되니까 그중에 제대로 대접받지 못하고 소홀하게 취급되는 인물이 적지 않다. 양주와 묵적이 바로 그런 경우이다. 당시 국가는 가족을 단위로 사회질서를 편성하고 공자가 가족 관계를 인륜의 출발점으로 설정했다. 국가는 가족 단위로 사회를 규율하고 공자는 가족 사이의 자연적인 감정을 다른 어떤

것으로 대체할 수 없는 유대의 근원으로 보았다.

묵자는 이러한 가족 중심이 바로 나의 가족을 성채로 삼아 다른 가족을 침탈하고 공격하여 세상의 혼란이 발생한다고 보았다. 이 때문에 그는 "가족이 만악의 근원이다"라는 극단적인 주장을 하지 않았지만 "가족의 틀을 넘어야 한다"라고 주장했다. 가족의 틀을 넘지 않으면 가족과 그 가족의 확장된 형태인 국가가 다른 가족을 상대로 현재 벌어지고 있는 전쟁을 멈출 수 없다. 반면 가족의 틀을 넘게 되면 사람이 자신의 가족을 공격하지 않듯이 다른 가족도 공격하지 않으면 전쟁이 평화로 바뀌게 되는 것이다. 이것이 묵적이 구상하는 "兼愛"의 핵심이다.

양주는 국가가 생존을 위해 부국강병을 추구하게 되자 모든 자원과 권력이 군주의 손에 집중된다고 보았다. 이로 인해 원시시대부터 누려오던 가족 간, 지역 간, 부족 간의 평등하고 자유로운 분위기가 점차 사라지고 국가가 관료제와 가족을 매개로 모든 구성원에게 의무를 부과했다. 국민은 전쟁이 일어나면 소집되고 농사를 지으면 세금을 내고 공사가 필요하면 부역에 나가야 했다. 양주는 국가주의와 가족주의 사회에 맞서 정면으로 나를 위해 살겠다는 "위아爲我"의 기치를 내걸었다.

맹자는 "爲我兼愛"의 논리가 위험하다고 보았다. 사람이 가족의 틀을 넘어서게 되면 나와 남의 가족의 구별이 없어지게 된다. 이를 무부無父라고 말했지만 실상은 자식과 부모의 관계를 비롯한 가족 질서가 송두리째 무너지게 된다. 맹자는 양주가 나 이외의 어떤 권위를 인정하지 않는다는 점에서 군주제가 위험에 처해진다고 생각했다. 이를 무군無君으로 말했지만 실상 군주와 신하의 관계를 비롯한 사회질서가 송두리째 무너지게 된다. 이에 맹자는 爲我兼愛를 "無父無君"으로 극력 비판했다.

142

맹자는 「진심」상 26에서 양주가 정강이 털 한 올을 뽑아 천하를 이롭게 하더라도 하지 않고(拔一毛而利天下, 不爲也) 묵적이 정수리가 닳아 발꿈치에 닿아도 천하를 이롭게 한다면 뭐든 한다(摩頂放踵, 利天下, 爲之)라고 두 사람을 대비하고 있다. 양주는 자기밖에 모르는 극단적 이기주의자이고 묵적은 세상밖에 모르는 극단적인 이타주의로 내몰고 있다. 이것도 모자라 두 사람을 기어이 동물로 만들었다. 하지만 오늘날 爲我兼愛는 無父無君이 아니라 개인주의와 박애주의로 재해석될 수 있다. 이처럼 고대 학술의 평가는 시대에 따라 얼마든지 달라질 수 있다.

33
결백

꽥꽥 우는 고기를 먹고 뱉다

예예지육睨睨之肉(「등문공」하 10)

입문___누구라도 모든 사람과 다 잘 지낼 수는 없다. 잘 지내다가도 사소한 일로 틀어지면 원수처럼 멀어지게 된다. 특히 부모와 형제자매는 한 번 틀어지면 웬만해서 다시 보지 못한다. 죽을 때까지 거리를 두다가 뒤에 잘못을 깨닫고서 서럽게 후회하지만 이미 상황은 되돌릴 수 없다.

사람 사이가 갑자기 틀어지는 이유가 무엇일까? 뒤에서 흉을 본다든지 거짓말을 한다든지 상식에 어긋나게 되면 틀어지게 된다. 내가 아는 사람 또는 부모 형제는 그렇지 않으리라고 굳게 믿고 있는데, 그렇지 않다는 걸 알게 되면 온갖 정이 떨어지게 된다. 십 년을 사귄 친구도 그렇고 어릴 적부터 알고 지낸 친구도 그렇다. 다른 사람들이 다 그렇게 해도 그 사람만 그렇지 않으리라고 믿었다가 배신당했다는 생각이 들면 사람을 바라보는 눈이 확 다르게 되는 것이다.

『맹자』는 사상을 담은 책이기도 하지만 세상의 다양한 이야기를 끌어들여 자신의 철학을 펼치고 있다. 특히 이 분야에는 장자와 한비자가 뛰어났다. 장자는 우화寓話로 자신의 생각을 풀어갔고 한비자는 이야기의 숲(說林)으로 자신의 생각을 펼쳐냈다. 그래서 나는 동아시아 고대철학이 '논리 철학'도 있지만 '이야기 철학'의 특성이 강하다고 생각한다. 맹자도 이들에 결코 뒤지지 않는다. 맹자가 전하는 한 편의 이야기에서 원수가 되어버린 형제 이야기를 살펴보기로 하자.

승당 진중자는 제나라의 유력 가문이다. 그의 형 진대가 갑 땅에서 만종의 녹봉을 받았는데, 그는 형의 녹이 불의의 녹이라 여겨서 그것으로 먹고살지 않았고 형의 집이 불의의 집이라 여겨서 거기에 거처하지 않았다. 그는 형을 피하고 어머니를 떠나 오릉에 살았다. 어느 날 그가 형의 집을 찾아가니 어떤 사람이 자신의 형에게 산 거위를 선물했다. 진중자가 이마를 찌푸리며 말했다. 어디에다 꽥꽥거리는 놈을 쓰려고 하는가? 다른 날 어머니가 일전에 선물로 받은 거위를 잡아 요리해서 진중자에게 건네며 먹게 했다. 그의 형이 밖에서 집으로 돌아와 네가 먹는 게 꽥꽥거리는 거위 고기라고 했다. 진중자는 집 밖으로 뛰쳐나와서 먹었던 거위 고기를 토해냈다.

仲子, 齊之世家也. 兄戴蓋祿萬鐘, 以兄之祿,
중 자 제 지 세 가 야 형 대 갑 록 만 종 이 형 지 록

爲不義之祿, 而不食也. 以兄之室, 爲不義之室,
위 불 의 지 록 이 불 식 야 이 형 지 실 위 불 의 지 실

而不居也. 辟兄離母, 處於於陵. 他日歸,
이 불 거 야 벽 형 리 모 처 어 어 릉 타 일 귀

則有饋其兄生鵝者. 己頻顣, 曰, 惡用是鶃鶃者爲哉?
즉 유 궤 기 형 생 아 자 기 빈 축 왈 오 용 시 애 애 자 위 재

他日其母殺是鵝也, 與之食之, 其兄自外至, 曰,
타 일 기 모 살 시 아 야 여 지 식 지 기 형 자 외 지 왈
是鶃鶃之肉也, 出而哇之.
시 애 애 지 육 야 출 이 왜 지

입실___중자仲子는 제나라 사람 진중자陳仲子로 오릉於陵에 살아서 오릉
중자於陵仲子로 불리기도 한다. 세가世家는 대대로 식읍을 가진 한 나라의
유력 가문을 가리킨다. 대戴는 진중자의 형 진대陳戴를 가리킨다. 갑蓋은
진대가 식읍으로 받은 지역을 가리킨다. 만종萬鐘은 식읍에 거두는 수입
의 총량을 가리킨다. 벽辟은 피피避와 같은 뜻으로 '피하다, 벗어나다'의 뜻
이다. 오릉於陵은 당시 제나라의 지명으로 오늘날 산둥성山東省 저우춘周村
과 쩌우핑及鄒平의 동남쪽에 있다. 궤饋는 '보내다'의 뜻으로 여기서는 거
위를 선물로 보낸다는 맥락이다. 아鵝는 '거위'를 가리킨다. 기己는 중자를
가리킨다. 빈축頻顣은 둘 다 '찡그리다'의 뜻으로 불만족스러워 이마를 찡
그리는 맥락이다. 예예鶃鶃는 거위가 '꽥꽥' 우는 의성어를 가리킨다. 여與
는 '주다'의 뜻으로 어머니가 진중자에게 먹으라고 차려준다는 맥락이다.
왜哇는 '토하다, 게우다'의 뜻이다.

여언___이야기의 발단은 제나라 출신의 제자 만장萬章이 같은 나라의
진중자를 "참으로 청렴한 사(誠廉士)"로 평가하면서 시작된다. 그러한 평
가는 다음의 일화에 바탕을 두고 있다. 진중자는 3일 동안 아무것도 먹
지 못해 귀에 아무것도 들리지 않고 눈에 아무것도 보이지 않은 상태가
되었다. 그는 어렴풋하게 우물가에 자두를 보고서 엉금엉금 기어가서 세
차례 삼킨 뒤에야 귀에 소리가 제대로 들리고 눈에 사물이 제대로 보였
다. 사실 그가 먹는 자두는 굼벵이가 반 이상 파 먹은 터라 평소 같으면
쳐다보지 않을 것이었다.

하지만 맹자는 제자 만장의 평가에 동의하지 않았다. 그는 자신이 알고 있는 진중자의 새로운 일화를 제시했다. 진중자는 제나라에서 대대로 식읍을 받는 유력 가문으로 진중자에게는 진대라는 형이 있었다. 진대가 갑 땅에서 만종의 수입을 받고 있으므로 진중자도 최소한 먹고사는 생계는 아무런 문제가 없었다. 진중자가 형 진대를 등진 이유는 단 하나이다. 자세한 내막은 소개되지 않아 알 수 없지만 진중자가 생각하기에 형의 돈과 집이 모두 불의하다는 것이다. "불의"가 동생과 형 사이를 갈라놓은 이유가 된 것이다. 하지만 어머니가 계시기 때문에 진대는 형과 따로 살지만 어머니가 계신 형의 집에 발길을 끊을 수가 없었다.

진중자가 형의 집을 방문한 날 누군가가 형에게 살아있는 거위로 선물로 보냈다. 형의 돈과 집도 못마땅한데 거위 선물이 눈에 곱게 보일 리가 없다. 거위라고 말도 하지 않고 "꽥꽥거리는 놈"이라 부르며 불만을 표시했다. 다시 훗날 어머니를 찾으니 어머니가 일전의 거위로 요리해서 진중자에게 내놓았다. 그가 먹고 있는데 형이 집으로 와서 그게 "꽥꽥거리는 놈의 고기"라고 하자 진중자는 밥숟가락을 놓고 밖으로 뛰쳐나와 먹었던 고기를 토해냈다.

맹자는 사상가이면서 작가로서 솜씨를 유감없이 발휘하고 있다. 진중자가 아주 청렴하다고 제나라에서 손에 꼽는다고 하지만 인륜을 저버리면 청렴이 무슨 소용이 있느냐는 말이다. 우리도 작은 것에 사로잡혀 죽니 사니 하다가 정작 중요한 것을 놓치며 살고 있지 않은지 돌아볼 일이다.

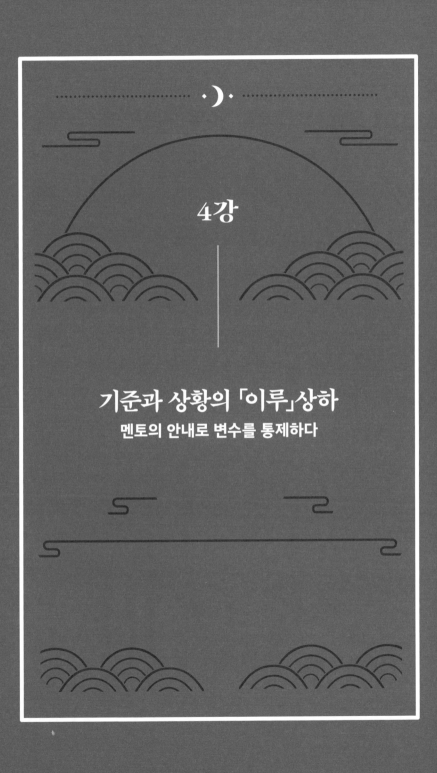

4강

기준과 상황의 「이루」상하
멘토의 안내로 변수를 통제하다

'이루'는 맹자 이전에 시력이 좋기로 소문난 사람을 가리킬 뿐 맹자와 특별한 인연은 없다. 이루離婁의 시력과 공수자公輸子의 기술이 함께 거론되고 있는데, 공수자의 재주가 먼저 나왔다면 편명이 '공수자'가 될 뻔했다. 맹자는 이루와 공수자 두 사람을 끌어들여서 성인을 보통 사람이 참조할 수 있는 일종의 기준으로 설명하고 있다.

「이루」는 글쓰기의 형식에서 이전의 「양혜왕」, 「공손추」, 「등문공」과 좀 차이를 보인다. 이전에 『맹자』는 맹자가 누군가를 만나서 대화를 진행하는 방식으로 진행되었다면, 「이루」에서는 물론 대화가 있지만 이는 점차 줄어들고 맹자가 혼자 이야기하는 형식이 늘어나고 있다. 즉 꼭 질문자가 있어야 하는 것이 아니라 맹자 스스로 논점을 제시하며 자신의 생각을 풀어가고 있다. 앞부분이 타문맹답他問孟答이라면, 「이루」부터 맹문맹답孟問孟答, 즉 자문자답自問自答의 형식이 늘어나고 있다. 「공손추」에서 맹자는 객경客卿을 그만두고 제나라를 떠났는데 다시 선왕이 나오는 걸 보면 오늘날의 『맹자』가 엄밀하게 시간 순서로 편집되지 않았다고 할 수 있다.

11수의 내용은 다음과 같다. 파악어중播惡於衆은 부도덕한 사람이 윗자리를 차지하면 사회에 나쁜 영향력을 끼친다는 점을 말한다. 집열불탁執熱不濯은 세상에서 자신에게 대적하는 사람이 없기를 바라면 인의의 정치를 하지 않는 모순을 꼬집고 있다. 자포자기自暴自棄는 함께 말할 수도 없고 일할 수도 없는 사람을 가리킨다. 살인영야殺人盈野는 무리하게 전쟁을 벌여 죽은 사람이 들판을 가득 채우는 참상을 말하고 있다. 모자불엄眸子不掩은 사람이 자신의 악행을 아무리 숨기려고 연기하더라도 진실이 눈동자에 나타날 수밖에 없다는 관찰을 말하고 있다.

수닉수원嫂溺手援은 원래 남녀가 자유롭게 만나지 못하지만 물에 빠지면 사람의 생명부터 살리고 봐야 한다는 권도權道를 말하는 구절로 유명하다. 역자교지易子敎之는 부모가 자식을 직접 가르치기 어렵기 때문에 자식을 바꿔서 가르치는 교육법을 말하고 있다. 매인열지每人悅之는 강가의 사람을 수레에 태워 강을 건너게 해준 자산子産의 임시방편을 비판하며 민생의 해결을 위해 근원적인 대책을 세워야 한다고 역설하고 있다. 자득봉원自得逢原은 어떠한 분야에서든지 깊이 뚫고 들어가려면 흉내에 그칠 것이 아니라 끝까지 파서 반드시 근원을 만나야 한다는 점을 말한다. 영과후진盈科後進은 물이 웅덩이를 채우고 바다를 향해 앞으로 나아갈 수 있듯이 사람이 실상과 근원을 갖추어야 한다는 점을 강조한다. 시민여상視民如傷은 리더가 주위 사람을 세심하게 살펴야 한다는 점을 말한다.

맹자는 평소 자문자답하며 대답할 생각을 키웠기 때문에 다른 사람과 대화를 나누며 자신의 생각을 드러낼 수 있을 것이다. 자문자답은 사람이 자신의 인생을 이끌어가는 여정이라고 할 수 있는데, 당신은 어떤 자문자답을 하고 있는가?

34
영향

대중에게 악의 씨앗을 뿌리다

파악어중播惡於衆(「이루」상 1)

입문__어떤 사람이 정치 지도자가 되면 좋을까? 물론 유능하고 훌륭한 사람이 되면 좋겠다고 대답할 것이다. 과거 왕정에서 정치 지도자는 세습으로 결정되므로 반드시 유능하고 훌륭한 사람이 후계자가 된다는 보장이 없었다. 조선 시대의 연산군만 보더라도 납득이 된다. 오늘날 선거제에서도 마찬가지이다. 입후보자들은 다들 자신이 최고의 적임자라고 말하지 부족함이 많다고 말하지 않는다. 하지만 투표는 더 좋은 후보보다 더 나쁘지 않은 후보를 선택하는 경우가 많다. 이처럼 우리는 유능하고 훌륭한 지도자를 바라지만 현실적으로 반대의 상황을 배제할 수가 없다.

우리는 현실에서 뜻을 이루지 못하지만 왜 유능하고 훌륭한 지도자를 바랄까? 달리 말하면 가능한 한 무능하고 타락한 지도자를 바라지 않을까? 유능하고 훌륭한 지도자는 공동체가 안고 있는 문제를 슬기롭게 해결할 뿐만 아니라 사람들에게 행복하고 건강한 삶에 도움을 줄 수 있다고 생각하기 때문이다. 반면 무능하고 타락한 지도자는 당면한 문제를 인지하지도 못하고 인지하더라도 해결할 수 없을 뿐만 아니라 공익보다 사익을 앞세워 사람들에게 고통을 준다. 즉 나쁜 영향을 퍼뜨리는 播惡於衆을 하기 때문이다.

맹자는 공자나 플라톤과 같은 숱한 사상가들과 마찬가지로 왕정의 시대를 살면서 유능하고 훌륭한 지도자가 어떻게 가능할지 고민했다. 그의

150

고민을 살펴보도록 하자.

승당__이 때문에 오직 사람다운 사람이라야 고위직에 앉아야 한다. 사람답지 않으면서 고위직에 앉아 있으면 자신의 악을 대중에게 퍼뜨리게 된다. 위에서는 도리에 따라 헤아리지 않고 아래에서는 법규에 따라 지키지 않고 조정에서는 도리를 믿지 않고 관리가 법도를 믿지 않고 군자가 도의를 어기고 소인이 형벌을 어기고도 나라가 보존되는 일은 요행이다.

是以惟仁者, 宜在高位. 不仁而在高位,
시 이 유 인 자 의 재 고 위 불 인 이 재 고 위
是播其惡於衆也. 上無道揆也, 下無法守也, 朝不信道,
시 파 기 악 어 중 야 상 무 도 규 야 하 무 법 수 야 조 불 신 도
工不信度, 君子犯義, 小人犯刑, 國之所存者, 幸也.
공 불 신 도 군 자 범 의 소 인 범 형 국 지 소 존 자 행 야

입실__유惟는 '생각하다'의 뜻으로 쓰이지만 여기서는 '오직'의 뜻으로 유唯와 바꿔 쓸 수 있다. 의宜는 '마땅하다, 마땅히 ~해야 한다'의 뜻이다. 고위高位는 '높은 자리'의 뜻으로 오늘날 고위 공무원 또는 사회 지도층에 해당한다. 파播는 '뿌리다, 퍼뜨리다'의 뜻이다. 규揆는 '헤아리다, 꾀, 계책'의 뜻이다. 조朝는 '아침, 처음'의 뜻으로 쓰이지만 여기서는 '조정'을 가리킨다. 공工은 '장인'의 뜻이지만 앞의 조朝와 대비되므로 '관리'를 가리킨다. 도度는 '제도, 법도'의 뜻이다. 범犯은 '어기다, 위반하다'의 뜻이다. 행幸은 '다행, 요행, 행운'의 뜻이다.

여언__맹자는 처음부터 바로 "仁者, 즉 사람다운 사람은 지도자가 되어야 한다"라고 주장했다. 반대로 말하면 "不仁者, 즉 사람답지 않은 사람은 지도자가 되어서 안 된다"라는 주장이다. 맹자의 주장에 동의하든 동의하지 않든 한 가지 질문이 생긴다. 즉 "사람다운 사람은 도대체 어떤

사람을 가리키는가?" 어떤 기준이 있어야 그 사람이 인자인지 아닌지 판가름할 수 있기 때문이다.

맹자는 논의를 펼치기 위해 유명한 격언을 인용했다. "달랑 선한 의지만으로 정치를 할 수 없고 달랑 법제만으로 저절로 실행될 수 없다(徒善不足以爲政, 徒法不能以自行)." 지도자가 되려면 당연히 선한 의지를 가지고 있어야 한다. 지도자가 나쁜 의도를 가지고 있으면 끔찍한 일이 벌어지게 된다. 국가를 개인 영리를 추구하는 기업처럼 운용하게 되고 공직을 지인에게 나눠줘서 고통이 국민들에게 고스란히 돌아오기 때문이다. 하지만 격언에서는 지도자가 선한 뜻만 있어도 정치를 하기에 부족하다고 보고 있다. 선한 뜻 이외에 더 필요한 것이 있다는 말이다.

지도자가 되려면 정치를 펼칠 수 있는 제도적 장치가 있어야 한다. 정치가 말만으로 저절로 굴러가지 않기 때문이다. 지시를 하면 그 지시를 구체화시키고 홍보하고 집행하는 세부적인 과정이 뒤따라온다. 이 과정이 바로 법제를 비롯한 제도적 장치가 뒷받침한다. 하지만 격언에서는 그런 제도적 장치가 아무리 완비되어 있어도 저절로 또는 자동으로 실행되지 않는다고 보고 있다. 법제 이외에 더 필요한 것이 있다는 말이다.

격언을 종합하면 선한 뜻과 법제가 하나로 결합해야지 따로 놀게 되면 정치적 효력을 발휘할 수 없다는 말이다. 즉 선한 뜻을 가진 지도자가 법제의 힘을 통해야만 현실에서 바라는 효과를 거둘 수 있다는 말이다. 이제 맹자가 말하는 유능하고 훌륭한 지도자, 즉 인자의 의미가 제대로 밝혀졌다고 할 수 있다. 인자는 선한 뜻을 가지고 법제를 활용하는 지도자라고 할 수 있다.

맹자가 이러한 유능하고 훌륭한 지도자, 즉 仁者의 실례를 보여준다면 그의 말이 더 설득력이 있을 듯하다. 이 때문에 그는 당시에 널리 알려진 장인(기술자)과 예술가를 끌어들인다. 눈이 밝기로 유명한 이루離婁와 기술이 아주 뛰어난 공수반公輸盤도 반드시 원형과 방형을 만드는 규구規矩를 써야 하고, 귀가 밝기로 유명한 사광師曠도 소리의 높낮이를 정한 육률六律을 써야 한다. 이루·공수반·사광이 아무리 능력이 뛰어나더라도 객관적인 척도로서 기준을 사용해야 한다는 말이다.

정치 지도자는 어떻게 해야 할까? 장인과 예술가가 規矩와 六律을 활용하듯이 지도자도 확실한 기준을 존중해야 한다. 그것이 바로 요나 순과 같은 성왕이 걸어오면서 검증된 道이다. 따라서 이 道에 의거하지 않고 선한 뜻만을 외친다면 실패한 지도자가 되고 이로 인한 고통은 백성들에게 돌아간다. 오늘날의 지도자도 자신만 믿어달라고 하거나 제도만 정비하면 모든 게 잘될 거라고 떠들지는 않는지 맹자의 소리에 귀 기울일 필요가 있다. 막연히 좋게만 생각하다 큰 고통이 우리에게 돌아올 수 있기 때문이다. 큰 고통을 겪으며 체념할 게 아니라 좋은 지도자를 검증하는 눈을 벼려야 한다.

35 처지   뜨거운 걸 잡았던 손을 물에 담그지 않다

집열불탁執熱不濯(「이루」상 7)

입문＿＿개인이든 나라든 자존심은 참으로 중요하다. 개인의 경우 자존심이 자신을 지탱하는 힘이다. 다른 사람이 뭐라 해도 자신이 의미가 있고 중요하다고 생각하는 것을 지키고자 한다. 그것이 침해를 받으면 불

같이 화를 내며 사과를 요구한다. 심할 경우 몸싸움으로 번지기도 한다. 나라도 국제 관계에서 존중받는 지위를 가지려고 한다. 다른 나라로부터 자존심의 공격을 받으면 민족주의 열기가 고조된다. 심할 경우 "전쟁"까지 이야기하며 상처받은 자존심을 위로하려고 한다.

사람과 사람 사이, 나라와 나라 사이가 서로의 자존심을 존중하며 교류를 하면 좋다. 이상적이라고 할 수 있다. 오늘날 인권, 민주주의, 국제법 등 개인이든 나라든 한쪽이 다른 한쪽을 일방적이며 굴욕적으로 대우하지 못하게 하는 보편 규칙이 있다. 그것이 지켜지면 좋겠지만 그렇지 않으면 어떻게 해야 할까? 하긴 이 문제는 새로운 과제라기보다 유사 이래로 답을 찾는 숙제이기도 하다.

춘추전국시대에 제나라는 줄곧 전통적으로 강대국이었고 남쪽의 오나라는 합려閤閭 시대에 이르러 중원 지역의 나라를 침략할 정도로 신흥 강대국이었다. 당시 제나라는 지는 태양이고 오나라는 뜨는 태양이었다. 두 나라 사이의 국력이 급격하게 기울었을 때 오나라는 힘을 바탕으로 제나라 공주를 시집보낼 것을 요구했다. 경공은 맹자에게 상담을 요청했다. 맹자가 뭐라고 했을지 살펴보기로 하자.

승당__제 경공: 이미 다른 나라에 명령을 내리지도 못하고 또 명령을 받지도 않으면 이는 주위와 관계를 끊는 것이다. 그는 눈물을 흘리며 딸을 당시 강대국 오나라로 시집보냈다. 지금 소국이 대국을 본받으며 명령 받기를 부끄러워한다면 이는 제자(학생)가 선생에게 가르침 받기를 부끄러워하는 것과 같다. … 지금 천하에 자신과 맞설 대상이 없기를 바라면서 인정에 따르지 않으면 뜨거운 걸 잡았다가 손을 물에 담그지 않는 것과 같다. 시에 '누가 뜨거운 걸 잡았다가 물에 담그지 않는가?'라고 읊었다.

齊景公曰, 旣不能命, 又不受命, 是絶物也.
제 경 공 왈 기 불 능 명 우 불 수 명 시 절 물 야

涕出而女於吳. 今也, 小國師大國, 而恥受命焉.
체 출 이 여 어 오 금 야 소 국 사 대 국 이 치 수 명 언

是猶弟子, 而恥受命於先師也. … 今也, 欲無敵於天下,
시 유 제 자 이 치 수 명 어 선 사 야 금 야 욕 무 적 어 천 하

而不以仁, 猶執熱而不以濯也. 詩云, "誰能執熱,
이 불 이 인 유 집 열 이 불 이 탁 야 시 운 수 능 집 열

逝不以濯."
서 불 이 탁

입실___명命은 '명령하다'의 뜻이다. 능명能命은 명령을 내려 다른 사람이 자신의 뜻을 따르도록 시킨다는 맥락이다. 수명受命은 다른 사람의 명령을 받아서 자신이 그대로 뭔가를 한다는 맥락이다. 체涕는 '울다, 눈물 흘리다'의 뜻이다. 여女는 '시집가다, 시집보내다'의 뜻이다. 사師는 '스승으로 삼다, 본받다'의 뜻이다. 치恥는 '부끄러워하다, 부끄럽게 여기다'의 뜻이다. 적敵은 '맞서다, 싸우다'의 뜻이다. 집執은 '잡다, 쥐다, 만지다'의 뜻이다. 탁濯은 '씻다'의 뜻으로 여기서는 화상을 입은 손을 물에 담가 차갑게 한다는 맥락이다. 서逝는 '가다, 떠나다, 죽다'의 뜻으로 많이 쓰이지만 여기서는 허사로 뜻이 없다.

여언___시작은 제나라 경공이 신흥 강대국 오나라로 딸을 시집보내는 일에서 시작했다. 제나라는 오나라의 침략을 피하려면 딸을 오나라로 시집보내야 했다. 하지만 경공으로서는 금이야 옥이야 키워온 딸을 오나라로 시집보내자니 마음이 불편하기 그지없었다.

경공은 이러한 이중의 마음고생을 겪으면서 넋두리처럼 한마디를 했다. 나라의 힘이 약하여 자신이 다른 나라를 이래라저래라 명령할 수도 없고 또 마음에 들지 않는다고 강한 나라의 명령을 받들지 않을 수도 없다. 그렇게 되면 누구의 도움을 받을 수도 없고 어느 누구와 관계를 맺을

수도 없는 고립무원의 상태, 즉 절물絶物이 된다. 이 절문을 피하려면, 명령을 내릴 힘이 없으면 강한 나라의 명령을 받아들여야 하는 것이다. 결국 경공은 울면서 딸과 작별하며 딸을 오나라로 보내지 않을 수가 없었다. 경공은 딸을 보내놓고 아마 바이주白酒를 폭음하지 않았을까!

이에 대해 맹자는 참으로 차분한 어조로 담담하게 말한다. 천하에 도가 실행되면 나라 사이가 덕德으로 작동하지만 도가 실행되지 않으면 력力으로 작동한다. 따라서 나라의 경우 이를 따르면 살아남지만 이를 어기면 망할 수밖에 없다. 경공이 이 말을 들으려고 한 건 아니지만 맞는 말이니 참 어쩔 수가 없다. 맹자는 자신의 말이 너무 냉정하게 여겨졌던지 경공에게 희망을 전하고 싶었다. 그래서 그는 먼저 소국이 대국을 본받으면서 명령 받기를 부끄러워하면 이는 학생이 선생에게 가르침 받기를 부끄러워하는 것과 같다고 말한다. 德과 力의 역학 관계는 부끄러움의 문제가 아니라 엄연한 현실 문제라고 못을 박는다.

그럼 어떻게 해야 할까? 주나라 문왕이 덕을 닦아서 주위 여러 나라의 신망을 얻고 있었지만 희대의 폭군 은나라 주왕紂王을 섬기며 은인자중했다. 주왕이 문왕의 복종을 시험하기 위해 유리羑里에 구금했지만 섣불리 군사행동에 나서지 않고 더더욱 신중하게 굴었다. 결국 문왕은 주왕의 환심을 사서 유리에서 풀려났고 그의 아들 무왕에 이르러 은나라를 멸망시키고 천자의 나라가 되었다.

맹자는 경공에게 지금 오나라로부터 당한 일을 너무 집착하여 섣부른 행동을 할 게 아니라 지금부터 지금과 다른 미래를 맞이할 준비를 해야 한다고 제안하고 있다. 그것이 바로 仁政의 실시이다. 인정은 적을 만들지 않은 길이기 때문이다. 仁政을 실시하면 당장 주위 어떤 나라와 갈등을 빚지 않고 미래를 준비할 수 있다는 논리이다. 이를 설득하기 위해 사람이 뜨거운 걸 집으면 곧바로 손을 차가운 물에 집어넣는다. 그런데 경공은 "執熱不濯"에 있느냐고 결심을 촉구하고 있다. 執熱而濯이야 너무나도 자명하지만 나의 문제는 그렇게 자명하지 않을 때가 많다.

자신을 해치고 버리는 사람

자포자기自暴自棄(「이루」상 10)

입문___ 포기는 원래 자포자기의 줄임말이다. 여기서 "자포자기와 포기의 한자를 쓰시오"라는 문제를 보면 대부분 自抛自棄와 抛棄로 쓸 것이다. 抛棄는 동아시아 고대 문헌에 보이지 않고 원명시대 『서유기西遊記』나 『동주열국지東周列國志』에 나타난다. 굳이 찾으면 허신이 『설문해자說文解字』에서 포를 기로 풀이하는 "抛, 棄也"의 글에 보인다.

연원으로 따지면 포기나 자포자기의 최초 한자의 정답은 따로 있다. 바로 "暴棄"와 "自暴自棄"가 정답이라고 할 수 있다. 이 말은 『맹자』에 당당히 나오기 때문이다. 抛棄와 暴棄는 한자가 다른데 뜻도 다를까? 뜻도 다르다. 포기는 주로 하던 일이나 하려던 일을 도중에 그만두어 버린다는 뜻이고 법적으로 자기의 권리나 자격, 물건 따위를 쓰지 않거나 버린다는 뜻이다. 포기의 경우 暴가 관건이다. 暴는 '해치다'의 뜻이다. 즉 손상시키거나 해롭게 하거나 다치게 하거나 죽인다. 暴棄의 원래 말인 自暴自棄에서 자自가 주어이기도 하고 목적이기도 하다. 그러면 自暴自棄는 다른 사람이 아니라 바로 자신이 자신을 살리려고 하지 않고 반대로 죽이려고 하고 자신이 자신을 내다버린다는 의미를 갖게 된다.

이렇게 보면 같은 포기라도 조어와 그 의미의 맥락과 초점이 다르다. 抛棄가 둘 다 버리다, 내려놓다는 의미의 반복이라면, 暴棄는 자신을 해쳐서 내버린다는 원인과 결과를 말하고 있다. 또 抛棄는 끝까지 가지 않고 중도에 그친다는 의미를 나타내는 반면 暴棄는 자신이 자신을 망쳐놓은 제1원인이라는 점을 밝히고 있다. 달리 말해 抛棄가 의지의 부족을 말한다면, 暴棄는 실패와 타락의 원인을 말한다고 할 수 있다.

앞으로 포기 하면 抛棄만 떠올리지 말고 暴棄도 함께 떠올리자. 의지의 부족만이 아니라 실패의 원인도 함께 돌아보지 않으면 안 되기 때문이다.

승당＿＿스스로 해치는 자포자는 함께 말할 수 없고 스스로 버리는 자기자는 함께 일할 수 없다. 말끝마다 예의의 가치를 비난하는 것을 자포라고 부르고, 나 자신이 인에 머물고 의를 따를 수 없다고 하는 것을 자기라고 부른다. 인은 사람이 살기에 편안한 집이요, 의는 사람이 다니기에 편안한 길이다. 편안한 집을 비워두고 살지 않으며 편안한 길을 버려두고 걷지 않으니 참으로 안타깝구나!

自暴者, 不可與有言也. 自棄者, 不可與有爲也.
자 포 자 불 가 여 유 언 야　자 기 자 불 가 여 유 위 야
言非禮義, 謂之自暴也. 吾身不能居仁由義, 謂之自棄也.
언 비 례 의 위 지 자 포 야　오 신 불 능 거 인 유 의　위 지 자 기 야
仁, 人之安宅也. 義, 人之安路也. 曠安宅而弗居,
인　인 지 안 택 야　의　인 지 안 로 야　광 안 택 이 불 거
舍正路而不由, 哀哉!
사 정 로 이 불 유　애 재

입실＿＿포暴는 '해치다, 사납다'의 뜻이다. 여與는 '더불어, 함께'의 뜻이

다. 기棄는 '버리다, 그만두다'의 뜻이다. 오늘날 사용하는 '자포자기自暴自棄'라는 말의 출처가 바로 이곳이다. 비非는 '비난하다, 비방하다'의 뜻이다. 안安은 '몸이나 마음이 걱정 없이 편하고 좋다'의 뜻이다. 광曠은 '비다, 비워주다'의 뜻이다. 사舍는 '버리다, 내다버리다'의 뜻이다. 유由는 '따르다, 말미암다'의 뜻이다. 애哀는 '슬프다, 안타깝다'의 뜻이다.

여언__ 맹자는 왜 自暴自棄 또는 暴棄라는 말을 새롭게 정의하게 되었을까? 이는 과거 성왕의 정치와 당시 패자覇者의 정치가 판이하게 달랐기 때문이다. 현재 覇者는 상대적 우위의 물리적 힘을 바탕으로 자신의 의지를 약소 제후들에게 강요했다. 또 覇者가 안정적이지 못하고 힘의 우열에 따라 교체가 되면서 국제간의 질서가 혼란을 거듭했다. 반면 과거 성왕은 힘보다 덕망을 바탕으로 어려운 일이 있으면 상호 부조하며 국제간의 질서가 호혜를 보였다.

압축하면 과거 성왕의 정치는 왕도王道 정치 또는 맹자의 말로 하면 仁政이라면 당시 覇者의 정치는 覇道 정치 또는 力政이라고 할 수 있다. 여기서 맹자는 당시의 覇道 정치 또는 力政을 王道 정치 또는 仁政으로 바꿔야 한다고 생각했다. 그가 제시하는 논리를 따라가 보기로 하자.

후자는 상호 불신에 바탕을 두고 있으므로 늘 경쟁과 대립에서 벗어날 수가 없다. 동맹을 맺었다고 해도 이해관계가 바뀌면 언제라도 전쟁을 벌였다. 어제의 적이 오늘의 친구가 되고 오늘의 친구가 다시 내일의 적이 되는 상황이 반복되었다. 즉 패자가 되면 일시적으로 안정적 지위를 누리며 국제 관계에서 영향력을 행사할 수 있다. 하지만 그 지위는 언제라도 경쟁자의 도전이라는 위협에 놓여있고 국력이 약하면 원치 않더라도 도전자에게 覇者의 지위를 넘겨주게 된다.

반면 王道 정치 또는 仁政은 먼저 적敵이 없다. 우리도 "웃는 얼굴에 침 못 뱉는다"라고 하듯이 맹자는 "사랑하는 사람에 적이 없다"라는 상식과 보편 감정을 이유로 제시했다(05조목 "仁者無敵" 참조). 오늘날의 경우 영세 중립국永世中立國 스위스, 오스트리아, 라오스, 투르크메니스탄, 코스타리카 등 5개국을 생각할 수 있다.

맹자는 覇道 정치와 仁政이 안정한 길인지 비유를 통해 설명하고 있다. 사랑의 仁은 누구나 머물고자 하는 편안한 집이요 기준의 義는 누구에게도 공정한 길이다. 이 집에 머물고 이 길을 걸어간다면 시비 걸거나 적대할 사람이 없다. 있다면 오히려 그 사람이 주위 사람들로부터 항의를 받고 제지를 당하게 된다. 따라서 안전하게 머물 곳과 공정하게 갈 길이 정해져 있는데도 오히려 그것을 비방하고 따르지 않는다면 다른 사람이 나를 망치는 것이 아니라 자신이 스스로를 망치는 길이다. 그것이 바로 自暴自棄의 뜻이라고 할 수 있다.

우리도 현실에 상식과 원칙이 통용되지 않는다고 "어쩔 수 없어!"라거나 "해도 안 돼!"라고 꿈을 접는다면 이도 맹자가 그토록 피하고자 했던 自暴自棄의 모습을 보여주는 것이리라.

37
비참 ——— 시신이 들판을 메우다

살인영야殺人盈野(「이루」상 14)

입문__사랑과 이별도 시간이 지나면 해결된다고 한다. 하지만 전쟁의 상처는 아무리 시간이 흘러도 치유가 되지 않는다. 근현대만 봐도 동아시아 주도권을 다툰 청일 전쟁과 러일 전쟁, 한반도에서 좌우 이념의 냉전을 대리한 한국전쟁 등이 있었다. 한국전쟁은 사상자만이 아니라 이산가족을 낳았는데, 아직도 남북으로 헤어진 채 왕래는 고사하고 상봉조차 뜻대로 할 수가 없다. 청일 전쟁과 러일 전쟁은 한국과 일본의 사이를 여전히 가깝고도 먼 나라로 만들었다. 또 동아시아는 경제적으로 밀접하게 이어져 있지만 정치적 사안으로 민족주의가 득세하여 배타성이 아주 강하게 표출되고 있다.

남북한 그리고 동아시아는 근현대의 전쟁으로 아직도 지워지지 않은 상흔을 겪었지만 다시 전쟁이 일어나지 않으려면 어떻게 해야 하는지 평화 만들기의 불가역적 여정이 시작되지 않고 있다. 이 때문에 동아시아는 정세의 변화에 따라 중동만큼 군사적 긴장이 높은 지역으로 남아있다. 요즘 미·중 갈등으로 그 긴장의 수위가 높아지고 있다. 그렇게 참혹한 전쟁을 겪으면서 전쟁으로 문제를 해결하려는 호전성好戰性이 여전히 식지 않고 불쑥불쑥 언론의 지면과 정치인의 날 선 발언에서 솟아나고 있다.

맹자는 전국시대를 살았던 탓에 원하든 그렇지 않든 개인적인 바람과 상관없이 전쟁의 현장과 상처를 두 눈으로 보고 두 귀로 들었다. 그는 군주만큼 전쟁을 기회로 삼아 자신의 욕망을 키우는 소위 전쟁상인에 대해 신랄하게 비판했다. 그의 비판을 함께 살펴보기로 하자.

승당 군주가 인정을 실시하지 않는데 그를 더 부유하게 해주면 염구처럼 모두 공자에게 버림을 받았다. 하물며 군주를 위해 무리하게 전쟁을 벌인다면 어떻게 되겠는가? 구체적으로 말하면 전쟁으로 땅을 빼앗느라 죽인 사람(시신)이 들에 가득하고 전쟁으로 성을 빼앗느라 죽인 사람이 성에 가득하면 이는 토지를 차지하느라 사람 고기를 먹는 셈이지 그 죄가 사형에 처한다고 하더라도 용서되지 않을 것이리라! 따라서 잘 싸운다는 병가는 극형에 해당되고 제후를 묶는 종횡가는 그다음에 해당하고 황무지를 개간하여 백성에게 경작을 맡기는 법가는 그다음에 해당한다.

> 君不行仁政而富之, 皆棄於孔子者也. 況於爲之强戰?
> 군 불 행 인 정 이 부 지   개 기 어 공 자 자 야   황 어 위 지 강 전
> 爭地以戰, 殺人盈野, 爭城以戰, 殺人盈城,
> 쟁 지 이 전   살 인 영 야   쟁 성 이 전   살 인 영 성
> 此所謂率土地而食人肉, 罪不容於死!
> 차 소 위 솔 토 지 이 식 인 육   죄 불 용 어 사
> 故善戰者服上刑, 連諸侯者次之, 辟草萊任土地者次之.
> 고 선 전 자 복 상 형   연 제 후 자 차 지   벽 초 래 임 토 지 자 차 지

입실 부富는 '넉넉하다, 가멸다'의 뜻으로 군주의 재산을 늘려준다는 맥락이다. 기棄는 '버리다, 꺼리어 멀리하다'의 뜻으로 공자의 비판을 받았다는 수동태의 맥락을 나타낸다. 구체적으로 말하면 염구冉求가 당시 노나라 실권자 계씨季氏를 위해 세금을 두 배로 올리는 일을 가리킨다 (『논어』「선진」). 황況은 '하물며'의 뜻으로 앞에 나온 사례보다 더 심각하다는 맥락을 나타낸다. 위爲는 '~위하여'의 뜻이다. 강彊은 '억지로, 무리하게'의 뜻으로 다음의 전戰을 꾸며준다. 용容은 '받아들이다'의 뜻이다. 선전자善戰者는 '잘 싸운다'의 뜻으로 병가를 가리킨다. 복服은 '들어맞다, 어울리다, 해당되다'의 뜻이다. 상형上刑은 '가장 무거운 형벌'의 뜻으로 극형과 바꿔 쓸 수 있다. 연제후자連諸侯者는 '제후를 동맹으로 묶는다'는 뜻으로 종횡가를 가리킨다. 차次는 '다음'의 뜻으로 앞의 상형보다 낮은 형벌을 받아야 한다는 맥락이다. 벽초래辟草萊는 풀과 쑥이 나있는 황무지를 개간하여 농토로 바꾼다는 뜻이다. 임토지任土地는 벽초래로 개간한

땅을 사람들에 나눠줘서 세금을 거둬들인다는 뜻이다. 벽초래와 임토지는 국부國富를 증진시키기 위해 개간에 앞장선 변법가를 가리킨다.

여언___춘추전국시대에 "내가 이 혼란한 정국을 해결할 수 있다"라고 큰소리치는 수많은 사상가가 등장했다. 이들을 "諸子百家"라고 부른다. 맹자는 諸子百家로부터 배울 것은 배우지만 비판할 것은 아주 날카롭고 가혹하게 비판했다. 그는 諸子百家의 비판에 앞서 먼저 공자의 일화에서 한 가지 기준을 끌어냈다. 염구는 공자에게 배우고 당시 노나라 계씨의 가신이 되었다. 공자로서는 염구가 계씨를 잘 보좌해서 仁政을 펼치기를 바랐다. 하지만 기대와 달리 염구는 토지에서 거두는 세금을 두 배로 증액했다. 염구가 백성들의 고충을 덜어주기는커녕 넉넉한 계씨의 재정을 덧보태주었다.

노자의 말을 빌린다면 있는 사람에게 덜어내서 모자라는 사람을 보태주어야 할 터인데(損有餘而補不足) 모자라는 사람에게 덜어내서 있는 사람을 받드는 꼴(損不足以奉有餘)이라고 할 수 있다. 이에 공자는 염구를 자신의 제자가 아니라며 그의 잘못을 공개한 적이 있다. 정치는 재분배를 통해 모자라는 사람을 살리는 역할을 해야 하는 것이다.

맹자는 공자의 처사를 바탕으로 군주는 사람을 살리는 정치를 해야 한다고 정리했다. 그래서 양나라 혜왕이 누가 전국시대의 혼란을 통일할지 문자 대뜸 "사람 죽이기를 좋아하지 않는 사람이 통일할 수 있을 겁니다(不嗜殺人者, 能一之)"라고 대답했다(「양혜왕」상 6). 하지만 전국시대는 "殺人盈野"와 "殺人盈城"에 보이듯 사람을 더 많이 죽여서 더 많은 토지와 성을 빼앗으려고 하는 것이다.

여기에 전쟁하면 반드시 승리를 거둘 수 있다는 병가, 제후와 동맹을 맺으면 나라를 잘 보존할 수 있다는 종횡가, 황무지를 개간하여 부족한 토지를 확장할 수 있고 또 세금을 더 많이 거둘 수 있는 변법가가 나서서 무자비한 살상을 줄이거나 그만두는 것이 아니라 더 부추기는 것이었다. 이 때문에 맹자는 전쟁의 신으로 알려진 손무孫武·손빈孫臏·오기吳起 등을 극형에 처해야 한다고 말했다.

우리는 국난을 극복한 영웅과 무명용사의 희생과 용기를 되살리는 예우에 소홀함이 없어야 한다. 빚을 지고 있기 때문이다. 아울러 평화를 가꾸고자 했던 사람을 살피고 그 여정도 닦지 않을 수가 없다. 전쟁이 다시 일어나지 않도록 하거나 전쟁으로 문제를 해결하려는 시도를 막을 수 있기 때문이다.

38
진실

눈동자는 속일 수 없다

모자불엄眸子不掩(「이루」, 상 15)

입문___ 현대에는 경찰의 수사 기법으로 거짓말 탐지기lie detector를 사용한다. 피험자가 호흡 기록기의 튜브를 가슴에 두르고 혈압·맥박 진동기를 팔에 두르면 기록 장치에 있는 펜이 작은 전동기로 움직이는 그래프 용지 위에 각종 반응을 기록한다. 이 자료는 피험자가 거짓말을 하고 있는지 여부를 판단하는 기초 자료로 사용된다.

1924년부터 경찰 신문과 조사에 사용되고 있지만 아직 결과를 100% 신뢰하지는 않는다. 하지만 피험자의 혈압·맥박수·호흡 등의 생리 현상은 사람의 의지대로 조절할 수 없으므로 참조 자료로 활용되고 있다. 이렇게 되면 혈압·맥박수·호흡 등의 생리 현상이 마음의 창이라고 할 수 있다.

고전적으로 눈은 마음의 창 또는 등불로 여겨졌다. 사람이 말하는 것과 말하려는 것 사이에 차이가 있으면 눈을 관찰하여 식별할 수 있다는 말이다. 말로는 "좋지 않다"라고 하지만 눈이 떨리거나 불안정하면 "좋다"라는 의사를 숨기고 있다고 할 수 있다. 이 때문에 진품을 감정하는 보석상인은 선글라스를 쓴다. 좋은 물건을 보면 자신도 모르게 동공이 커지기 때문이다. 의뢰인이 그 광경을 보았다면 상인이 아무리 값을 높이 매겨준다고 바로 믿지 않을 것이다. 동공이 커지는 걸 들키지 않으려면 상인은 색깔이 짙은 선글라스를 쓰지 않을 수가 없는 노릇이다. 이제 맹자의 이야기를 살펴보기로 하자.

승당___사람의 본뜻을 드러내는 것으로는 눈동자보다 더 좋은 것이 없다. 눈동자는 사람의 악을 가릴 수가 없다. 가슴(마음)이 바르면 눈동자가 밝고 또렷하며 가슴이 바르지 못하면 눈동자가 흐리고 흐릿하다. 사람의 말을 들어보고 눈동자를 잘 살핀다면 사람이 어찌 자신을 감출 수가 있겠는가?

存乎人者, 莫良於眸子. 眸子不能掩其惡. 胸中正,
존 호 인 자 막 량 어 모 자 모 자 불 능 엄 기 악 흉 중 정
則眸子瞭焉. 胸中不正, 則眸子眊焉. 聽其言也,
즉 모 자 료 언 흉 중 부 정 즉 모 자 모 언 청 기 언 야
觀其眸子, 人焉廋哉?
관 기 모 자 인 언 수 재

입실___존存은 '있다'의 뜻으로 많이 쓰이는데 여기서는 '드러나다, 담다'의 맥락을 나타낸다. 인人은 '사람'을 가리키는데 여기서는 사람이 하

고자 하는 본심을 나타내는 맥락이다. 량어良於는 '~보다 더 좋은 것은 없다'는 뜻으로 후자가 최상급을 나타내는 맥락이다. 모자眸子는 '눈동자'를 가리킨다. 엄掩은 '가리다, 숨기다'의 뜻이다. 흉중胸中은 '가슴(마음)속'을 가리키는데 이는 동아시아 문화가 마음을 머리보다 심장으로 생각한 특성을 보여준다. 료瞭는 '밝다, 또렷하다'의 뜻이다. 모眊는 '흐리다, 흐릿하다, 어둡다'의 뜻이다. 관觀은 '살피다, 들여다보다'의 뜻이다. 수廋는 '숨기다, 감추다'의 뜻이다.

여언__ 공자를 비롯하여 유학에서는 진실한 사람과 속과 겉이 다른 사람을 어떻게 구별하는지 관심이 많았다. 공자는 사람의 언행을 관찰하면 사람을 식별할 수 있다고 생각했다. "무슨 까닭을 말하는지 보고 어떤 방법을 따르는지 눈여겨보고 긴장하지 않고 편안해하는지 살피면 사람이 아무리 자신을 드러내지 않으려고 해도 그럴 수 없다(視其所以, 觀其所由, 察其所安. 人焉廋哉? 人焉廋哉?)"라고 보았다(「위정」).

하지만 그런 공자도 제자 재여宰予에게 속은 적이 있다. 재여가 아마 공자와 무엇을 하기로 약속을 해놓고 차일피일하며 미뤘다. 공자는 재여가 바빠서 그런 줄 알았지만 어느 날 그가 낮잠 자는 걸 보게 되었다. 이때 공자는 아주 크게 실망한 듯했다. "나는 사람의 말을 들으면 그렇게 행동하리라 믿었는데 이제 말을 듣고 실제로 어떻게 행동하는지 살펴봐야겠다(始吾於人也, 聽其言而信其行, 今吾於人也, 聽其言而觀其行. 於予與改是)"라고 선언했다(「공야장」).

공자는 처음에 기본적으로 사람의 속마음이 그대로 표정으로 드러나고 다음에 행동으로 옮겨진다고 생각한 듯하다. 마음이 투명하여 누구다 들여다볼 수 있는 것이다. 재여의 사례를 통해 속마음이 그대로 행동으로 이어지지 않을 수도 있고 속마음과 행동이 다를 수도 있다는 걸 알아차리게 된 것이다. 마음이 검어서 본인이 아니면 전혀 알 수는 없는 사람이 있는 것이다.

이를 도식적으로 표현하면 심心(내內) = 색色(얼굴) = 행行(행동)의 등식 관계가 성립하여 하나만 보면 나머지를 다 꿰뚫을 수 있다. 이것이 군자의 마음이자 흰 마음이다. 반면 心 ≠ 色 ≠ 行의 등식 관계가 성립되지 않으면 사람 마음속이 비밀의 정원이나 음모의 소굴처럼 전혀 알 수 없는 곳이 된다. 이것이 소인의 마음이자 검은 마음이다(『공자의 숲, 논어의 그늘』 중 제5장 「네트워킹 센터의 마음」 참조). 여기서 맹자는 공자의 色(얼굴 표정)을 眸子로 바꿔서 말한다고 할 수 있다.

유학은 사람을 기본적으로 신뢰하므로 일시적으로 검은 마음의 상태에 있을 수 있지만 영원히 검은 마음의 상태에 있을 수 없다고 보았다. 대세는 흰 마음인 것이다. 이를 비현실적이라고 생각할 수도 있다. 농촌 공동체에서 가능하겠지만 익명의 도시에서 불가능하게 생각되기 때문이다.

사람마다 경험이 다를 수 있지만 해외여행을 가면 간혹 어려운 상황에 놓이는 경우가 있다. 지갑과 카드를 두고 오는 경우도 있고 소매치기를 당하는 경우도 있고 길을 잘못 들어 당황하는 경우도 있다. 이때 사람을 만나면 '혹시'라는 생각이 들기도 하지만 이제 안심이 된다. 태어나서 처음 보는 사람에게 친절하게 대하는 경우가 많다. 이도 "眸子不掩"의 실례라고 할 수 있다.

눈동자의 진실성에 논란이 있을 수 있지만 눈동자는 영원히 사람을 속일 수는 없다. 하지만 선입견과 편견이 사람의 마음에 자리하면 의식만이 아니라 무의식까지 장악하여 악을 하면서 악인 줄 모를 수 있기 때문이다. 편견과 선입견의 거짓은 너무나 천연덕스러워 눈동자로도 드러나지 않을 수 있다.

39 권도   물에 빠진 형수의 손을 잡다

수닉수원嫂溺手援(「이루」상 17)

입문＿내가 태어나 사회의 일원이 될 때 사람으로 지켜야 할 규칙과 하지 말아야 할 금기가 이미 정해져 있다. 내가 왜 합의하지도 않은 규칙과 금기를 꼭 지켜야 하냐고 반문할 수 있다. 하지만 사람들은 내가 태어나기 이전부터 그곳에서 뿌리를 내리고 살아왔다. 내가 합의에 참여하지 않았지만 나의 부모, 나의 부모의 부모처럼 나의 조상은 필요할 때마다 규칙과 금기를 만들었다고 할 수 있다. 따라서 나는 합의하지 않았다고 하더라도 새로운 합의가 나오기까지 이전의 합의를 존중하게 된다.

시대가 바뀌고 사람이 다르면 기존의 합의와 금기로 설명되지 않은 일이 생겨난다. 복장의 경우 전근대에는 옷이 몸을 전체로 감싸서 노출을 가급적 줄이려고 했다. 이 때문에 장식은 많아 화려한 반면 활동에는 불편했다. 오늘날 현대인은 여름이면 '비키니' 수영복을 즐겨 입지만 이를 처음 입는 사람은 일종의 금기에 도전하는 셈이다.

근래에는 다양한 영역에서 소수자 문제가 생겨나고 있다. 예컨대 양심적 병역 거부가 있다. 이전에는 문제 제기조차 쉽지 않았으니 공론화는 상상조차 할 수 없었지만 지금은 권리의 차원에서 당사자가 완전히 만족할 수는 없지만 해결의 방안을 모색하고 있다. 우리나라에서 병역의 의

무는 당연히 준수해야 하므로 병역 거부는 처벌의 대상이 되었다. 양심적 병역 거부라도 처벌하지 않으면 병역 기피를 조장한다는 비판이 거셌다. 오늘날 양심적 병역 거부는 대체 복무의 길로 대안을 찾아가고 있다.

맹자 시대에 남녀 사이에는 다양한 금기가 있었다. 이때 금기는 대부분 접촉을 방지하는 데 초점이 있었다. 금기를 위반하는 일이 발생할 경우 맹자는 어떤 판단을 내렸을까? 맹자가 구체적으로 어떤 상황을 두고 고민하게 되는지 함께 살펴보도록 하자.

승당___순우곤: 남자와 여자가 직접 물건을 손으로 주고받지 않는 것이 예인가요? 맹자: 예입니다. 순우곤: 형수가 물에 빠지면 시동생이 손으로 형수를 구할 수 있나요? 맹자: 형수가 물에 빠졌는데도 구하지 않으면 승냥이(동물)나 다름없지요. 남자와 여자가 직접 물건을 손으로 주고받지 않는 것이 예이지만 형수가 물에 빠지면 시동생이 손으로 구하는 것은 권이지요.

淳于髡曰, 男女授受不親, 禮與? 孟子曰, 禮也.
순 우 곤 왈 남 녀 수 수 불 친 례 여 맹 자 왈 례 야

曰, 嫂溺則援之以手乎? 曰, 嫂溺不援, 是豺狼也.
왈 수 닉 즉 원 지 이 수 호 왈 수 닉 불 원 시 시 랑 아

男女授受不親, 禮也. 嫂溺援之以手者, 權也.
남 녀 수 수 불 친 례 야 수 닉 원 지 이 수 자 권 아

입실___순우곤淳于髡은 제나라 출신으로 명가名家이다. 수수授受는 직접 물건을 건네고 받는 동작을 가리킨다. 친親은 '친하다, 사랑하다, 가까이 하다'의 뜻으로 많이 쓰이지만 여기서는 '직접, 손수' 어떤 행위를 한다는 맥락을 나타낸다. 닉溺은 '빠지다, 물에 빠지다, 잠기다'의 뜻이다. 원援은 '구하다, 당기다'의 뜻이다. 시랑豺狼은 '승냥이'의 뜻으로 '인간이 아니다'

는 맥락을 나타낸다. 권權은 '저울, 저울추'의 뜻으로 여기서는 특수한 상황에 따라 임시로 실천하는 행위 방안을 가리킨다. 權은 어떤 상황에서 늘 실천하는 행위 방안을 나타내는 예禮와 비교된다.

여언__순우곤은 먼저 유가의 금기를 말하고 다음으로 그 금기에 따르면 사람이 죽을 수 있는 상황을 제시하고 있다. 그는 이를 통해 유가가 사람의 생명을 중시한다고 말하지만 실제로는 사람의 생명을 위기에 처하게 한다고 비판하고자 했다. 동시에 순우곤은 이 문제로 맹자를 난처하게 만들고자 했다.

유가의 금기는 남자와 여자가 직접 물건을 손으로 주고받지 않는다는 "男女授受不親"이다. 이와 비슷한 금기로 남자와 여자가 7세가 되면 같은 공간에 자리를 함께하지 않는다는 "남녀칠세부동석男女七歲不同席"이 있다. 결국 유가에서는 남자와 여자가 일정한 나이에 이르면 직접 대면하여 접촉하는 상황을 기피하고 있다. 이러한 금기의 연장선상에서 결혼은 남녀 당사자의 의사보다 중매를 통해 부모님들의 의사로 결정되었다 (45조목 "不告而娶" 참조). 결혼식 날에 신랑·신부가 서로를 처음 만나게 되었다. 상견례가 결혼식인 셈이다. 결혼이 이러하니 남녀의 자유로운 교제는 상상할 수도 없었다.

중국 산둥성 취푸曲阜의 공자 유적지 중 공부孔府를 가면 집에 '석류石流'라는 특수한 시설이 있다. 집에 우물이 없으니 누군가 밖에 있는 우물에서 물을 길어다 집으로 전달해야 한다. 이때 누군가가 집 안으로 들어와 물을 건네면 남녀가 직접 만나게 될 수 있다. 이를 방비하기 위해 담벼락을 세워서 밖에서 물을 따르면 안에 물을 받는 석류 시설을 두었던 것이다.

이렇게 엄격하게 남녀의 접촉을 기피하지만 세상살이에 접촉이 완전히 일어나지 않을 수가 없다. 순우곤은 형수가 물에 빠진 상황을 상상해냈다. 그러면 이를 본 시동생이 어떻게 해야 하느냐는 난처한 상황이 생겨나게 된다. 시동생이 형수를 구하자니 금기를 위반하게 되고 구하지 않으면 형수의 생명을 잃게 되기 때문이다. 순우곤은 맹자가 난처한 상황에서 쩔쩔매다가 두 손을 들 줄 알았다.

하지만 맹자가 어떤 사람인가? 그는 禮와 權을 구별했다. 남녀수수불친男女授受不親은 禮로서 통상적인 상황에서 지켜야 하지만 嫂溺手援은 權으로 생명이 위험한 특별한 상황에서 발휘할 수 있다는 것이다. 그리고 맹자는 물에 빠진 형수를 구하지 않는다면 승냥이(동물)와 다를 바가 없다고 주장했다. 순우곤이 맹자를 난처하게 하려다가 거꾸로 승냥이(동물)가 되는 난처한 상황에 놓이게 되었다.

과거에 필수였지만 오늘날 많은 것이 선택의 대상으로 바뀌고 있다. 이런 변화에도 불구하고 우리는 제사처럼 전통 문화로 전해지는 규칙과 금기를 액면 그대로 지키느라 사회적 갈등을 키워 사람의 생명을 위태롭게 하지 않은지 돌아볼 일이다.

40
교육

자식을 바꿔서 가르치다

역자교지易子敎之(「이루」상 18)

입문___맹자 어머니는 자식 교육을 위해 묘지에서 시장으로, 시장에서 다시 서당 근처로 이사 다녔다. 이 덕분에 맹자는 동아시아 유학을 대표하는 사상가가 되었다. 이것이 맹모삼천孟母三遷의 고사이다(신정근,『맹자여행기』중 3장「아들만큼 유명한 어머니」참조). 그 어머니에 그 자식인지라 맹자가 교육에 관심이 없을 리가 없다. 그는 "군자삼락君子三樂"을 말하면서 교육의 즐거움을 말했다(「진심」상 20). 즉 일락이 부모님이 살아계시고 형제가 탈 없이 사는 일이고, 이락이 하늘과 땅에 부끄러움이 없는 일이고, 삼락이 천하의 영재를 얻어서 교육하는 일이다.

이렇게 맹자는 가르치는 즐거움을 말하면서 또 하나의 교육에서는 자신도 어렵다는 말을 솔직하게 털어놓았다. 그것이 바로 부모가 자기 자식을 가르치는 일이다. 물론 주위를 보면 자기 자식을 잘 가르치는 경우도 적지 않다. 그럼에도 자식 교육은 어렵기도 할 뿐만 아니라 부모 뜻대로 잘되지 않는다. 우리는 이 원인을 부모의 욕심, 집안 환경, 세대 차이 등에서 찾을 수 있다. 자기 자식 교육이 어렵다는 맹자는 그 원인을 어디에서 찾고 있을까? 함께 그의 이야기를 들어보도록 하자.

승당__공손추: 군자가 자식을 직접 가르치지 않는데, 왜 그런가요? 맹자: 분위기로 그럴 수가 없네. 교육이란 반드시 올바른 길로 이끈다. 자식이 올바른 길로 이끌어지지 않으면 부모가 화가 치밀게 된다. 화가 치밀게 되면 도리어 자식에게 상처 준다. 또 자식이 '어버이가 나를 올바른 길로 이끌지만 어버이도 아직 올바른 길로 나아가지 못한다'라고 생각하면 부모와 지식이 서로 상처 주게 된다. 부모와 자식이 서로 상처 주면 관계가 더욱 나빠진다. 옛날에 군자는 서로 자식을 바꿔서 가르쳤다. 부모와 자식 사이에는 도덕적 선을 요구하지 않는다. 도덕적 선을 요구하면 관계가 멀어지게 되고 관계가 멀어지면 불행이 이보다 더 큰 것은 없다.

公孫丑曰, 君子之不敎子, 何也? 孟子曰, 勢不行也.
공 손 추 왈 군 자 지 불 교 자 하 야 맹 자 왈 세 불 행 야

敎者, 必以正. 以正不行, 繼之以怒. 繼之以怒,
교 자 필 이 정 이 정 불 행 계 지 이 노 계 지 이 노

則反夷矣. 夫子'敎我以正, 夫子未出於正也,'
즉 반 이 의 부 자 교 아 이 정 부 자 미 출 어 정 야

則是父子相夷也. 父子相夷, 則惡矣. 古者, 易子而敎之.
즉 시 부 자 상 이 야 부 자 상 이 즉 오 의 고 자 역 자 이 교 지

父子之間, 不責善. 責善則離, 離則不祥莫大焉.
부 자 지 간 불 책 선 책 선 즉 리 리 즉 불 상 막 대 언

입실___세勢는 '힘, 기세, 분위기'의 뜻이다. 정正은 '올바르다, 바로잡다, 시정하다'의 뜻으로 자식이 잘못하면 내버려두지 못하고 고치려고 하는 맥락을 나타낸다. 계繼는 '잇다, 이어지다'의 뜻으로 자식이 잘못을 바로잡지 않으면 부모가 그냥 넘어가거나 기다리지 못하고 금방 분노가 치민다는 맥락이다. 이夷는 '평평하다, 이민족'의 맥락으로 많이 쓰이지만 여기서는 독특하게 '상처 주다, 다치게 하다'의 뜻으로 쓰인다. 역易은 '바꾸다, 교환하다'의 뜻이다. 부모가 자기 자식에 욕심이 앞서서 객관화되지 않으므로 자식을 바꿔서 교육한다는 맥락이다. 책責은 '바라다, 요구하다, 따져 밝히다, 꾸짖다'의 뜻이다. 리離는 '멀어지다, 끊다'의 뜻이다. 상祥은 '상서롭다, 복'의 뜻이다. 불상不祥은 '상서롭지 않다, 불길하다'의 뜻으로 재殃와 의미상으로 서로 연결된다.

여언___무슨 일이 있었는지 제자 공손추가 대뜸 맹자에게 군자가 왜 직접 자기 자식을 가르치지 않는지 물었다. 군자가 맹자라면 맹자의 자식 이야기가 될 터이고, 범칭이라면 일반적인 부모의 이야기가 될 만하다. 아니면 공손추 자신의 이야기일 수도 있다. 이를 확정할 수 없으니 그냥 넘어가는 수밖에 없다.

공손추가 물어서 맹자가 대답하지만 그도 일찍부터 이 물음에 대해

생각한 적이 있는 듯하다. 곧바로 "세불행勢不行" 세 글자를 끄집어냈다. 맹자가 그리는 교육 현장은 선생님이 학생에게 "이렇게 하고 저렇게 하지 말자"라고 하는 분위기를 보인다. "이렇게 하자"라는 지시는 권유와 요구의 성격을, "저렇게 하지 말자"라는 지시는 금지와 처벌의 성격을 띤다. 전자대로 되면 선생님은 학생에게 칭찬하고 후자대로 되면 선생님은 학생에게 추궁하게 된다. 김홍도의 「서당도」를 떠올리면 쉽게 이해될 듯하다.

이런 분위기에서 부모가 자기 자식을 가르치면 두 가지 문제 상황이 생기게 된다. 첫째, 부모가 자식에게 여느 선생님처럼 "이렇게 하고 저렇게 하지 말자"라고 했을 때, 자식이 제대로 따라주지 않을 수 있다. 이때 부모는 자식에게 충분한 기회를 주기보다 금방 재요구를 해도 뜻대로 되지 않으면 화가 치밀게 된다. 화가 어떤 말과 행동으로 나아갈지는 독자의 상상에 맡긴다. 이렇게 되면 부모가 자식을 가르치려다가 오히려 자식의 마음에 깊은 상처를 남기게 된다.

둘째, 자식이 자신더러 "이렇게 하고 저렇게 하지 말자"라는 부모를 관찰해보면 부모도 그대로 살지 못하는 실례를 볼 수 있다. 이때 자식이 부모더러 "저더러 이래라저래라 해놓고 부모님은 왜 그렇게 하지 않느냐?"라고 항의하게 된다. 이렇게 되면 부모가 자식을 잘 가르치는 문제는 내버려두고 부모와 자식의 사이가 나빠지게 된다.

맹자는 이 두 가지 상황을 충실히 설명한 다음에 옛날부터 당시까지 전해 내려오는 전통적 자식 교육의 명언을 읊조린다. "易子教之." 이 말에는 "나도 뜻대로 안 돼! 당신도 그럴 거야!"라는 어감도 들어있고 "자식 교육은 부모 뜻대로 되지 않아!"라는 개인적 술회도 들어있다.

여기서 이야기를 그칠 듯하더니 맹자는 또 서로서로 더 잘하라고 이래라저래라 요구하는 "責善" 개념을 끄집어낸다. 責善은 친구 사이에 가능할지 몰라도 부모와 자식에는 통하지 않는다는 말이다. 부모와 자식 사이에 責善을 하게 되면 위에서 말한 두 가지 문제 상황이 생기기 때문이다. 오늘날 우리는 責善을 시도조차 못 할 뿐만 아니라 자식을 학원으로 내몰고 있으니 잘한다고 할 수 있을까?

41 선심 ——— 모든 사람이 기뻐하는 정치

매인열지每人悅之(「이루」하 2)

입문＿선거철이 되면 입후보자들은 전통시장을 찾아 떡볶이, 순대, 어묵 등을 먹는다. 그러면 언론은 서민 탐방이라는 맥락에서 사진을 찍어 보도를 내보낸다. 이러한 사진은 정치인이 저 높은 곳에 있는 존재가 아니라 시장에서 누구나 즐기는 음식을 함께 먹는다는 인상을 주려는 듯하다. 정치인 중에는 평소 이런 보여주기식 장면 연출에 반대한다고 말하면서도 정작 선거 열기가 뜨거워지면 예외 없이 캠프의 인원을 대동하여 우르르 시장으로 몰려가 어묵을 먹는 장면을 연출한다.

국민이 입후보자들 중에서 좋은 사람에게 투표하지만 오늘날 사실 정치인의 면면을 속속들이 알기가 쉽지 않다. 각자 본업이 있으므로 신경을 쓸 여력이 많지 않을 뿐만 아니라 짧은 시간에 입후보자들의 정책을 들여다보기가 쉽지 않기 때문이다. 정치인들은 현대 정치의 이런 한계를 연출된 이미지를 통해 "좋은 사람임"을 보여주려고 하는 것이다.

이런 보여주기식 정치의 비판은 어제오늘의 일이 아니다. 선거제의 시작과 함께 있었다고 할 수 있다. 많은 비판에도 불구하고 앞으로도 없어지지 않을 듯하다. 흥미롭게도 맹자도 정나라 정치인 자산子産이 보여주기식 정치를 한다고 비판했다. 자산이 뭘 어떻게 했길래 맹자가 그를 신랄하게 비판하는지 그 맥락을 살펴보도록 하자.

승당___자산이 정나라의 정치를 맡고 있을 때 자신이 타는 수레로 진수와 유수에서 사람을 건네주었다. 맹자: 사랑을 베풀었지만 정치를 펼칠 줄 모른다. 때가 가을걷이가 끝나는 11월에 도강이 완성되고 12월에 여량이 완성되면 백성들이 강을 건너다니느라 힘들이지 않는다. 군자가 정치를 공평하게 한다면 길을 다니며 벽제(행인 통제)를 하더라도 괜찮다. 어찌 사람마다 모두 강을 건네줄 수 있는가? 그러므로 위정자가 어느 때에나 다 사람을 기쁘게 해주려면 시간이 모자랄 것이다.

子産, 聽鄭國之政, 以其乘輿, 濟人於溱洧. 孟子曰,
자산 청정국지정 이기승여 제인어진유 맹자왈
惠而不知爲政. 歲十一月, 徒杠成, 十二月, 輿梁成,
혜이부지위정 세십일월 도강성 십이월 여량성
民未病涉也. 君子平其政, 行辟人, 可也,
민미병섭야 군자평기정 행벽인 가야
焉得人人而濟之? 故爲政者, 每人而悅之, 日亦不足矣.
언득인인이제지 고위정자 매인이열지 일역부족의

입실___자산子産은 정나라 대부로 이름이 공손교公孫僑이다. 청聽은 '듣다, 받아들이다'의 뜻으로 여기서는 보고를 받고 결정을 내린다는 맥락이다. 이에 왕이 신하가 아뢰는 정사에 관한 내용을 자세히 듣고 판단한다는 청정聽政의 용어가 생겨났다. 여輿는 '수레'의 뜻이다. 제濟는 '건너다, 건지다, 구하다'의 뜻으로 자산이 사람을 수레에 태워 강을 건넌다는 맥락이다. 진유溱洧는 당시 정나라에 흐르던 강 이름으로 오늘에 허난성河南

省에 있다. 혜惠는 '은혜, 도움'의 뜻이다. 십일월十一月은 주나라 달력으로, 하나라 달력으로 환산하면 9월이 되어 추수가 끝날 시절을 가리킨다. 도徒는 '걷다, 도보'의 뜻이다. 강杠이 사람만 건너다닐 수 있는 '작은 다리'의 뜻이다. 여량輿梁은 사람과 수레가 다닐 수 있는 '큰 다리'의 뜻이다. 평平은 '다스리다, 공평하다'의 뜻이다. 벽辟은 '임금, 법'의 뜻으로 쓰이지만 여기서는 '지위가 높은 사람이 행차할 때, 벼슬아치의 집에서 사사로이 부리는 하인이 일반 사람들의 통행을 금한다'는 벽제辟除의 맥락으로 쓰인다. 매每는 '늘, 언제나, ~마다'의 뜻이다. 일日은 '해, 태양, 시간'의 뜻이다.

여언___먼저 정나라 자산과 맹자는 동시대 사람이 아니다. 자산(BC ?~522)은 춘추시대 인물로 역사에서 훌륭한 정치가로 평가를 받았다. 그는 사방이 강대국으로 둘러싸인 정나라의 지정학적 조건에서 실용과 중립 외교를 펼쳐 국정의 안정을 꾀했고 나름대로 성공을 거두었기 때문이다. 맹자는 널리 알려진 미담을 통해 유능하고 훌륭한 정치가로 알려진 자산의 실상을 검증하고자 했다.

이야기는 자신이 수레를 타고 정나라에 흐르는 진수와 유수 지역을 갔을 때 있었던 일화이다. 자산 일행이 그 지역에 도착했을 때 몇몇 사람들이 강을 건너지 못하고 서성거리고 있었다. 이를 본 자산은 자신의 마부에게 강을 건너지 못하는 사람을 태우도록 지시했다. 이렇게 해서 강을 건너지 못해 발만 동동거리던 사람들은 자산의 도움을 무사히 안전하게 길을 갈 수 있었다.

이 이야기가 널리 알려지자 자산은 백성들의 어려운 처지를 모른 체하지 않고 도움의 손길을 내미는 평가를 받게 되었다. 맹자는 일단 이를 백성들에게 사랑을 베푸는 은인恩人의 리더십으로 보았다. 이야기가 여기까지라면 자산은 훌륭한 정치인으로 남을 것이다. 하지만 맹자가 어떤 사람인가? 그는 은인 리더십의 단점을 파고들었다.

자산은 당시 진수와 유수를 건너야 하는데 강물 때문에 건너지 못하는 사람을 봤을 때 안타까워서 그들을 자신의 수레에 태울 수 있다. 하지만 당시 그 자리에 없지만 그 이후에도 진수와 유수를 건너야 하는 사람들은 어떻게 될까? 그때마다 자산이 수레를 보내서 강을 건네줄 수 있을까? 그렇게 한다면 인근 지역 사람들은 예외 없이 자산의 조치에 대해 기뻐할 것이다.

하지만 문제는 그럴 수가 없다는 점이다. 그렇다면 자산이 당시 진수와 유수를 건너지 못하는 사람들을 봤을 때 어떻게 해야 할까? 가을 추수가 끝나면 백성들이 한가로워진다. 이때 사람을 동원해서 사람만 건널 수 있는 도강徒杠이나 수레까지 통행할 수 있는 여량輿梁을 가설한다면 당시만이 아니라 후세까지 도움을 받을 것이다. 이것이 바로 자산의 은인 리더십, 즉 "每人悅之"를 한 단계 업그레이드하는 근본 대책이라고 할 수 있다.

오늘날 우리도 선거 때가 되면 시장을 찾아 시민들과 어울리며 어김없이 어묵을 먹는데, 당선이 되고 나서 시장에서 살폈던 문제를 풀지 못하는 정치인이 없는지 찾아봐야 한다. 없다면 "徒杠輿梁"의 정치로 국민이 기뻐할 행운이고, 있다면 每人悅之의 정치로 그땐 잠깐 기쁠 뿐 이후엔 슬픈 불행이 계속될 수 있다.

42
집념

스스로 터득하여 근원을 만나다

자득봉원自得逢原(「이루」하 14~15)

입문——나는 성균관대학교 유학대학에 부임한 지 20년이 넘었다. 그사이에 학생을 대하는 태도가 많이 달라졌다고 한다. 학생들의 말에 따르면 처음에 말도 붙이지 못할 정도로 엄격하다가 조금씩 말랑말랑해져서 지금은 이전보다 훨씬 부드러워졌다고 한다. 초기 학생들은 후배를 보면 지금도 엄격하다고 하지만 예전과 비교할 수도 없다고들 말한다.

수업 시간에 다루는 자료 분량도 많고 진도도 빨리 나가고 과제를 모두 제출한 뒤에 학기 말에 반나절 이상 모두 발표한 적이 있다. 그렇게 하고도 A+ 학점을 잘 주지 않았다. 나는 조금씩 달라지긴 해도 큰 틀에서 변화가 없다고 생각하지만 학생들이 '변했다'고 하니 그것도 사실로 받아들인다.

아마 학생들은 나에게 "왜 그렇게 엄격했느냐?"라고 묻고 싶을지 모르겠다. 한두 차례 설명한 적이 있다. 요리사가 칼을 잘 사용하면 여러 사람의 입맛에 맞는 좋은 요리를 할 수 있지만 잘못 사용하면 자신을 다치게도 하고 다른 사람에게도 해가 될 수 있다. 이런 사실은 누구나 알고 있는 사항이므로 더 이상 설명이 필요 없다. 철학을 전공으로 하여 학위를 받게 되면 그 사람은 소속한 집단에서 철학을 전공하는 대표자가 된다. 그 사람이 뭐라고 말하면 다들 그게 사실이라고 생각하기 쉽다. 특히 박사라고 한다면 말 한마디의 공신력이 더 크다고 할 수 있다.

이런 상황을 고려하면 학위를 마치는 과정에서 철저하게 확인하고 면밀하게 사고하여 정확하게 말하는 또는 글 쓰는 버릇을 들이지 않으면 안 된다. 깊이 그리고 넓게 생각하지 않고 말하면 약의 남용이 사람을 더 아프게 하듯이 말의 남용이 사람을 더 아프게 할 수 있기 때문이다. 나는 철학을 배우는 사람이라면 말의 남용과 글의 오용에 대해 깊은 경각심을 가져야 한다고 생각한다. 맹자는 철학 공부에 대해 무엇을 조심하고 무엇에 주의하라고 하는지 함께 살펴보도록 하자.

승당 군자가 도리에 따라 한 걸음씩 더 깊숙하게 나아가는데, 이는 스스로 깨달아 알아내려고 하기 때문이다. 이렇게 스스로 깨달아 알아내면 도리에 더 편안하게 머무르고, 도리에 더 편안하게 머무르면 도리에 더 깊이 의거하게 되고, 도리에 더 깊이 의거하게 되면 도리를 여기저기에 끌어내다가 마침내 근원에 맞닿게 된다. 그러므로 군자는 스스로 깨달아 알아내려고 한다. … 널리 배워서 빈틈없이 말하다가 결국 방향을 돌려 고갱이를 말해야 한다.

君子深造之以道, 欲其自得之也. 自得之, 則居之安,
군 자 심 조 지 이 도   욕 기 자 득 지 야   자 득 지   즉 거 지 안
居之安, 則資之深, 資之深, 則取之左右, 逢其原,
거 지 안   즉 자 지 심   자 지 심   즉 취 지 좌 우   봉 기 원
故君子欲其自得之也. …
고 군 자 욕 기 자 득 지 야
博學而詳說之, 將以反說約也.
박 학 이 상 설 지   장 이 반 설 약 야

입실 앞부분은 "a이면 b이고 b이면 c이고 c이면 d이다"라는 식으로 앞뒤 구절이 맞물려서 이어지는 연쇄법으로 되어있다. 연쇄법은 앞뒤가 선후로 이어지는 연계와 논의가 더 깊어지는 점증의 리듬감을 보여준다. 심深은 '깊다, 깊숙하다, 깊게 하다'의 뜻으로 여기서는 조造 자를 꾸며

주는 부사 역할을 한다. 조造는 '나아가다, 세우다'의 뜻이다. 자득自得은 스스로 깨달아 알아내는 맥락을 가리킨다. 안安은 '몸이나 마음이 걱정 없이 편하고 좋다'의 뜻이다. 자資는 '바탕, 돕다, 의거하다, 의지하다'의 뜻이다. 봉逢은 '만나다'의 뜻이다. 원原은 '근원, 기원'의 뜻이다. 박博은 '넓다, 넓히다'의 뜻이다. 상詳은 '자세하다, 자세히 밝히다'의 뜻이다. 반反은 반返과 같이 '돌아오다, 돌이키다'의 뜻이다. 약約은 '묶다, 합치다, 대강, 고갱이'의 뜻이다.

여언___ 같은 영화도 한 번 볼 때는 줄거리 파악에 급급하다. 특히 빠르게 전개되는 흐름을 놓치지 않으려면 깊이 생각하지도 못하고 다음으로 넘어가게 된다. 이 때문인지 봤던 영화를 다시 보면 첫 번째 볼 때 놓친 장면이며 내용이 뜻밖에도 참 많다는 걸 알 수 있다. 심한 경우 "저런 장면이 영화에 있어서?"라고 할 정도로 낯선 장면이 적지 않다.

마찬가지로 내가 "仁義禮智"라는 도리에 따라 산다고 하더라도 나와 도리의 만남이 처음에는 그리 깊지 않다. 운동을 배울 때 한두 번 연습으로 잘할 수가 없다. 2020 도쿄 올림픽 여자 양궁 단체전에서 우승한 강채영 선수는 하루에 500발 이상을 연습한다고 한다. 그래도 매 시합에서 생각하는 대로 점수가 나오지 않을 때가 있다고 한다. 하지만 이렇게 연습을 하다 보면 뜻대로 되지 않을 수 있는 변수를 지속적으로 줄이고 내가 보내고 싶은 대로 쏠 수 있는 역량을 기르게 된다.

우리가 사람의 도리를 실천하다 보면 조금씩 더 잘되거나 더 나아지는 느낌을 가질 수가 있다. 오늘은 어제의 그 느낌을 가지고 또 실천하면 운동에서 실력이 늘어나듯이 도리를 실천하는 역량이 늘어나게 된다. 맹자는 그렇게 역량이 늘어나는 과정을 "自得"에서 출발하고 있다. 감독이 아무리 설명하고 교정하더라도 결국 선수가 모든 것을 자신의 것으로 만들지 않으면 안 된다. 이것이 自得이다.

이렇게 自得의 과정을 거치게 되면 거안居安, 자심資深, 취좌우取左右, 봉원逢原의 4단계를 지나게 된다. 居安은 도리에 따른 삶이 편안해지는 것이고, 資深은 도리에 의거하는 깊이가 깊어지는 것이고, 取左右는 도리를 주위의 모든 과정과 연결시키는 것이고, 逢原은 이전의 과정을 철저하게 거치게 되면 더 이상 나아갈 수 없는 근원에 이르게 되는 것이다. 이 과정을 줄이면 "自得逢原"이다. 이를 달리 말한다면 널리 배우는 박학博學과 자세히 설명하는 상설詳說을 거쳐 고갱이를 말하는 설약說約을 닮았다고 할 수 있다. 이 과정을 줄이면 "博學說約"이다.

自得逢原과 博學說約은 도덕을 비롯하여 한 분야에서 "이러면 되겠다!"라는 터득에서 출발하여 그 분야의 최고로 나아가는 과정을 참으로 여실하게 설명하고 있다. 오늘날도 여전히 그 빛을 발하는 "정문일침頂門一鍼"의 말이라고 할 수 있다.

43 순서 ──── **구덩이를 채우고서 앞으로 나아간다**

영과후진盈科後進(「이루」하 18)

입문 외국어든 운동이든 배울 때 선생과 학생의 관심이 다르다. 선생은 기초부터 차근차근 가르치려고 하고 학생은 기초를 빨리 떼고 본론으로 들어가려고 한다. 외국어라면 선생은 철자며 단어며 하나하나 꼼꼼히 익히기를 바라지만 학생은 외국인과 대화를 빨리 하고 싶어 한다.

나도 한때 검도를 배울 때 발동작이며 목검 내리치기를 서너 달 계속 하면서 바로 옆에서 대련하는 선배들이 무척 부러웠던 적이 있다.

모든 것은 기초에서부터 하나씩 살을 붙여나가고 어떤 수준에 이른다. 기초가 뼈대라고 한다면 이후는 살을 붙이는 단계라고 할 수 있다. 배우는 학생은 뼈대보다 살에 더 관심이 있지만 선생은 늘 살보다 뼈대에 더 집중하라고 요구하니 두 사람의 관심이 한곳으로 모이기가 쉽지 않다. 물론 유능한 선생이라면 뼈대의 중요성을 잘 설득해서 학생이 다른 생각을 하지 않도록 할 것이다. 맹자도 공부를 할 때 단계를 뛰어넘는 엽등躐等에 대해 부정적이었다. 그가 왜 엽등에 부정적인지 함께 살펴보자.

승당___서자: 공자가 자주 물을 두고 예찬하면서 "물이여, 물이여!"라고 했는데, 도대체 물에서 무슨 의미를 끌어냈는지요? 맹자: 끊임없이 솟아나는 근원은 밤낮을 가리지 않고 콸콸 흘러 도중에 구덩이가 있으면 가득 채우고 앞으로 나아가서 결국 바다(황해)에 이른다. 학문에 근원이 있으면 물의 흐름과 같을 수 있다. 이런 취지를 끌어냈을 뿐이다. 만약 근원이 없으면 칠팔월 사이에 소나기가 내려 빗물이 모여 흐르면 밭의 도랑을 모두 채운다. 그 물이 마르는 시간은 그냥 서서 기다릴 수 있을 정도로 짧다. 그러므로 명성이 실제보다 지나치게 되면 군자는 부끄러워한다.

徐子曰, 仲尼亟稱於水, 曰, "水哉水哉!" 何取於水也?
서 자 왈 중 니 극 칭 어 수 왈 　 수 재 수 제 　 하 취 어 수 야
孟子曰, 原泉混混, 不舍晝夜, 盈科而後進, 放乎四海.
맹 자 왈 원 천 혼 혼 불 사 주 야 영 과 이 후 진 방 호 사 해
有本者如是, 是之取爾. 苟爲無本, 七八月之間雨集,
유 본 자 여 시 시 지 취 이 구 위 무 본 칠 팔 월 지 간 우 집
溝澮皆盈. 其涸也, 可立而待也. 故聲聞過情, 君子恥之.
구 회 개 영 기 학 야 가 립 이 대 야 고 성 문 과 정 군 자 치 지

입실___서자徐子는「등문공」상 5에 나오는 맹자의 서벽徐辟을 가리킨다. 중니仲尼는 공자의 자字인데 둘째 아들이라 중仲이 들어가고 얼굴이 짱구라 니尼가 들어간다. 극亟은 '자주, 빈번하게'의 뜻이다. 칭稱은 '좋게 말하다, 예찬하다'의 뜻이다. 취取는 '골라 뽑다, 끌어내다'의 뜻이다. 혼혼混混은 힘차게 흐르는 모양을 나타내는 의성어로 '콸콸'로 옮긴다. 한문 번역에서 의성어와 의태어를 잘 옮기면 의미가 훨씬 자연스럽게 전달된다. 많은 번역에서 고수라는 분들도 이 점을 제대로 살리지 못하고 있어서 아쉽다. 사舍는 '버리다, 가리다'의 뜻이다. 주야晝夜는 '밤낮'의 뜻이다. 영盈은 '채우다, 메우다'의 뜻이다. 과科는 '구덩이'의 뜻으로 물길에서 한층 더 파여 깊은 곳을 가리키는 맥락이다. 방放은 '이르다, 다다르다'의 뜻이다. 사해四海는 중국을 기준으로 하면 동해가 되고 우리로 보면 서해가 된다. 우雨는 '빗물'의 뜻이다. 구회溝澮는 밭 사이에 난 넓지 않은 도랑을 가리킨다. 학涸은 '물이 마르다'의 뜻이다. 가립이대可立而待는 '서서 기다린다'의 뜻으로 아주 짧은 시간을 가리킨다. 과過는 '넘치다, 지나치다'의 뜻이다. 정情은 '실정, 사실'의 뜻이다. 치恥는 '부끄러워하다'의 뜻이다.

여언___서벽이 공자를 들먹인 이야기는『논어』에서 공자가 강가에서 "흘러가는 것이 이와 같구나, 밤낮을 가리지 않는구나(逝者如斯夫, 不舍晝夜)!"라고 한 말에 바탕을 두고 있다(「자한」). 나는 공자와 맹자의 유적지를 찾아 방학이 되면 산둥성 곳곳을 누빈 적이 많다. 이 이야기와 관련해서 물을 바라보았다는 관천정觀川亭 유적지를 찾은 적이 있다.

하나는 어머니 안징재가 자식을 낳아달라고 니산尼山에서 기도를 해서 공자를 낳게 되는데, 니산에 가면 공자가 강물을 바라보았다는 관천정觀川亭이 있다. 지금은 그 주위로 물이 흐르지 않아 공자의 감상을 추체

험해볼 수는 없어 안타깝다. 또 취푸曲阜 외곽에 있는 다른 곳의 관천정을 찾으니 니산의 관천정과 달리 물가에 있어 공자의 기분을 조금 맛볼 수 있었다. 조만간 공자의 유적지 답사 자료를 별도의 책으로 낼 때 자세하게 소개하려고 한다.

맹자는 서벽의 질문을 듣고 『논어』에 나오지 않은 이유를 풀이하게 되었다. 한강의 검룡소처럼 발원지에서 솟아나는 물은 서울에서 보는 물과 다르다. 하지만 발원지의 물이 거대한 흐름이 되려면 쉬지 않고 솟아나서 끊임없이 흘러야 한다. 그렇지 않으면 물이 흐르다 지하로 빠지거나 말라버려서 제주도에 가면 쉽게 볼 수 있는 건천乾川이 되어버린다.

이때 물은 물길을 따라가다 강바닥에 구덩이가 나있으면 그곳에 물을 채우고 앞으로 나아간다. 강물은 구덩이를 건너뛰고 앞으로 나아갈 수가 없다. 이렇게 계속 흐르다 보면 중국 대륙의 물이 모두 황해로 흘러들어간다. 이는 "盈科後進"의 결과이다. 발원지의 물이 적지만 그 물이 계속해서 콸콸 솟아나서 흐르다 다른 물과 만나 끊이지 않기 때문에 가능한 일이다.

맹자는 여기까지 이야기를 해놓고 이야기의 방향을 학문으로 틀어버린다. 물의 발원지가 공부의 근원으로 바뀐다. 공부도 근원(선생)이 있어야 바다로 흐르는 盈科後進의 물처럼 학생이 일가를 이룰 수 있는 것이다. 긴장을 풀고 있으면 맹자가 혹 치고 들어오는 걸 놓치게 된다. 이어서 다시금 여름날 소나기가 퍼부어 밭의 도랑이 강처럼 되지만 물이 금방 마르듯이 공부도 근원이 없으면 처음에 반짝하다가 금세 밑천이 바닥나게 된다는 말을 되풀이하고 있다. 기본과 근원의 가치는 아무리 강조해도 결코 지나치지 않은 법이다. 하나 배워 열을 알았다고 큰소리를 치면 맹자가 경고하는 "聲聞過情"의 실례가 된다.

44
배려

백성을 살피기를 환자처럼

시민여상視民如傷(「이루」하 20)

입문___과거의 군주나 오늘날의 정치인은 하나같이 정치를 잘하려고 한다. 하지만 정치는 수학 문제를 풀듯이 답을 간단하게 찾을 수가 없다. 하나의 문제에 사람끼리 지역끼리 이해관계가 얽혀있으면 모든 사람을 만족시키는 해답을 찾기가 쉽지 않다. 제주도의 제2공항 건설이나 영남권의 가덕도 공항 건설을 보면 더 이상 설명하지 않아도 알 수 있다. 또 대통령의 5년 단임제가 여러 측면에서 문제를 낳으므로 그 대안을 찾자고 한 지 오래되었지만 개헌의 전망은 아직도 불투명하다. 이도 정치적 이해관계가 복잡하게 얽혀있기 때문에 논의가 잘 진전되지 않는 것이다.

또 아무리 지혜가 많아도 끊임없이 생기는 문제를 뚝딱 해결할 수 있는 길을 찾기가 쉽지 않다. 이때 정치 지도자가 자신이 제일 잘나서 모든 것을 알고 있다고 생각하면 오히려 더 큰 문제를 낳을 수 있다. 함께 논의해도 다양한 변수를 놓칠 수가 있는데, 독선적이고 독단적인 결정은 효율적으로 보일지 몰라도 오히려 문제를 더 악화시킬 수가 있다. 이처럼 복잡하고 어려운 정치적 문제를 잘 해결하려면 어떻게 해야 할까? 맹자는 성현을 소개하면서 나름의 비법을 소개하고 있다.

승당___우왕은 맛있는 술을 싫어하고 훌륭한 말을 좋아했다. 탕왕은 늘 중용을 굳게 지키고 현자를 등용할 때 개인적 기준을 두지 않았다. 문왕은 편안한 백성을 보더라도 아픈 데가 있는 듯이 살피고 도리를 바라보면서 아직 다 살피지 못한 듯했다. 무왕은 가까운 사람을 깔보지 않고 먼 사람을 잊지 않았다. 주공은 우·탕·문과 무왕 세 왕의 모범을 아울러서 네 가지 일을 모두 실행하려고 생각했다. 그 과정에서 혹시 현실에 딱 들어맞지 않은 경우가 있으면 우러러 생각하고 낮을 이어 밤새도록 곱씹다가 다행히 정답을 찾으면 잠자리에 들지 않고 자리에 앉은 채로 동이 트기를 기다렸다.

禹惡旨酒, 而好善言. 湯執中, 立賢無方. 文王視民如傷,
우 오 지 주 이 호 선 언 탕 집 중 립 현 무 방 문 왕 시 민 여 상
望道而未之見. 武王不泄邇, 忘遠. 周公思兼三王,
망 도 이 미 지 견 무 왕 불 설 이 망 원 주 공 사 겸 삼 왕
以施四事, 其有不合者, 仰而思之, 夜以繼日, 幸而得之,
이 시 사 사 기 유 불 합 자 앙 이 사 지 야 이 계 일 행 이 득 지
坐以待旦.
좌 이 대 단

입실___우禹는 전설에 따르면 순임금 시절에 치수 사업을 성공적으로 완수하고 하나라의 시조가 된 인물이다. 오惡는 '싫어하다, 미워하다'의 뜻으로 '오'로 읽는다. 집執은 '잡다, 지키다'의 뜻이다. 중中은 '중도, 중용'의 뜻이다. 립立은 '세우다'의 뜻으로 인재를 등용한다는 맥락을 나타낸다. 방方은 인재 선발과 관련하여 개인적으로 선호하는 특정 기준을 가리킨다. 상傷은 '다치다, 아프다'의 뜻이다. 설泄은 '깔보다, 소홀히 하다'의 뜻이다. 이邇는 '가깝다'의 뜻으로 친인척처럼 사이가 가까운 사람을 가리키고 다음의 원遠과 상반된다. 망忘은 '잊어버리다, 챙기지 않다'의 뜻이다. 겸兼은 '포괄하다'의 뜻이다. 합合은 앞의 전례와 현실의 문제가 '딱 들어맞다, 일치하다'의 뜻이다. 앙仰은 '우러러다'의 뜻이다. 야夜는 '밤새, 밤

샘하다'의 뜻이다. 행幸은 '다행히, 운 좋게'의 뜻이다. 좌坐는 '앉다'의 뜻으로 잠자리에 들지 않고 생각에 집중하여 정리한다는 맥락이다. 단旦은 '새벽'의 뜻이다.

여언＿＿ 먼저 우왕이다. 그는 여기에 "禹好善言"으로 되어있지만 『서경』에 "우배창언禹拜昌言"으로 되어있는 고사의 주인공이다. 여기서 우왕은 자신이 왕이지만 모든 걸 다 알 수는 없다. 이 때문에 그이는 왕의 체면보다 정치 문제를 풀 수 있는 지혜에 초점을 맞춘다. 정치 문제를 해결하는데 도움이 되는 말이라면 절을 해서라도 들으려고 했다. 우왕의 개방적이며 허심탄회한 자세가 돋보인다.

두 번째로 탕왕이다. 그는 사고가 극단적으로 흐르지 않고 늘 "중용"의 기준을 잡았다. 아울러 사람을 등용할 때 자신의 개인적 기준, 예컨대 친소 관계 등에 조금도 좌우되지 않았다. 그러면 유능한 인재들이 탕왕 주위로 모이게 된다. 인재가 모이면 문제가 있더라도 머리를 맞대고 해법을 찾게 된다.

세 번째로 문왕이다. 그이는 아마 자식을 직접 키워본 듯하다. 사람은 자신이 저절로 혼자서 성장한 줄로 안다. 이런 생각을 가지고 있다가도 아이를 키워보면 많은 걸 알게 된다. 아이가 한 뼘이라도 큰다면 그 과정에는 엄마와 아빠의 숱한 노력과 눈물이 함께 묻어있기 때문이다. 밤에 아이가 열이 나면 크게 아플까 봐 걱정하느라 밤낮을 설치고 걸음마를 해서 집 밖에 나가면 넘어질까 봐 아이의 한 걸음 한 걸음에 초집중한다. 직장에서 어린이집이나 유치원에서 아이가 아프다는 전화를 받으면 만사 제쳐놓고 버선발로 뛰어간다. 아이가 최우선이기 때문이다. 부모가 아이 키울 때 심정을 한마디로 말하면 늘 "혹시 다칠까 봐!" 전전긍긍한다.

이것이 바로 문왕의 "視民如傷"이다.

네 번째로 무왕이다. 무왕은 문왕의 아들로 은나라 주왕紂王을 천자의 자리에서 축출하고 주나라를 천자의 나라로 만든 인물이다. 그이는 가까운 사람을 깔보지 않고 먼 사람을 잊지 않았다. 결국 하는 대우는 탕왕과 다르지만 결과는 동일하다. 인재가 탕왕 주위로 몰린 것처럼 무왕 주위에도 넘쳐나게 되는 것이다.

주공은 앞에서 소개한 성왕의 사례를 모두 종합하고자 했다. 그래도 현실에 들어맞는 해답을 찾지 못하면 밤샘을 해서라도 찾으려고 했다. 그렇게 해서 운 좋게 해법을 찾으면 잠자리에 들지 않고 새벽에 열리는 어전회의에 참가할 준비를 했다. 이렇게 보면 성왕들은 각기 개성을 보여주지만 결국 자신의 생각보다 인재의 생각에 경청하고 극단으로 흐르지 않고 중심을 잘 잡으며 백성들이 다칠까 봐 늘 염려하는 視民如傷이라는 돌봄의 리더십을 발휘하는 점에서 공통점을 보이기도 한다.

오늘날 우리 정치인들도 성왕들이 했던 리더십을 과거 일로 치부하지 말고 그것에 얼마나 가까운지 먼저 살펴볼 필요가 있다. 가깝다고 하는 대답이 선뜻 나오지 않는다면 정치 지도자가 되려고 하는 사람이라면 맹성猛省이 더더욱 필요하다.

5강

영웅과 제도의 「만장」상하
난관을 헤치고 시대의 틀을 만든 영웅의 이야기

'만장'은 제자 만장萬章의 질문으로 시작되므로 편명이 되었다. 이는 2강 「공손추」와 마찬가지로 제자가 편명이 된 경우라고 할 수 있다. 특이하게도 「만장」상의 9장은 모두 스승과 제자의 대화로 이루어져 있는데, 4장만 제자 함구몽咸丘蒙이 질문자로 나오지 나머지 8장은 모두 만장이 질문자로 나온다. 『맹자』의 편집에서 만장의 손길이 많이 들어간 곳으로 볼 수 있다. 반면 「만장」하의 9장은 다양한 질문자가 등장하고 또 맹자 혼자서 이야기를 이끌어가기도 한다.

「만장」은 유학사에 빠짐없이 등장하는 고대의 영웅 요堯, 순舜, 우禹, 탕湯만이 아니라 춘추전국시대의 공자와 백리해 사적의 사실성 여부를 논의하고 있다. 특히 순의 효孝 이야기가 강조되고 있는데, 그는 최악의 부모를 감동시켜 개과천선改過遷善하게 만드는 휴먼 드라마의 주인공으로 나온다. 맹자가 활약할 당시 유학사의 영웅에 대한 여러 갈래의 이야기가 있고, 이 이야기에는 믿을 수 있는 부분도 있다지만 과장의 창작이 들어있다는 걸 알 수 있다. 맹자는 구전의 설화와 고전의 해석에서 지나치게 흥미 위주로 각색하거나 영웅의 미담을 깎아내리는 이야기를 '가짜뉴스'로 규정하고 이에 반대하는 입장을 분명히 보여주고 있다.

11수의 내용은 다음과 같다. 불고이취不告而娶는 순이 부모에게 알리지 않고 결혼할 수밖에 없었던 상황을 해명하고 있다. 살순위사殺舜爲事는 이복동생 상象이 순을 죽이려고 혈안이 되어있는 불량 가족 또는 엽기 가족의 이야기를 다루고 있다. 순의 인간 승리로 끝나는 해피엔딩의 드라마를 보는 듯하다. 이의역지以意逆志는 『시경』처럼 고전 문헌을 해석할 때 주관적으로 해석하는 위험성을 밝히고 있다. 막지위이위자莫之爲而爲者는 후계 문제처럼 인생사에서 사람의 뜻만으로 되지 않고 천天과 명命이 작용하는 측면을 말하고 있다. 선각각후각先覺覺後覺은 사람이 신의 점지가 아니라 자신의 노력으로 성인의 경지에 올라 선각자가 되면 후각자를 계몽하는 역할을 하게 되는 특성을 밝히고 있다.

자육성군自鬻成君은 백리해가 스스로 노예로 팔려 가서 진나라 목공을 만났다는 그의 일화가 사실이 아니라는 점을 말하고 있다. 접석이행接淅而行은 공자가 제나라에서 뜻을 이루지 못하고 길을 떠날 때 밥 지으려고 솥에 담은 곡식을 건져낼 정도로 빨리 출발했다는 점을 말한다. 반면 공자가 조국 노나라를 떠날 때 자신의 걸음이 느릿하다고 말했다. 협장협귀挾長挾貴는 사람이 교제를 할 때 나이와 신분을 밝히는 실태를 꼬집고 있다. 사비위빈仕非爲貧은 벼슬살이가 좋은 세상을 만들어 백성들을 편안하게 해야지 가난을 해결하기 위한 것이 아니라는 점을 밝히고 있다. 욕입폐문欲入閉門은 리더가 현자를 부르면서 예의를 지키지 않으면 오기를 바라면서 문을 닫는 형국을 나타낸다. 불청역위不聽易位는 군주의 불합리한 점을 밝혔지만 계속해서 시행을 거부한다면 아예 왕위를 다른 사람에게 넘겨줄 수 있다는 무시무시한 이야기를 하고 있다.

부모에게 알리지 않고 결혼하다

불고이취不告而娶(「만장」상 2)

입문___과거에 결혼은 당사자의 의사보다 부모의 의사로 진행되었다. 나의 부모님도 결혼식 당일 날 신랑·신부가 서로의 얼굴을 처음 봤다고 한다. 지금으로서는 상상조차 하기 어려운 일이라고 할 수 있다. 아울러 과거의 혼담에는 꼭 매파 또는 중매쟁이가 있다. 중매쟁이가 신랑·신부 두 집으로 오고 가며 중간에서 다리를 놓았다. 지금은 중매쟁이가 결혼 중개회사로 바뀐 셈이다.

지금으로서 과거의 결혼 방식을 동의하기가 어렵고 또 동의할 수도 없다고 생각할 것이다. 하지만 당시의 상황을 보면 "그럴 만하구나!"라고 이해가 가기도 한다. 결혼은 신랑·신부 모두에게 중대한 의미가 있다. 특히 신랑 집은 전혀 낯선 사람을 맞이한다는 점에서 기대도 되겠지만 사실 우려가 크다. 많은 정보가 있으면 자체 검증을 하겠지만 모든 것이 베일이 쌓여있다.

이때에 한해 중매쟁이가 양가를 자유롭게 오가며 서로가 서로에게 알고자 하는 정보를 매개할 수 있다. 따라서 당시로서 중매쟁이는 꼭 필요한 존재라고 할 수 있다. 또 당시 결혼은 신랑·신부의 애정보다 대를 잇는다는 사고가 더 강했으니 당사자보다 부모가 전면에 나서게 된 것이다.

그런데 조선 시대도 아니고 삼국시대도 아니고 춘추전국시대도 아니고 그 이전의 이전의 이전으로 무한 소급해가야 닿을 수 있는 요순의 시대에 중매쟁이가 없이 결혼을 한 일이 일어났다. 그것도 다른 사람이 아

194

니라 유학의 역사에서 상징 인물인 순이 말이다. 무슨 맥락인지 함께 살펴보도록 하자.

승당＿＿만장: … 순이 부모에게 알리지 않고 아내를 맞이하니 무엇 때문인가요? 맹자: 부모에게 알렸다면 아내를 맞이할 수 없었다네. 남성과 여성의 동거는 사람 사이의 큰 윤리이다. 만약 부모에게 알렸다면 사람 사이의 큰 인륜을 그만두게 되니 그 일로 부모를 못마땅하게 여겼을 것이다. … 만장: 부모가 순으로 하여금 창고를 손질하게 지붕에 올라가게 하고서 고수가 사닥다리를 치우고 창고에 불을 질렀다. 또 순으로 하여금 집안 우물을 치우게 해놓고 우물의 숨은 구멍으로 빠져나간 [줄 모르고] 흙으로 우물을 메웠다. … 맹자: 그러므로 군자는 그럴듯한 말로 사실을 속일 수 있지만 터무니없는 말로 거짓을 덮기 어렵다. 저이(상)는 형(순)을 염려하는 도리로 찾아왔다. 따라서 순도 진실로 믿고 기뻐했으니 어찌 거짓이겠는가?

萬章問曰, … 舜之不告而娶, 何也? 孟子曰, 告則不得娶.
만 장 문 왈　　　 순 지 불 고 이 취 하 야　맹 자 왈　고 즉 부 득 취
男女居室, 人之大倫也. 如告, 則廢人之大倫, 以懟父母.
남 녀 거 실　인 지 대 륜 아　여 고　즉 폐 인 지 대 륜　이 대 부 모
是以不告也. … 萬章曰, 父母使舜完廩, 捐階, 瞽瞍焚廩.
시 이 불 고 아　　　만 장 왈　부 모 사 순 완 름　연 계　고 수 분 름
使浚井, 出, 從而揜之. …
사 준 정　출　종 이 엄 지
故君子可欺以其方, 難罔以非其道. 彼以愛兄之道來,
고 군 자 가 기 이 기 방　난 망 이 비 기 도　피 이 애 형 지 도 래
故誠信而喜之, 奚僞焉?
고 성 신 이 희 지　해 위 언

입실＿＿고吿는 '알리다'의 뜻으로 순이 부모에게 자신의 혼담을 상의한다는 맥락이다. 취娶는 '장가들다, 아내를 맞다'의 뜻이다. 폐廢는 '그만두

다, 없어지다'의 뜻이다. 대懟는 '원망하다, 미워하다'의 뜻이다. 완完은 '손질하다, 고치다'의 뜻이다. 름廩은 '곳집, 창고'의 뜻이다. 연捐은 '버리다, 치우다'의 뜻이다. 계階는 '사다리'의 뜻이다. 고수瞽瞍는 순의 아버지이다. 준浚은 '치다, 치우다'의 뜻이다. 분焚은 '불사르다'의 뜻이다. 엄揜은 '덮다'의 뜻으로 흙으로 우물을 메우는 맥락을 가리킨다. 기欺는 '속이다, 속여넘기다'의 뜻이다. 망罔은 '덮다, 가리다'의 뜻이다. 위僞는 '거짓'의 뜻이다.

여언___ 순은 동아시아 문화사에서 유학의 가치를 완벽하게 실현한 사람(성왕) 중의 하나이다. 하지만 순은 다른 성왕과 다르다. 다른 성왕이 평탄한 삶을 살았거나 인류의 공통 문제를 해결한 영웅적 삶을 살았다면 순은 평범하기 그지없다. 그는 농부처럼 농사를 지었고 장인처럼 그릇을 구웠기 때문이다. 농부 또는 장인이 왕이 되었다고 할 수 있다. 물론 이것만으로 특기할 만한 일이다. 순의 인생에서 드라마틱한 요소가 남아있다. 다름 아닌 가족 이야기이다. 오늘날로 보면 거의 엽기 가족에 가까운 특성을 보여준다. 순의 아버지는 고수瞽瞍이다. 이 말은 눈에 장애가 있다는 뜻이다. 하지만 이는 아버지가 아버지, 나아가 사람의 도리를 잃어버렸다는 점을 중의적으로 '어두운 사람'으로 표현했다고 할 수 있다.

어머니가 돌아가시자 아버지가 재혼을 했다. 동아시아 문화에서 그 흔한 "계모 = 악모" 등식이 등장한다. 어머니는 상象이라는 이복동생을 데리고 왔다. 아버지는 재혼한 이후에 웬일인지 순을 못 잡아먹어서 난리이다. 더구나 아버지는 계모와 순의 이복동생 상 등과 합심하여 순을 괴롭혔다. 세 사람이 하는 일이라곤 순을 괴롭히는 일이다(46조목 "人誅弟封" 참조).

첫 번째 순의 결혼이다. 장성하면 결혼을 해야 할 텐데 순의 아버지는 자식의 혼사에 전혀 관심이 없었다. 이때 순은 결혼 문제를 두고 고민에 빠졌다. 결혼하려면 부모에게 알려야 하는데 알리면 결혼을 못 하게 할 터이기 때문이다. 순은 부모를 패스하고 혼담을 진행하여 결혼한 것이다. 전대미문의 일이지만 "후손이 없으면 가장 큰 불효를 저지르기(無後爲大)" 때문에 "不告而娶"를 대를 잇기 위한 불가피한 선택이라고 맹자도 인정한다(「이루」상 26).

순과 가족의 갈등은 여기에 그치지 않는다. 창고를 고치자고 해놓고 순이 지붕에 올라가자 사다리를 걷어내고 불을 지르지 않나, 우물을 청소하자고 해놓고 우물에 들어가자 흙을 부어버리지 않나, '가족'이라고 부를 수 없는 엽기 가족의 탄생이다. 이쯤 되면 순이 가정을 뛰쳐나와도 뭐라고 할 사람이 없을 듯하다. 하지만 순은 한결같은 마음으로 가정을 지켜 아버지, 계모, 이복동생을 변화시켰다. 의지의 순이라고 할 수 있다. 이런 순이 천자가 된다면 누구라도 개과천선하지 못할까? 이 시대에는 기대하기 어려운 방식이다. 가족 간 폭력도 범죄가 되기 때문이다. 그 시대에는 그랬다는 말이다.

46
인정

남은 죽이고 동생은 출세시키다

인주제봉인誅弟封(「만장」상3)

입문___45조목 "不告而娶"에서 아버지, 계모, 이복동생이 순에게 한 일은 "어떻게 그럴 수 있냐?"라는 공분을 일으킬 만하다. 세 사람이 벌인 일을 압축하면 "어떻게 하면 순을 죽일 수 있을까?"라고 고민하고 연구하는 "殺舜爲事"라고 할 수 있다. 아마 청부살인까지 동원했다면 엽기 가족을 다룬 한 편의 영화에서 빠진 것이 하나도 없는 소재의 종합 세트가 되었으리라.

순의 전설에 대한 자료가 많이 남아있지 않기 때문에 "아버지가 나(순)에게 도대체 왜 그랬는지?"의 동기를 알 수가 없다. 또 순이 그러한 학대를 당하면서도 엽기 가족에서 탈출하지 않고 그 자리를 묵묵히 지킨 이유를 알 수가 없다. 어느 유능한 시나리오 작가가 이 공백을 메우든지, 아니면 나라도 훗날 귀모뤄郭沫若(1892~1978)가 『고사신편故事新編』에서 고사를 콩트로 재구성한 실력을 본받아 "엽기 가족: 순임금편"을 쓰고 싶다. 그만큼 소재가 특이하고 생각해볼 거리가 많기 때문이다.

지금으로서는 위의 물음을 의문으로 남겨놓을 수밖에 없다. 한 가지는 말할 수 있다. 유학에서는 사람이 아무리 악독한 짓을 하더라도 천생의 악마는 없고 일시적인 착란이나 친구의 꼬드김이나 시대의 영향으로 잠깐 나쁜 짓을 하지만 결국 선한 사람으로 돌아온다는 전제를 가지고 있다. 순도 아버지가 원래 그렇게 나쁘지 않았다고 생각했을 수 있다. 순이 천자가 되니 이전의 가족 문제는 모두 해결되었다. 하지만 새로운 문제가 불거졌다. 요즘 말로 하면 순이 "내로남불"을 했다는 것이다. 무슨 소리인지 함께 살펴보도록 하자.

승당___만장: 상이 날마다 순의 살해를 일로 삼았는데 순이 천자로 즉위하고서 상을 [처벌하지 않고] 추방했으니 왜 그런가요? 맹자: 상에게 [서울에서 떨어진 곳을] 영지로 주었는데 혹자들이 '추방했다'고 말하곤 한다네. 만장: [널리 알려졌듯이] 순이 천자가 되어 공공을 유주로 유배 보내고 환두를 숭산으로 추방하고 삼묘를 삼위에서 죽이고 곤을 우산에서 사형에 처했습니다. 이처럼 네 사람을 처벌하자 세상 사람이 모두 복종했습니다. 불인한(사람답지 못한) 자를 응징했기 때문이죠. 상도 지극히 불인한데 유비에 영지를 주었으니 유비 지역의 사람은 무슨 죄입니까? 인인(사람다운 사람)이 참으로 이와 같이 하는가요? [모두 사람답지 못한데] 타인이라면 처벌하고 동생이라면 영지를 주니까요. 맹자: 인인은 동생에 대해 노여움을 감추지 않고 원망을 묵혀두지 않고 친밀히 사랑할 뿐이네.

萬章問曰, 象日以殺舜爲事, 立爲天子, 則放之, 何也?
만 장 문 왈 상 일 이 살 순 위 사 립 위 천 자 즉 방 지 하 야
孟子曰, 封之也, 或曰放焉. 萬章曰, 舜流共工于幽州,
맹 자 왈 봉 지 아 혹 왈 방 언 만 장 왈 순 류 공 공 우 유 주
放驩兜于崇山, 殺三苗于三危, 殛鯀于羽山, 四罪,
방 환 두 우 숭 산 살 삼 묘 우 삼 위 극 곤 우 우 산 사 자
而天下咸服, 誅不仁也. 象至不仁, 封之有庳, 有庳之人,
이 천 하 함 복 주 불 인 야 상 지 불 인 봉 지 유 비 유 비 지 인
奚罪焉? 仁人固如是乎? 在他人則誅之, 在弟則封之.
해 죄 언 인 인 고 여 시 호 재 타 인 즉 주 지 재 제 즉 봉 지
曰, 仁人之於弟也, 不藏怒焉, 不宿怨焉, 親愛之而已矣.
왈 인 인 지 어 제 야 불 장 노 언 불 숙 원 언 친 애 지 이 이 의

입실 ＿＿ 일日은 '매일, 날마다'의 뜻으로 상이 수시로 순을 죽이려고 시도했다는 맥락을 나타낸다. 살殺은 '죽이다'의 뜻이다. 입立은 위位와 같은 뜻으로 '자리에 나아가다(卽位)'의 뜻이다. 이以~위爲~는 '~을(를) ~로(으로) 간주하다'의 뜻을 나타내는 관용 표현이다. 방放은 '내치다, 좇아내다'의 뜻이다. 봉封은 '임명하다'의 뜻으로 특정 지역을 영지로 주어 관할하게 한다는 맥락이다. 유流는 '유배'를, 방放은 '추방'을, 살殺은 '살해'를, 극殛은 '사형'을 가리킨다. 살은 대립 과정에서 일어난 일이고 극은 처벌의 한 형태로 일어난 일이다. 공공共工·환두驩兜·삼묘三苗·곤鯀 등은 원문에

서 사회질서를 저해하는 인물로 취급하지만 인류 문화로 보면 순의 지배에 대항하는 세력의 우두머리로 볼 수 있다. 유주幽州, 숭산崇山, 삼위三危, 우산羽山 등은 모두 땅 이름이다. 유비有庳는 땅 이름이다. 주誅는 '베다, 죄인을 죽이다'의 뜻이다. 장藏은 '품다, 간직하다, 감추다'의 뜻이다. 노怒는 '성, 화'의 뜻이다. 숙宿은 '묵혀두다, 담아두다'의 뜻이다.

여언__순은 요임금으로부터 천자의 자리를 물려받았다. 두 사람 사이에 피도 한 방울 섞이지 않았다. 이를 선양禪讓이라고 한다. 천자가 가족이 아니라 전국에서 현자賢者를 찾아 자신의 후계자로 삼은 것이다. 이렇게 순이 천자가 되고 나서 공공·환두·삼묘·곤을 처벌했다. 구체적인 혐의나 죄상이 알려지지 않는다. 원문을 보면 "不仁"이라는 죄목이 적혀있다. 순이 네 사람을 처벌하고 나자 천하의 모든 사람이 다 "그럴 만한 일을 했다"라고 수긍했다고 한다. 아마도 이 네 사람은 요순의 시대에 한 일이 많은 사람에게 피해를 주었거나 공분을 자아냈으리라 추측만 될 뿐이다. 자세히 알고 싶지만 자료의 한계 때문에 어쩔 수가 없다. 우리도 삼국시대 이전에 믿을 만한 사료가 많지 않은데 요순시대의 일이 버젓이 사료로 전해진다면 그게 이상이지 정상이라 할 수 없다.

만장은 새로운 문제를 제기했다. 순이 천자가 되고 나서 자신을 그렇게 괴롭힌, 아니 죽이려고 했던 이복동생 상을 어떻게 했냐고 물었다. 앞의 네 사람이 不仁하다고 처벌했으면 상도 결코 그에 밑지지 않을 것이다. 저들이 不仁으로 처벌되었으면 상도 不仁으로 처벌되어야 하지 않느냐는 것이다.

그런데 순은 상을 처벌하지 않고 유비 지역으로 영지를 주었다. "人誅弟封"의 처사이다. 이건 요즘 말로 하면 어김없이 내로남불이다. 네 사람은 사회에 공적으로 해악을 끼쳤다면 상은 순에게만 해악을 끼쳤으니 종류가 다르다. 또 세 사람이 회개하고 순이 용서하여 네 사람이 화합했으면 이전 상황은 정리된 것이다. 순은 새 사람이 된 동생에게 기회를 준 것이다. 이러한 설명에도 불구하고 '꼭 그렇게 해야 하는가?'라는 의구심이 완전히 사라지지는 않는다.

47 해석 — 독자의 뜻을 작가의 의도에 맞추다

이의역지以意逆志(「만장」상 4)

입문 언어라고 다 같지 않다. 수학과 인공지능의 언어는 시간과 공간을 초월하여 누구에게나 동일하게 이해된다. 문학의 언어는 읽는 사람마다 다르게 이해할 수 있다. 이 때문에 한동안 시를 포함한 문학의 언어는 명백한 의미를 전달하지 못하므로 아무런 의미가 없다고 간주되기도 했다.

지금은 고인이 된 마광수의 소설은 예술과 외설의 경계로 인해 뜨거운 논란을 빚었다. 정치인의 언어도 발화되어 논란이 되면 "맥락을 고려하지 않았다", "진의와 달리 왜곡되었다"라는 항변이 뒤따라 나온다. 이처럼 문학과 일상 언어는 논란을 잠재우기보다 오히려 논란에 논란을 거듭하는 불화를 낳곤 한다. 논쟁이 진행되더라도 양측의 의견이 수렴되지 않는다.

문제는 의견의 차이로만 머물지 않고 작품성이 간혹 국가 기관의 개입으로 사법적 평가의 대상이 된다. 과거의 필화筆禍와 사화士禍도 결국 글을 어떻게 읽느냐에 따라 촉발되었다. 오늘날에 읽으면 '아무렇지도 않은데', '이거 가지고 그렇게 난리를 피웠을까?'라고 생각할 수도 있지만 당시의 기준으로는 국기를 흔든다고 생각되기도 했던 것이다.

맹자도 시를 비롯한 문학 작품의 독해와 관련해서 다양한 해석이 가능하지만 나름대로 규범적인 해석을 준수해야 한다고 보았다. 그의 주장을 원문 속으로 한 걸음 더 들어가서 살펴보도록 하자.

승당___ 함구몽: …『시경』에 "온 하늘의 아래가 왕의 땅이 아닌 곳이 없고 온 땅의 끝까지 왕의 신하가 아닌 사람이 없다"라고 한다. 그렇다면 순이 이미 천자가 되었으니 감히 물어보건대 고수는 순의 아버지이지만 신하로 되지 않으니, 왜 그런가요? 맹자: 이 시는 당신이 물은 맥락을 말하는 것이 아니네. 시의 화자가 왕의 일로 고생하느라 자신의 부모를 제대로 돌볼 수가 없었다. 이에 "이는 왕의 일이 아닌 것이 없지만 나만 홀로 일이 많아 고생한다네"라고 한 것이다. 그러므로 시를 풀이하는 사람은 글자로 문맥을 해치지 않고 문맥으로 시인의 뜻을 해치지 않으며 독자의 뜻(의미)을 시인의 뜻(의도)에 맞게 하면 이와 같이 원의를 터득할 수 있다.

咸丘蒙: … 『詩』云, "普天之下, 莫非王土, 率土之濱,
  함구몽   시 운 보천지하 막비왕토 솔토지빈
莫非王臣." 而舜旣爲天子矣, 敢問瞽瞍之非臣, 如何?
막비왕신 이순기위천자의 감문고수지비신 여하
曰, 是詩也, 非是之謂也. 勞於王事, 而不得養父母也,
왈 시시야 비시지위야 로어왕사 이부득양부모야
曰, "此莫非王事, 我獨賢勞也." 故說詩者, 不以文害辭,
왈 차막비왕사 아독현로야 고설시자 불이문해사
不以辭害志, 以意逆志, 是爲得之.
불이사해지 이의역지 시위득지

입실___ 함구몽咸丘蒙은 맹자의 제자로 당시 함구咸丘가 노나라 지명으

202

로 노나라 출신으로 보인다. 시詩는 『시경』 「소아 북산北山」에 나오는 구절
이다. 보普는 '두루, 널리'의 뜻이다. 솔率은 '따르다, 거느리다'의 뜻이다. 빈
濱은 '물가, 끝'의 뜻이다. 고수瞽瞍와 순舜은 부자 관계이다. 기旣는 '이미,
벌써'의 뜻이다. 로勞는 '일하다, 힘쓰다'의 뜻이다. 왕사王事는 '왕의 일, 왕
을 위한 일'의 뜻이다. 양養은 '돌보다, 보살피다'의 뜻이다. 현賢은 '많다,
바쁘다'의 뜻이다. 설說은 '풀이하다, 해설하다'의 뜻이다. 문文은 '글자, 낱
말'의 뜻이다. 사辭는 '구절, 문맥, 구문'의 뜻이다. 역逆은 '맞이하다'의 뜻
이다.

여언__논란의 발단은 제자 함구몽이 순과 관련된 이야기를 하면서 시
작되었다. 아무리 왕정시대라고 해도 풍부한 덕을 지닌 士는 왕이라도 신
하 취급할 수 없고 부모라도 자식 취급할 수 없었다. 일종의 사회적 합의
였다. 그런데 순이 천자가 된 뒤 물러난 요가 신하 노릇을 하고 아버지 고
수도 신하 노릇을 했다는 말이 있는지 도대체 맞는지 어떤지 의문을 제
기했다. 이에 맹자는 그런 이야기는 믿을 만한 군자의 주장이 아니라 제
나라 동쪽 야인野人의 말로 치부해버렸다.

함구몽은 순이 천자가 되었어도 물러난 요를 신하로 한 적이 없다는
맹자의 풀이를 받아들였다. 이어서 그는 천하가 모두 왕의 땅이고 왕의
신하라는 시를 인용하며 순이 천자가 된 뒤 아버지 고수를 왜 신하 취급
하지 않았느냐고 물었다. 이에 맹자는 「북산」의 시가 아버지를 신하로 취
급하라는 맥락이 아니라 왕의 신하가 많고 많은데 시인이 유독 일이 많
아 고생이 심하고 불만을 나타내는 맥락으로 봐야 한다고 설명했다.

맹자는 「북산」의 정해를 통해 시 해석의 원칙 문제로 나아갔다. 글자
에 얽매여 문맥을 놓쳐서도 안 되고 문맥에 얽매여 시인의 진정한 의도를

놓쳐서도 안 된다. 초점을 시인의 의도에 두고 독자는 그것에 따라 시를 독해해야 한다. 즉 "以意逆志"이다. 이는 문학 작품의 독해에서 독자보다 작가에 비중을 두는 입장이다. 이 때문에 "작품이 공개되고 나면 더 이상 작가의 것이 아니다"라는 독자 위주의 문학관과 차이를 드러낸다고 할 수 있다. 맹자의 입장은 오늘날에도 여전히 주장되고 있으므로 틀렸다고 볼 필요는 없다.

작가의 의도를 중시하든 독자의 감상을 중시하든 시의 객관적인 의미마저 왜곡하는 독해는 정당화될 수 없다. 이러한 경우로 글의 확실한 뜻은 이해하지 못하면서 글자만 보고 대강 뜻을 짐작하는 망문생의望文生義가 있고, 남이 쓴 문장이나 시의 일부를 끊어내어 그 전체적인 뜻이나 작가의 본뜻과는 무관하게 자기의 필요에 따라 인용하는 단장취의斷章取義가 있고, 근거가 없고 이치에 맞지 않는 것을 억지로 끌어대어 자기에게 유리하도록 맞추는 견강부회牽強附會나 아전인수我田引水가 있다. 이는 어떤 이론에서도 옹호되기가 어렵다.

맹자의 주장이 자칫 작가 권위의 절대화로 오독되는 경우가 있다. 대구의 한자가 원래 大丘였는데 조선 영조 때 이양채가 성인의 이름을 함부로 쓸 수 없다고 상소하여 한자가 大邱로 바뀌게 되었다. 권위의 절대화가 문자의 신성화를 가져온 것이다. 아울러 특히 한문 전적의 경우 고유명사를 번역하는 촌극이 적지 않다. "호생불해浩生不害"(「진심」하 25)나 사람 이름 중간에 "이而" 자가 들어가는 경우에 이름인 줄 모르고 창조적으로 잘못 번역하곤 한다. 이러한 촌극이야 시간이 지나면 바로잡을 수 있지만 문학과 예술 작품을 두고 국가가 무시로 개입하는 관행은 만행이므로 지양되어야 한다.

48 자연

하지 않아도 그렇게 되는 것

막지위이위자莫之爲而爲者(「만장」상 6)

입문___재벌은 우리나라의 기업 경영에 나타나는 독특한 제도이다. 과거에 재벌의 경영권은 주로 오너의 자식에게 세습되었다. 물론 그 당시에도 소유와 경영을 분리하여 전문 경영인이 경영을 맡기도 했다. 우리나라에서 재벌의 경영권 승계는 오랫동안 줄기차게 논란을 거듭하고 있는 뜨거운 주제이다. 앞으로도 논란은 끝나지 않을 터이다.

동아시아 고대의 정치를 설명할 때 보통 "요와 순은 현자에게 권력을 넘기는 선양을 하고 우는 자식에게 권력을 넘기는 세습을 했다"라고 말한다. 나아가 "우왕에 이르러 부자 상속이 처음으로 나타났다"라고 말한다. 이에 대해 "제동야인齊東野人"(「만장」상 4) 같은 집단은 별의별 이야기를 지어낼 수 있다(47조목 "以意逆志" 참조). "우왕 시절에는 사회 전체적으로 덕망이 약해져서 선양이 일어날 수 없다"라고 하더라, "우왕이 개인적으로 자식에 양위를 하고 싶었다"라고 하더라 등등 이야기가 나올 수 있다. 이러면 우왕은 순 시절에 치수를 주관하여 홍수를 해결한 영웅의 일면도 있지만 사리사욕을 앞세운 일면도 있게 된다. 맹자는 우왕대에 일어난 왕위의 세습을 어떻게 설명하는지 함께 살펴보도록 하자.

승당___만장: 사람들이 전하는 말에 우왕에 이르러 덕행이 쇠퇴하여 후계의 자리를 현자에게 물려주지 않고 자식에 물려주었지요. 맹자: 아니지. 그렇지 않네. 하늘이 현자에게 건네게 하면 현자에게 건네고 하늘이 자식에게 건네게 하면 자식에게 건넨다. … 순과 우 그리고 우와 익이 서로 도운 시간이 오래되거나 멀거나 각자의 자식이 현명하거나 어리석거나 이는 모두 천에 달려있지만 사람이 어찌 할 수 있는 것(범위)이 아니다. 어떻게 하지 않더라도 그렇게 되는 것이 천이고, 이르게 하지 않았지만 이르는 것이 명이지.

萬章問曰, 人有言, 至於禹而德衰, 不傳於賢而傳於子,
만 장 문 왈 인 유 언 지 어 우 이 덕 쇠 부 전 어 현 이 전 어 자
有諸? 孟子曰, 否. 不然也. 天與賢則與賢, 天與子則與子.
유 저 맹 자 왈 부 불 연 야 천 여 현 즉 여 현 천 여 자 즉 여 자
… 舜禹益相去久遠,
순 우 익 상 거 구 원
其子之賢不肖, 皆天也, 非人之所能爲也.
기 자 지 현 불 초 개 천 야 비 인 지 소 능 위 야
莫之爲而爲者, 天也, 莫之致而至者, 命也.
막 지 위 이 위 자 천 야 막 지 치 이 지 자 명 야

입실___언言은 '이야기, 말'의 뜻으로 다음에 나오는 내용을 사람들이 사실인 양 떠든다는 맥락이다. 쇠衰는 '약해지다, 작아지다'의 뜻이다. 전傳은 '전하다, 물려주다'의 뜻으로 왕의 지위를 다른 사람에게 건네는 맥락이다. 諸는 '여러, 모든'의 뜻이면 '제'로 읽고 '지어之於'의 합친 글자이거나 허사로 쓰이면 '저'로 읽는다. 연然은 '그러하다'의 뜻으로 긍정을 나타내므로 불연不然이면 부정을 나타낸다. 여與는 '주다, 건네다'의 뜻이다. 우의 경우 현자는 익益이고 자식은 계啓인데, 하늘이 우왕의 자리를 계에게 물려주게 하므로 계가 후계자가 되었다. 불초不肖는 '선대를 닮지 못해 어리석고 우둔한 사람'을 가리킨다. 치致는 '이르게 하다'의 뜻이다.

여언___사실 요순시절의 왕위와 춘추전국시대의 왕위는 글자만 같을 뿐 그 권력과 영향력은 다르다. 철기 문화가 시작되기 이전에 부족 연맹은 가능할지라도 압도적 힘을 바탕으로 하는 정복왕은 등장할 수가 없

었다. 따라서 당시 왕은 춘추전국시대의 왕처럼 으리으리한 궁전을 짓고 권력을 행사한다기보다 공동체의 사안에 대해 경험이 많고 공동체의 문제가 생기면 오히려 자신을 희생하는 대상이었다. 이것이 우왕에 이르러 부족에서 가족으로 분화되면서 소유 관념이 생겨났다고 할 수 있다. 그런 측면에서 보면 요순시절이 무조건 순수하고 완전하기보다 소유와 세습이 일어날 사회적 조건이 성숙하지 않았다고 할 수 있다.

그렇다면 우왕 시절에서 그의 후계가 현자 익이 아니라 자식 계로 넘어간 일을 어떻게 설명할 수 있을까? 여기서 맹자는 천을 끌어들인다. 그렇지 않으면 우왕이 권력을 어떤 공정하고 합리적인 기준도 없이 마구잡이식으로 왕위를 자식에게 승계시킨 주인공이 된다. 이로써 우왕은 욕심이 많거나 자식 사랑이 지나친 인물이 된다. 맹자가 우왕을 욕심쟁이나 자식바보로 보는 해석에 만족할 리가 없다. 우왕이 계에게 왕위를 물려준 일은 사실이다. 이게 사실이라고 해서 우왕이 개인적인 판단으로 자식에 왕위를 물려주었다고 할 수는 없다. 이 지점에서 맹자는 중요한 두 가지 개념을 끌어들인다. 하나가 天이고 다른 하나가 命이다.

그의 개념 정의에 따르면 天의 이름으로 하는 일은 무진장 많다. 하지만 정작 天은 무엇을 하려고 직접 나서서 이렇게 하거나, 아니면 저렇게 하라고 끼어들지 않는다. 天은 자신에게 그대로 머물러있을 뿐이다. 하지만 세상은 天이 하고자 하는 대로 움직여간다. 天을 맹자는 "莫之爲而爲者", 즉 "어떻게 하지 않더라도 그렇게 되는 것"로 풀이하고 命을 "莫之致而至者", 즉 "이르게 하지 않았지만 이르는 것"이라고 풀이한다.

이에 의하면 세상의 일은 사람이 전적으로 계획하고 추진하는 영역이 아니다. 사람도 있지만 사람을 넘어 天과 命의 영역이 분명히 있다. 이 논리에 따르면 우왕의 자리가 현자 익으로 가지 않고 자식 계로 가게 되었는데, 여기서 우왕이 계획하고 추진한 일은 없고 天과 命의 작용으로 일어난 것이다.

우리도 대통령의 당선을 두고 "대통령은 아무나 하는 것이 아니라 천운을 타고나야 한다"라고 말한다. 이때 천운이 고대 사람이 믿었던 인격적 존재로서 신이나 초월적 힘을 가리키지 않는다고 하더라도 개인의 역량과 노력을 넘어선 어떤 것을 가리킨다. '하나'뿐이라는 희소성은 사람의 계산으로 낱낱이 이해할 수 있는 범위를 넘어서 있다고 생각되기 때문이다.

49 계몽

선각자가 후각자를 일깨우다

선각각후각先覺覺後覺(「만장」상 7)

입문　보통 사람은 이 세상에 태어나 자신의 한 몸을 건사하기도 버겁다. 그러다 아이를 키우다 보면 정신없이 10~20년의 시간이 지나간다. 장년을 넘어 노년이 되면 '이렇게 한 생애가 지나가는구나!'라는 생각과 함께 좀 허무한 느낌이 든다. 생각을 바꿔보면 맨몸으로 태어나 건강하게 자라 어른이 되고 아이를 키운 일만 해도 '내'게 맡겨진 일, 즉 사명을 다했다고 할 수 있다.

물론 경우에 따라 여유가 있어 나를 넘어 지역, 국가와 민족을 위해 어떤 일을 할 때가 있다. 나 아니더라도 일할 사람이 많이 있다고 생각하면 그만이다. 하지만 자신이 꼭 잘할 수 있고 다른 사람보다 먼저 알아차린

점이 있다면 내가 나 자신에 머무르지 않고 더 큰 일에 쓰이게 되는 뭔가가 있다고 생각하게 된다. 이게 사명감이자 소명감이다(26조목 "大丈夫" 참조). 농사짓던 이윤이 탕왕을 돕게 되면서 혼란한 세상을 바로잡는 소명감을 느끼는 과정을 살펴보자.

승당__만장: 사람들이 이윤이 요리 솜씨로 탕왕에게 등용되기를 바랐다고 하는데, 그런 일이 있었는지요? 맹자: 아니지. 그렇지 않네. … 탕왕이 세 차례 사신을 보내 초빙하고자 하니 이윤이 깨끗이 생각을 고쳐먹었다. 이윤: 내 밭(농토) 한가운데에서 농사지으며 혼자서 이대로 요순의 도리를 즐기더라도 내 어찌 이 군주(탕)로 하여금 요순과 같은 군주로 만드는 것과 같고, 내 어찌 이 백성으로 하여금 요순의 백성으로 만드는 것과 같고, 내 어찌 스스로 직접 이런 일을 보는 것과 같겠는가? 하늘(하느님)이 이 백성을 낳아 선지자로 하여금 후지자를 알게 하고 선각자로 하여금 후각자를 깨닫게 한다. 내가 하늘이 난 백성 중에 선각자이니 내 앞으로 이 도리로 이 백성을 깨우치리라. 내가 그들을 깨우치지 않으면 누가 하겠는가? … 나(맹자)는 자신을 굽혀 남을 바로잡았다는 사람을 들어보지 못했네. 하물며 자신을 욕되게 하여 천하를 바로잡았을까?

萬章問曰, 人有言, 伊尹以割烹要湯, 有諸?
만 장 문 왈   인 유 언   이 윤 이 할 팽 요 탕   유 저
孟子曰, 否. 不然. … 湯三使往聘之, 旣而幡然改曰,
맹 자 왈   부   불 연   탕 삼 사 왕 빙 지   기 이 번 연 개 왈
與我處畎畝之中, 由是以樂堯舜之道, 吾豈若使是君,
여 아 처 견 무 지 중   유 시 이 락 요 순 지 도   오 개 약 사 시 군
爲堯舜之君哉, 吾豈若使是民, 爲堯舜之民哉,
위 요 순 지 군 재   오 개 약 사 시 민   위 요 순 지 민 재
吾豈若於吾身, 親見之哉? 天之生此民也,
오 개 약 어 오 신   친 견 지 재   천 지 생 차 민 야
使先知覺後知, 使先覺覺後覺也. 予天民之先覺者也,
사 선 지 각 후 지   사 선 각 각 후 각 야   여 천 민 지 선 각 자 야

予將以斯道覺斯民也, 非予覺之, 而誰也? …
여 장 이 사 도 각 사 민 야　비 여 각 지　이 수 야

吾未聞枉己, 而正人者也. 況辱己, 以正天下者乎?
오 미 문 왕 기　이 정 인 자 야　황 욕 기　이 정 천 하 자 호

입실___이윤伊尹은 이름은 '이伊'이고 '윤尹'은 관직명으로 은나라 탕왕의 재상이 되어 하夏의 걸왕桀王을 토벌하여 은이 천하를 평정하는 데 크게 기여했다. 할割은 '나누다, 베다'의 뜻으로 식재료를 적절하게 자른다는 맥락이다. 팽烹은 '삶다'의 뜻으로 학割과 함께 '요리하다'의 뜻을 나타낸다. 요要는 '바라다, 구하다'의 뜻이다. 빙聘은 '찾아가다, 예를 갖춰 부르다'의 뜻이다. 기旣는 '이윽고'의 뜻이다. 번연幡然은 '깨끗이, 철저히'의 뜻으로 이윤이 자신의 생각을 고쳐먹는다는 맥락을 나타낸다. 개改는 마음을 고쳐먹는다는 개심改心의 줄임말이다. 여與~약若~은(는) '~하기보다는 차라리 ~하는 것이 낫다'는 여기與其~녕寧~, 여기與其~불약不若~의 구문처럼 쓰이며 '~하더라도 차라리(오히려) ~하는 것과 같겠느냐?'의 맥락을 나타낸다. 견무畎畝는 '밭의 고랑과 이랑'의 뜻으로 여기서는 농사짓는 땅을 가리킨다. 왕枉은 '굽히다'의 뜻이다. 욕辱은 '욕되게 하다, 욕보이다'의 뜻이다.

여언___농사짓고 질그릇 굽던 순이 천자가 되자 말이 많았던 것처럼 농사짓던 이윤이 은나라 탕왕의 재상이 되자 여러 말이 나왔다. 두 사람이 연결되는 고리가 없는데 도대체 어떻게 만났을까 하는 의혹이 제기되었다. 이에 대해 이윤이 고기 요리를 잘해서 탕왕의 신임이 얻게 되었다는 속설이 "割烹要湯"의 고사이다. 맹자는 이 고사가 얼토당토않다고 보았다. 대신에 이윤이 유신有莘의 들녘에서 농사짓고 요순의 도의를 즐기며 그 도의에 맞지 않으면 지푸라기 하나도 주지도 받지도 않았다. 이런

이윤의 됨됨이가 탕왕의 귀에 들어간 모양이다. 탕왕은 폐백과 함께 사신을 보내 이윤을 초빙했지만 자신의 생활에 만족한다며 거절했다.

탕왕이 어떤 사람인가? 거절한다고 그만둘 사람이 아니다. 거절해도 사신을 또 보내고 또 보냈다. "三使往聘"을 했다. 三使往聘 하면 생각나는 게 있다. 바로 훗날『삼국지』에서 유비가 제갈량을 모시느라 한 "삼고초려三顧草廬" 이야기이다. 어찌 보면 탕왕의 이윤에 대한 三使往聘이 유비의 제갈량에 대한 三顧草廬의 기원으로 보인다.

탕왕이 이렇게 정성을 쏟자 이윤은 자신이 지난날 가지고 있던 신념을 고쳐먹었다. 이것이 바로 "幡然改心"이다. 한 번 마음을 정하자 지난날을 깨끗이 정리하고 새로운 길로 나아갔다. 그 길에 나서며 자신에게 한마디를 했다. 농사지으며 혼자 요순의 도의를 좋아하느니, 즉 "獨善其身"하느니 탕왕을 요순처럼, 백성을 요순시절의 백성처럼 만들고 싶고 그 사업을 자신이 직접 하겠다, 즉 "兼善天下"의 사업을 벌이겠다는 것이다(69조목 "兼善天下" 참조).

왜 이런 사명감 또는 소명감을 드러냈을까? 이윤은 당시 요순의 도의가 좋은 줄 알았지만 홀로 알며 즐기고 있었다. 즉 그는 요순의 도리를 누구보다 먼저 알고 즐긴 사람이다. 즉 선각자이다. 선각자가 혼자만 즐길 수 없지 않은가? 선각자가 이 세상의 빛을 밝히는 "先覺覺後覺"의 사업에 나서지 않을 수가 없다. 훗날 제갈량이「출사표出師表」를 썼다면, 이윤은「출사표出仕表」를 썼다고 할 수 있다. 요즘 산업화 시대가 정보화 시대와 인공지능의 시대로 가고 있다. 先知知後知와 先覺覺後覺의 역할을 맡은 사람이 필요한 시기이다.

50
공작

스스로 팔려가서 군주를 훌륭하게 만들다
자육성군自鬻成君(「만장」상 9)

입문__ 아울러 오늘날 여러 분야에서 리더와 인재의 만남이 어떻게 이루어질까? 폴리페서polifessor는 학계의 연구자가 정계를 넘나드는 경우를 가리킨다. 이들이 과연 국가와 민족을 위해 경계를 넘나들까, 아니면 개인의 명리와 출세를 위해 그럴까? 또 학자의 사회참여를 무조건 비판만 할 수 없다면 바람직한 참여의 길은 무엇일까? 유학의 이야기를 통해 실마리를 찾을 수 있다.

유학의 정치에서 성군聖君과 현상賢相의 만남을 중시한다. 왕이 아무리 뛰어나더라도 혼자서 통치를 잘할 수 없으므로 자신의 모자라는 점을 보완해주는 뛰어난 인재를 필요로 한다. 반대로 뛰어난 인재가 조정에 아무리 많더라도 군주가 이들을 중용하지 않으면 역량을 발휘할 길이 없다. 이 때문에 유학의 이상 정치에서 聖君과 賢相의 만남을 세기의 만남으로 간주할 정도이다.

예를 들면 가까이 조선의 태조 이성계와 정도전이 있고 멀리는 요임금과 순, 순임금과 우가 있다. 춘추시대 초기 서쪽 변방의 진나라가 훗날 천하를 통일하기까지 여러 명의 뛰어난 군주가 있었다. 목공도 그중에 한 명이다. 목공이 그런 반열에 들기까지 백리해의 공로를 무시할 수 없다. 두 사람의 만남은 여러 가지 측면에서 드라마틱한 요소를 지니고 있다. 이 때문에 당시나 후대에 두 사람의 만남에 대한 흥미로운 이야기가 만들어졌다. 맹자는 훗날 다섯 장의 양가죽이란 뜻의 "오고양피五羖羊皮" 고사가 사리에 맞지 않는다고 반박하고 있다. 왜 그런지 함께 살펴보도록 하자.

승당___[만장:] 혹자에 따르면 백리해는 스스로 진나라 왕실의 희생을 기르는 사람에 팔려가서 다섯 마리 양가죽을 임금으로 받고 소를 키우며 진나라 목공에게 등용되고자 했다니 믿을 만한가요? 맹자: 아니지, 그렇지 않네. 일을 만들기를 좋아하는 사람이 지어낸 이야기네. … 스스로 팔려가 군주를 좋게 이루려고 하는 일은 향당에서 자신을 아끼는 사람도 하지 않는데, 하물며 현자가 할 수 있겠는가?

或曰, 百里奚, 自鬻於秦養牲者, 五羊之皮, 食牛,
호 왈 백 리 해 자 율 어 진 양 생 자 오 양 지 피 식 우
以要秦穆公, 信乎? 孟子曰, 否. 不然. 好事者, 爲之也. …
이 요 진 목 공 신 호 맹 자 왈 부 불 연 호 사 자 위 지 야
自鬻以成其君, 鄕黨自好者, 不爲, 而謂賢者爲之乎?
자 율 이 성 기 군 향 당 자 호 자 불 위 이 위 현 자 위 지 호

입실___백리해百里奚는 원래 우虞나라 출신이지만 진秦나라 목공穆公의 재상이 되어 그를 도와 명군이 되게 했다. 그는 춘추시대의 현상賢相으로 널리 알려졌다. 鬻은 발음이 두 가지로 '죽, 묽은 죽'의 뜻이면 '죽'으로 읽고, '팔다'의 뜻이면 '육'으로 읽는다. 생牲은 제사에 쓰이는 제물로 '희생'의 뜻이다. 피皮는 '가죽, 껍질'의 뜻으로 여기서는 사고파는 상품으로서 양가죽을 가리키는 맥락이다. 오양지피五羊之皮는 '다섯 마리 양가죽'이라는 뜻으로 같은 내용을 다룬 『사기』 「진본기秦本紀」에 "오고양피五羖羊皮"로 되어있다. 이 때문에 백리해는 오고대부五羖大夫로 불리기도 한다. 요要는 '바라다, 구하다'의 뜻이다. 목공穆公(BC ?~621)은 백리해를 재상으로 등용하여 서쪽 변방의 후진국에서 강대국으로 발전하는 데에 기틀을 다

졌다. 그는 문헌에 따라 춘추오패春秋五霸의 초기 인물로 간주되기도 하고 '繆公'으로 표기되기도 한다. 호사자好事者는 오늘날 호사가好事家와 같은 뜻으로 사람들 사이에 일어나는 흥밋거리를 일삼아 좋는 사람을 가리킨다. 위爲는 '하다'의 뜻으로 많이 쓰이지만 여기서는 '만들어내다, 꾸며내다, 날조하다'의 뜻이다. 자호자自好者는 자신의 몸을 아끼는 사람을 가리킨다.

여언___백리해는 우나라 출신인데 진나라에서 재상이 되었으니 이런저런 말이 나올 법하다. 맹자는 백리해의 사적을 '지혜'의 관점에서 기존의 논의를 비판하고 있다. 먼저 백리해가 우나라를 떠나는 이야기이다. 당시 진晉나라가 괵虢나라를 치려고 했지만 둘 사이에 우나라가 끼어있었다. 이에 진나라는 보석과 말을 우나라 왕에게 예물로 보내며 군사 이동을 위해 길을 빌려달라고 요청했다.

이때 궁지기宮之奇는 "순망치한脣亡齒寒"의 비유를 들며 괵과 우가 서로 의지해야지 그렇지 않으면 나중에 후회하게 된다며 진나라의 요청에 반대했다. 우나라 군주는 이를 받아들이지 않고 길을 빌려주었다가 진나라가 괵나라를 멸망시키고 돌아오는 길에 같은 운명이 되었다.

당시 백리해는 궁지기와 생각이 같았지만 간언을 하지 않았다. 우나라 군주가 간언을 받아들일 인물이 아니라고 판단했기 때문이다. 이에 대해 맹자는 백리해가 우의 멸망을 미리 알고서 우를 떠났으니 지혜롭다고 평가했다. 백리해가 우를 떠나 진秦나라로 가는 과정에도 여러 이야기가 전해진다. 이는 훗날 명나라 풍몽룡의 『동주열국지東周列國志』에 아주 자세하고 흥미진진하게 다루고 있다.

여러 이야기 중에 가장 논란이 되는 것이 백리해가 자신을 다섯 장의 양가죽에 팔려서 진나라 왕실이 쓸 희생물을 관리하는 관리에게 가서 소를 키우게 되었다는 부분이다. 바로 이 지점에서 백리해는 "五羊之皮" 또는 "五羖羊皮"의 고사와 "五羖大夫"라는 별칭도 생겼다. 여기서 맹자는 설화의 진위 여부보다 백리해가 과연 목공을 만나기 위해 진나라의 양생자養牲者를 찾아가서 일하면서 목공에게 등용될 기회를 찾았느냐에 초점을 두었다. 이 이야기가 맞는다면 백리해는 자신의 일거수일투족을, 목공에게 기회를 얻을 수 있는 길로 연출한 셈이다. 이에 따르면 두 사람의 만남은 백리해가 철저한 계산 끝에 힘겹게 일구어낸 성공 스토리가 된다. 이렇게 보면 "自鬻成君"은 오늘날 TV 드라마나 영화의 소재가 될 만하다.

맹자는 이런 성공 스토리를 부정한다. 대신에 그는 백리해가 우나라의 멸망을 예견하고 떠났던 것처럼 목공이 함께 일을 할 인물이라는 걸 알고서 도왔을 뿐이다. 초점은 돈과 명예가 아니라 이상과 인물 됨됨이다. 바로 이 때문에 백리해는 당시나 후대에 현신으로 평가되는 것이다. 성공 스토리 버전은 결과적으로 성공했지만 진행 과정에서 보면 위험률이 높아서 결과가 어떻게 될지 모르는 무모한 도박에 가깝다. 오늘날 한 분야에서 나름 성과를 거둔 뒤에 경계를 넘나드는 경우 이상의 실현일까, 아니면 성공 스토리의 주인공이 되려는 걸까? 상황에 따라 주장이 바뀐다면 전자로 보기가 어려울 듯하다.

물에 안친 곡식을 건져서 떠나다

접석이행接淅而行(「만장」하 1)

입문__평생직장 개념이 있을 때 사람이 직장을 떠나면 죽는 줄 알았다. 사표를 내고 싶어 양복 주머니에 넣고 다녀도 쉽게 던질 수가 없었다. IMF 구제금융으로 구조조정이 가능해지면서 더 이상 평생직장 개념은 추억으로 사라졌다. 1982년 한국프로야구가 시작되면서 관중은 선수가 원소속 구단에서 다른 구단으로 트레이드되는 걸 봤다. 선수가 한 팀에 입단하면 그만둘 때까지 그 팀에 남아있을 줄 알았지만 구단 간의 이해관계에 따라 트레이드가 일어났다.

일례로 영화 〈퍼펙트게임〉(2011)과 〈1984, 최동원〉(2020)의 주인공으로 롯데 자이언츠(1983~1988)에서 뛰며 우승을 했던 최동원이 어느 날 갑자기 삼성 라이온즈(1989~1990)의 유니폼을 입은 것이다. 처음에 뭔가 잘못 본 듯해도 결국 사실을 받아들이지 않을 수가 없다. 이제 우리 사회에서 '전직'을 이상한 눈으로 바라보는 시선은 많이 누그러졌다. 또 선수가 트레이드를 통해 더 좋은 자리를 잡고 더 좋은 성적을 낸다면 전직을 새로운 기회로 바라볼 수 있다.

춘추시대에 활약했던 공자도 조국 노나라에서 일자리를 잡고 싶었다. 그이에게 바라는 일자리는 주어지지 않았고 나이 50 넘어 다른 나라를 돌아다니게 되었다. 아마 젊은 시절에 상상조차 못 한 일일 터이다. 요즘 말로 하면 공자는 다른 사람이 아니라 자신이 자신을 트레이드하려고 했다고 할 수 있다. 노나라를 떠날 때랑 다른 나라를 떠날 때 뭔가 다르지 않았을지 함께 살펴보도록 하자.

승당＿＿공자가 제나라를 떠날 때 물에 담근 곡식을 건져서 떠나고 조국 노나라를 떠날 때 "느리고 느리구나, 나의 발걸음이여!"라고 했는데, 이는 부모의 나라를 떠나는 도리이다. 빨리 떠날 만하면 빨리 떠나고 오래 머무를 만하면 오래 머물고, 집에 머물 만하면 집에 머물고 벼슬할 만하면 벼슬하면 되는데, 그런 사람이 바로 공자이다. … 백이는 맑은 성인이고, 이윤은 자임하는 성인이고, 류하혜는 조화로운 성인이고, 공자는 때에 맞는 성인이다. 공자는 흐름을 모아 크게 하나로 일구어냈다. 집대성이란 종처럼 쇠로 소리를 퍼뜨리고 옥으로 소리를 거두어들인다. 금성은 조리를 시작하는 것이고 옥진은 조리를 매듭짓는 것이다.

孔子之去齊, 接淅而行, 去魯, 曰, 遲遲, 吾行也!
공 자 지 거 제 접 석 이 행 거 로 왈 지 지 오 행 야
去父母國之道也, 可以速則速, 可以久則久,
거 부 모 국 지 도 야 가 이 속 즉 속 가 이 구 즉 구
可以處則處, 可以仕則仕, 孔子也. … 伯夷, 聖之淸者也.
가 이 처 즉 처 가 이 사 즉 사 공 자 야 백 이 성 지 청 자 야
伊尹, 聖之任者也. 柳下惠, 聖之和者也.
이 윤 성 지 임 자 야 류 하 혜 성 지 화 자 야
孔子, 聖之時者也. 孔子之謂集大成. 集大成也者,
공 자 성 지 시 자 야 공 자 지 위 집 대 성 집 대 성 야 자
金聲而玉振之也, 金聲也者, 始條理也. 玉振之也者,
금 성 이 옥 진 지 야 금 성 야 자 시 조 리 야 옥 진 지 야 자
終條理也.
종 조 리 야

입실＿＿접接은 '건지다'의 뜻이다. 석淅은 '쌀을 일다'의 뜻이다. 지遲는 '느리다, 더디다'의 뜻이다. 속速은 '빠르다'의 뜻이다. 백이伯夷는 숙제叔弟와 고죽국의 왕자로 왕위를 동생에 양보하고 수양산에 은거하다 죽었다. 이윤은 탕왕을 도와 하의 걸왕을 물리치고 은나라를 천자의 나라로 만

들었다. 류하혜는 노나라 대부이며 현자로 알려져 있다. 집集은 '모으다'의 뜻으로 공자가 이전에 있는 문화의 개별적 성취를 하나로 모은다는 맥락이다. 대성大成은 모으는 집集의 과정을 거쳐 유기적으로 결합한다는 맥락을 나타낸다. 集大成은 공자의 문화적·학문적 성취를 규정하는 말로 우리나라의 서울 문묘와 각 지역 향교에서 공자의 위패를 모신 건물을 대성전大成殿으로 부르는 연유가 되었다.

여언___처한 시대와 상황에 따라 사람이 다르게 대응하기 마련이다. 『논어』나 『맹자』에서 성인으로 평가되는 인물도 제각각의 특성, 즉 개성을 드러낸다. 백이 같으면 자기 기준에 맞지 않으면 누구와도 함께 어울리려고 하지 않는다. 결벽증 스타일에 가깝다. 이윤은 사람이 어떻든 가리지 않고 자신이 해야겠다고 생각하면 물불을 가리지 않았다. 선지자 스타일에 가깝다(18조목 "爾爲爾, 我爲我" 참조). 류하혜는 옆에서 옷을 벗건 말건 다른 사람이 비방하건 칭찬하건 아랑곳하지 않고 제 할 일을 했다. 실무형 스타일에 가깝다.

공자는 모든 것이 가능하다. 맹자는 공자가 때(상황)에 따라 합당한 역할을 찾아서 하므로 백이, 이윤, 류하혜처럼 특정 유형의 성인으로 묶을 수가 없다고 보았다. 그럼에도 굳이 말하라고 하면 때에 따라 자유자재로 자신을 빚어내는 성인이라고 할 수 있다. 창조형 스타일에 가깝다.

사실 말이 그렇지 때에 따라 자유자재로 자신을 빚어내는 성인이라면 앞의 세 사람과 달리 그림이 쉽게 그려지지 않는다. 이 때문인지 맹자는 공자가 "떠나는 장면"을 통해 좀 더 시각적인 설명을 시도했다. 공자가 조국을 떠나 다른 나라로 유세를 다녔다. 공자가 제나라에 갔을 때이다. 공자가 경공을 만나 유세를 했지만 "말이 좋다"라고 할 뿐 자신을 등용할 가능성이 없어 보였다. 이때 우리는 "뒤도 돌아보지 않고 갔다"라며 빨리 돌아선다는 장면을 묘사한다. 공자가 밥 짓기 위해 곡식을 물에 담가 불려두었다. 공자는 "아니다" 싶으니 물에 안친 곡식을 건져내서 길을 떠났다, 즉 "接淅而行"이라고 맹자는 표현했다. 곡식을 물에 불렸으니 밥을 해 먹고 길을 떠나도 될 터인데 빨리 떠났다는 표현이다. 떠나가는 길에 얼마나 배가 고팠을까?

공자가 노나라를 떠날 때이다. 공자는 혼잣말로 "遲遲吾行!"이라고 읊었다. 발걸음이 얼마나 무거운지 느릿느릿 걷는 모습이 연상된다. 이처럼 공자는 상황에 맞게 속도를 조절했던 것이다. 정조는 수원 화성에 사도세자 무덤(융릉)을 방문으로 돌아가는 길에 지지대遲遲臺에서 화산花山을 눈에 더 오래 담으려고 "천천히, 천천히 가자"라고 했다. 두 "지지"의 말과 마음이 닮아 보인다. 공자와 정조만 그럴까? 오래 몸담을 곳을 떠날 때 휑하니 갈 사람이 얼마나 있을까? 최동원도 대구 갈 때 "遲遲吾行!"이라 하지 않았을까?

52 부정 ── 나이와 태생을 들먹이다

협장협귀挾長挾貴(「만장」하 3)

입문 사람이 살다 보면 가족의 울타리에만 머물 수가 없다. 학교에 가서 공부도 하고 친구를 사귄다. 직장을 다니면 선후배와 동료 관계가 생긴다. 또 평생 함께할 짝을 얻기도 한다. 사람은 가족에서 출발하여 그 범위를 넓힌다고 할 수 있다. 이렇게 인생은 사람이 가족과 새로운 친구를 끊임없이 만나는 과정이라고 할 수 있다.

이때 우리는 어떤 사람을 만나면 편안하게 느껴지고 어떤 사람을 만나면 불편하게 느껴진다. 그 차이는 여러 가지가 있을 수 있다. 맹자는 간단하게 한 단어로 정리한다. '협挾'이다. 挾은 일상어로 말하면 "우리가 아버지가 말이야", "내 나이가 지금 얼만데"처럼 자랑할 만한 걸 들먹이며 으스댄다는 뜻이다. 挾이 있으면 어떻게 해야 할까? 맹자는 사귀지 말라고 단호하게 말한다. 그의 제안을 좀 더 구체적으로 살펴보기로 하자.

승당___만장: 감히 교제에 대해 묻습니다. 맹자: 나이를 들먹이지 않고 신분을 들먹이지 않고 형제를 들먹이지 않고 교제하지. 교제란 각자의 덕으로 사귀지 믿는 구석이 있다고 사귈 수 없지. … 진나라 평공이 해당을 대우할 때 해당은 들어오라 하면 들어가고 앉으라 하면 앉고 먹으라 하면 먹었지. 비록 변변찮은 식사와 나물국이 나와도 일찍이 배불리 먹지 않은 적이 없었으니 감히 그렇게 하지 않을 수가 없었지. 하지만 딱 여기까지가 끝이고 평공은 해당과 천위를 함께 하지 않고 천직을 함께 다스리지 않고 천록을 함께 먹지 않았지. … 순이 서울에 와 요임금을 뵈면 요임금은 사위를 별궁에 묵게 하고 자신이 순의 숙소에 가서 식사하니 두 사람이 번갈아가며 손님과 주인이 되니 이는 천자로서 필부와 교제한 경우이다.

萬章問曰, 敢問友. 孟子曰, 不挾長, 不挾貴,
만장문왈 감문우 맹자왈 불협장 불협귀

不挾兄弟而友. 友也者, 友其德也, 不可以有挾也. …
불협형제이우 우야자 우기덕야 불가이유협야

晉平公之於亥唐也, 入云則入, 坐云則坐, 食云則食,
진평공지어해당야 입운즉입 좌운즉좌 식운즉식

雖疏食菜羹, 未嘗不飽, 蓋不敢不飽也.
수소식채갱 미상불포 개불감불포야

然終於此而已矣, 弗與共天位也, 弗與治天職也,
연 종 어 차 이 이 의　불 여 공 천 위 아　불 여 치 천 직 야
弗與食天祿也. … 舜尙見帝, 帝館甥于貳室, 亦饗舜,
불 여 식 천 록 야　　순 상 견 제　제 관 생 우 이 실　역 향 순
迭爲賓主, 是天子而友匹夫也.
질 위 빈 주　시 천 자 이 우 필 부 야

입실___우友는 '사귀다, 교제'의 뜻이다. 협挾은 '믿다, 들먹이다, 믿는 구석이 있다'의 뜻으로 상대와 허심하게 사귀지 못하는 교제를 가리키는 맥락이다. 장長은 '나이'를, 귀貴는 '신분'을 가리킨다. 해당亥唐은 진나라의 현자이다. 채갱蔡羹은 '나물로 만든 국'을 가리킨다. 포飽는 '배부르다'의 뜻이다. 종終은 '끝나다'의 뜻이다. 관館은 '머무르다, 투숙하다'의 뜻이다. 생甥은 '사위'의 뜻이다. 이실貳室은 '별궁'의 뜻이다. 향饗은 '잔치하다, 대접받다'의 뜻이다. 질迭은 '갈마들다'의 뜻이다.

여언___원문에 사람이 흔히 거들먹거리는 '믿는 구석'을 세 가지로 말하고 있다. 삼협三挾이라고 할 수 있다. 맹자는 평소 사람과 교제할 때 상대가 믿는 구석이 있으면 달가워하지 않았다. 심지어 만나더라도 등나라 제후의 동생 등갱滕更처럼 이야기를 제대로 나누지도 않았다. 여기서 장長, 귀貴, 형제兄弟를 말하지만 다른 곳에서 귀貴, 현賢, 장長, 훈로勳勞(공로), 고故(저의) 등 오협五挾을 말하고 있다(「진심」상 43). 겹치는 걸 하나로 치면 맹자는 육협을 말한 셈이다.

맹자는 왜 그토록 挾에 알레르기 반응을 보일까? 협이 있으면 서로가 서로의 말을 진심으로 경청하지 않는다. 틈만 나면 자신의 협이면 모든 걸 다 할 수 있다며 으스대기가 십상이다. 이러니 함께 어울려 놀 수야 있겠지만 함께 무슨 일을 한다고 해도 제대로 될 리가 없다. 함께 일을 한다면 오히려 의를 상하기가 쉽다.

이에 맹자는 구체적인 사례를 세 가지 제시하고 있다. 하나는 노나라 맹헌자孟獻子의 사례이다. 그는 평소 다섯 사람과 친하게 어울렸다. 맹헌 자도 백승지가百乘之家의 사람이지만 이 사실을 들먹거린 적도 없고 친구 들도 맹헌자의 가문을 의식한 적도 없다. 평교平交라고 할 만하다.

다음으로 진나라 평공과 해당의 사이이다. 평공은 현자를 우대한다고 생각하여 해당과 자주 어울렸다. 하지만 그 방식은 철저하게 일방적이었 다. 자신이 보고 싶으면 해당에게 오라고 하는 식이었다. 하지만 만나서 하는 일이라곤 함께 배불리 식사하는 정도였다. 이야기가 그 이상을 조 금도 더 나아가지 않았다. 김광진의 「편지」에 나오는 "여기까지가 끝인 가 보오"의 노랫말에 딱 들어맞는 형국이었다. 평공이 해당을 현자로 보 았다면 서로 의기투합하여 제후의 자리에서 할 수 있는 모든 것을 허심 탄회하게 이야기할 만하거늘 이에 대해 일절 언급이 없었다. 이렇게 되면 평공은 현자 해당을 예우한다는 평판을 들을지언정 국정과 민생에 도움 되는 일이라곤 있을 수가 없었다. "挾長挾貴"의 사귐이다.

마지막으로 요와 순의 교제이다. 두 사람 사이에 피 한 방울도 섞이지 않았다. 요임금은 덕망만을 보고 농사짓고 질그릇을 굽는 순을 자신의 후계자로 발탁했다. 여기에 그치지 않고 요임금은 자신의 두 딸을 순과 결혼시켜 사위로 삼고 아들을 보내 순을 보좌하게 했다. 순이 자신을 찾 아오면 요임금은 자신이 별장처럼 사용하는 별궁을 숙소로 순에게 내어 주고 또 자신이 순의 숙소로 가서 함께 식사를 했다. 서로 번갈아가며 손 님과 주인 노릇을 했다. "不挾長不挾貴"의 사귐이다.

요즘 언론에 보도되는 사건을 보면 발단이 인맥에서 시작되는 경우가 많다. 한 사람을 사귀면 다른 사람을 소개하고, 소개받으면 그 사람을 믿게 된다. 挾의 믿음이 비리와 부패의 바탕이 되는 것이다. 이것은 挾을 떠난 교제도 아니고 그것을 벗어나 자유롭게 사귀는 平交도 아니다.

53 염치 ——— 공직은 가난 때문에 하지 않는다

사비위빈仕非爲貧(「만장」하 5)

입문___근대에는 사회 각 분야의 전문화가 이루어져 정무직과 선출직이 아니면 어떤 직종이든 공직으로 가는 프리패스는 없다. 시험이든 면접이든 반드시 선발 절차를 거쳐야 한다. 반면 공자를 비롯하여 유학은 학업을 연마하여 공직에 진출하기를 장려한다. 학문적 성취를 바탕으로 공직의 전문성과 공정성을 높일 수 있기 때문이다. 이로 인해 학문과 공직이 상생 관계에 있게 된다.

공자 이후에 과거제가 실시되면서 사서오경을 배운 사람이 공직으로 가는 문이 활짝 더 열리게 되었다. 이전에 귀족과 문벌은 공직을 거의 독차지했지만 과거의 문턱을 넘기 어렵게 되자 사족士族이 더 많은 기회를 갖게 되었다. 이렇게 사족이 공직에 대거 진출하자 士들의 경쟁과 분화가 생겨났다. 사서오경에 배운 이상을 실현하고자 하기도 하고 더 많은 권력과 돈을 소유하려고 하기도 했다.

맹자가 이러한 사들의 경쟁과 분화를 예상한 건 아니지만 깊은 우려를 나타낸 적이 있다. 무슨 맥락인지 함께 살펴보기로 하자.

승당___벼슬살이는 가난 때문에 하는 것이 아니지만 때때로 가난 때문에 할 수도 있다. 결혼은 어른 봉양 때문에 하는 것이 아니지만 때때로 어른 봉양 때문에 할 수도 있다. 가난 때문에 하는 경우 높은 자리를 사양하고 낮은 자리에 머무르고 많은 월급의 자리를 사양하고 적은 월급의 자리에 머무른다. 이런 자리는 어디가 합당할까? 문을 지키는 문지기, 순찰을 도는 야경꾼이다. 공자가 일찍이 위리가 되어 "회계 관리를 합당하게 할 뿐이다"라고 말했다. 일찍이 승전이 되어 "소와 양을 무럭무럭 튼튼하게 키울 뿐이다"라고 말했다. 지위가 낮으면서 말을 높게 하면 죄가 되고 남의 조정에 서 있으면서 도가 실행되지 않으면 부끄러운 일이다.

住非爲貧也, 而有時乎爲貧. 娶妻非爲養也,
사비위빈야 이유시호위빈 취처비위양야
而有時乎爲養. 爲貧者, 辭尊居卑, 辭富居貧. 辭尊居卑,
이유시호위양 위빈자 사존거비 사부거비 사존거비
辭富居貧, 惡乎宜乎? 抱關擊柝. 孔子嘗爲委吏矣, 曰,
사부거빈 오호의호 포관격탁 공자상위위리의 왈
"會計, 當而已矣." 嘗爲乘田矣, 曰, "牛羊, 茁壯長而已矣."
회계 당이이의 상위승전의 왈 우양 줄장장이이의
位卑而言高, 罪也. 立乎人之本朝, 而道不行, 恥也.
위비이언고 죄야 립호인지본조 이도불행 치야

입실___비非는 '아니다'의 뜻이다. 위爲는 '때문이다, 위하여'의 뜻이다. 양養은 '돌보다, 기르다'의 뜻으로 아내가 부모를 모시는 매락을 가리킨다. 의宜는 '마땅하다, 합당하다'의 뜻이다. 포抱는 '지키다, 돌다'의 뜻이다. 관關은 성곽, 국경, 역참 등 출입을 위해 드나드는 '문'을 가리킨다. 격擊은 '치다, 두드리다'의 뜻이다. 탁柝은 '딱따기, 목탁'의 뜻으로 야경을 돌며 소리를 내기 위해 두드리는 물건을 가리킨다. 포관격탁抱關擊柝은 미관말직을 가리킨다. 상嘗은 '일찍이 ~한 적이 있다'의 뜻이다. 위리委吏는 창고의 물품을 관리하는 '창고지기'를 가리킨다. 승전乘田은 가축을 관리하는 관리를 가리킨다. 줄茁은 '무럭무럭'의 뜻으로 식물이 자라고 동물이

224

크는 모양을 가리키는 의태어이다.

여언__사士는 당시 지배계급의 말단이라 부모 세대로부터 물려받은 자산이 많을 리가 없다. 특히 사 중에서도 하층은 자신의 역량으로 생계를 해결하지 않으면 안 된다. 사의 공직 진출은 먹고살 수 있는 통로를 확보하는 유력한 방안이 될 수 있다.

이때 맹자는 "벼슬살이, 요즘 말로 하면 공직은 생계 해결을 위해 맡아서는 안 된다"라고 대못을 박았다. 얼핏 보면 맹자가 배부른 소리를 한다거나 공직을 아무나 할 수 없는 특수 직종으로 본다고 생각할 수 있다. 맹자는 공직을 도의를 실천하는 바탕으로 보지 월급을 안정적으로 받는 생계 수단으로 보지 않는다. 돈 벌 생각만 한다면 공직은 그 사람에게 맞지 않은 옷과 같은 것이다.

그렇다면 가진 것이 아무것도 없는 사람은 공직을 꿈에도 생각해선 안 되는가라는 의문이 제기될 수 있다. 맹자를 비롯해서 유학은 극단적이거나 도식적인 사고보다 유연하고 융통성 있는 사고를 강조한다. 이 문제에 대해서도 "원칙적으로 공직은 생계 수단으로 봐서는 안 된다"라고 하면서도 "사정이 딱해서 오직 공직으로만 생계를 해결할 수 있다면 가능하다"라는 예외 규정을 둔다.

이때 "仕非爲貧"이 원칙이고 "有時乎爲貧"이 예외 규정인 셈이다. 하지만 이 예외 규정도 포괄적이어서 구체적으로 어떻게 할지 도움이 되지 않는다. 그러자 맹자는 "높은 자리를 사양하고 낮은 자리에 머무르고 많은 월급의 자리를 사양하고 적은 월급의 자리에 머무른다"라고 해답을 내놓았다. 앞의 예외 규정보다 덜 포괄적이지만 아직도 구체적으로 무엇을 할 수 있는지 확실하지 않다. 드디어 맹자는 문을 지키는 문지기, 순찰을 도는 야경꾼을 가난 때문에 맡을 수 있는 공직의 실례로 제시하고 있다.

맹자는 자신의 이야기를 풀고 나서 공자 사례를 소개했다. 공자가 돈 때문에 공직에 진출하고자 했을까 의문을 가질 수 있다. 물론 공자는 50세가 넘어 그렇지 않았지만 30대에 생계를 위해 일한 적이 있다. 창고의 재고를 관리하는 위리委吏와 정원의 동물을 관리하는 승전乘田을 맡은 적이 있다(『공자의 인생 강의』 중 7장 「人, 불가능하지만 시도하다」 참조). 공자의 위리와 승전은 맹자가 말한 "抱關擊柝"의 미관말직에 해당된다고 할 수 있다.

아무리 맹자가 仕非爲貧이라고 했지만 한 번 더 생각해보자. 가난해서 공직에 진출하면 오히려 없는 사람의 처지를 잘 이해하여 더 좋은 정책을 펼칠 수 있지 않을까? 멀지 않은 과거에 어려운 가정 형편에도 불구하고 고시에 패스하여 훌륭한 공직자가 된 경우를 생각하면 당연히 그렇다고 할 수 있다. 이는 결국 사비위빈仕非爲貧에서 위빈爲貧의 해석 문제이다. 가난에 진저리를 친다면 오히려 공직을 돈벌이 수단으로 삼는 부정부패의 온상이 될 수도 있기 때문이다. 仕非爲貧은 오늘날 상황에 딱 들어맞지 않는다고 그냥 지나칠 내용이 아니라 피가 되고 살이 되게끔 곱씹어볼 만한 구절이다.

54 부당 ——— 들어가려고 하면서 문을 닫다
욕입폐문欲入閉門(「만장」하 7)

입문___우리는 사업과 프로젝트를 하다 보면 이런저런 사람을 자주 만

226

나게 된다. 아니 사람을 만나려고 기를 쓰게 된다. 물론 이렇게 만나서 좋은 인상을 받기도 하고 감정의 상처를 받기도 한다. 이에 따라 한 번의 만남으로 끝나기도 하고 평생 관계를 이어가기도 한다. 하지만 일을 앞세우면 개인의 감정은 접어두어야 하고 그렇게 하다 보면 일이 버거워지기도 한다.

취미나 뜻을 같이하는 사람을 만날 때는 위와 다르다. 뜻이 맞지 않은 사람이나 괜히 사람을 자극하는 사람과 함께 어울리며 시간을 보내려고 하지 않는다. 마음이 편하지도 않고 관심의 방향이 일치하지 않기 때문이다. 삶에 있어서 의미를 두는 일이라면 사람을 더더욱 가려서 만나게 된다. 워낙 좁은 나라이다 보니 몇 다리를 건너면 서로 아는 사이인지라 처음부터 만남에 신중해질 수밖에 없다.

맹자를 비롯해서 유학에서는 사람이 만나는 의식, 즉 교제를 아주 중시했다. 교제는 신분의 차이에도 불구하고 상호 존중을 바탕으로 했다. 이런 점에서 禮로 규정되어 『예기』와 『의례』에 자세하게 설명되어 있다. 어찌 보면 예는 동아시아 문화가 덜 거칠고 보다 더 고상한 만남을 하는 제도적 장치라고 할 수 있다. 예컨대 군주와 신하 사이가 엄격한 신분 차이가 있지만 20조목 "불소지신不召之臣"에서 보았듯이 "이리 오너라!"라는 식으로 부르지 않았다. 군주가 현자를 보고자 할 때 존중의 태도로 보이지 않기 때문이다. 맹자를 비롯해서 유학에서는 왜 이처럼 교제 방식에 신경을 쓰는지 그 맥락을 살펴보고자 한다.

승당＿＿대부를 부르는 깃발로 우인을 부르면 우인은 죽더라도 함부로 가지 못한다. 사를 부르는 깃발로 서인을 부르면 서인이 어찌 함부로 갈 수 있겠는가? 하물며 현인이 아닌 사람을 부르는 방법으로 현인을 부른다면 어떻게 되겠는가? 현인을 만나고자 하면서 합당한 도로 하지 않는다면 이는 마치 어디를 들어가고자 하면서 문을 닫아버리는 것과 비슷하다. 의는 사람이 다니는 길이요, 예는 사람이 드나드는 문과 비슷하다. 오직 군자라야 이 길을 말미암고 문을 드나들 수 있다.

以大夫之招, 招虞人, 虞人死不敢往. 以士之招, 招庶人,
이 대 부 지 초 초 우 인 우 인 사 불 감 왕 이 사 지 초 초 서 인

庶人豈敢往哉? 況乎以不賢人之招, 招賢人乎?
서 인 기 감 왕 재 황 호 이 불 현 인 지 초 초 현 인 호

欲見賢人, 而不以其道, 猶欲其入, 而閉之門也. 夫義,
욕 견 현 인 이 불 이 기 도 유 욕 기 입 이 폐 지 문 야 부 의

路也. 禮, 門也. 惟君子能由是路, 出入是門也.
로 야 례 문 야 유 군 자 능 유 시 로 출 입 시 문 야

입실 대부大夫는 다음에 나오는 士와 함께 당시 신분제에서 지배계급에 속한다. 반면 서인庶人은 벼슬을 하지 않은 다수의 일반 백성을 가리킨다. 초招는 '부르다, 호출하다'의 뜻이다. 사냥 갔을 때 안전사고를 예방하기 위해 군주는 다양한 깃발을 사용하여 사람을 불렀다. 대부는 깃대 끝에 새의 깃으로 장식한 정旌을, 우인은 피관皮冠을, 서인은 무늬가 없는 붉은 비단의 기인 전旃을 사용했다. 우인虞人은 '왕실의 정원과 사냥터를 관리하는 관원'이다. 기豈는 의문 부사로 '어찌'의 뜻이다. 황況은 '하물며, 더구나'의 뜻이다. 현인賢人은 신분이 아니라 도덕성과 능력이 뛰어난 인재를 가리키는데 당시 '현자賢者', '현재賢才' 등으로 쓰였다. 유猶는 '마치 ~과(와) 같다'는 뜻으로 비유에 많이 쓰인다. 즉 앞의 내용이 마치 뒤의 내용과 흡사하다는 맥락을 나타낸다. 로路와 문門은 사람이 다니는 길과 사람이 드나드는 문을 가리키는데 여기서는 義와 禮의 특성을 비유하고 있다.

여언___인용문은 군주가 무슨 깃발을 흔들어 누구를 부르냐는 이야기를 다루고 있다. 이 이야기는 제자 만장이 맹자에게 "능력 있는 사가 자신을 써줄 제후를 만나려고 하지 않은가?"라는 물음에서 시작됐다. 사실 이 물음은 만장이 적극적으로 제후를 만나 구직 활동을 하지 않은 맹자의 입장을 알아보려는 속뜻을 담고 있다. 이때 맹자는 먼저 현직에 있는 신하(관료) 이외에 도시에 거주하는 시정지신市井之臣과 재야에 있는 초망지신草莽之臣을 소개했다. 이어서 시정지신과 초망지신은 신분이 서인이기 때문에 폐백을 바치는 의식을 치르지 않으면 군주를 만날 수 없다고 대답했다. 즉 맹자는 가는 곳에서 폐백을 올리는 예를 하지 않았으니 군주를 만날 수 없다는 말이다.

만장은 군주가 서인에게 부역을 시키면 서인이 부역하므로 군주가 서인을 부르면 서인이 군주를 찾아야 하지 않느냐고 재차 물었다. 이에 부역은 서인이 해야 할 의무이지만 왕견往見은 서인이 해야 할 의무가 아니라며 맹자는 군주의 만남에 소극적 태도를 보였다.

그렇다면 맹자의 속내는 무엇일까? 그는 군주를 만나 仁政을 펼치고자 하면서도 제 발로 군주를 찾아가지 않겠다고 하니 말이다. 그는 노나라 목공繆公과 자사子思의 일화를 통해 자신의 속내를 드러냈다. 목공이 평소 자사를 자주 찾아보는 등 예우를 잘했는데, 어느 날 그는 자사에게 "군주가 사와 벗(友士)을 하면 어떤가요?"라는 질문을 던졌다.

사실 목공은 자신의 입장에서 자사를 예우한다고 友士 문제를 끄집어냈을 수 있다. 하지만 위位로 보면 목공이 군주이고 자사가 신하이지만 덕德으로 보면 반대가 된다. 이런 논리에서 자사는 목공이 오히려 자신과 벗할 것(友之)이 아니라 모셔야 한다(事之)고 생각했다. 자사의 이야기를 보면 20조목 "不倈之臣"에서 안촉顏觸이 제나라 선왕 앞으로 나아가지 않고 자기 앞으로 오라고 했던 고사가 연상된다.

맹자는 불소지신과 같이 예우하지 않고 군신의 틀에서 자신을 부리려는 군주를 만나려고 하지 않았다. "欲入閉門"의 대우로 만나봐야 서로 의기투합하여 仁政을 펼칠 수 없기 때문이다. 이런 이야기 끝에 깃발이 등장한다. 사람을 부르려면 닥치는 대로 강요하지 않고 제대로 격식을 갖추어야 한다는 말이다. 우리도 급할 때는 호들갑을 떨며 사람을 찾다가 시간이 지나면 그 사람이 어떻게 되었는지도 관심을 두지 않는 경우가 없을까? 인재 타령을 하면서 과연 인재가 마음을 붙이고 대업을 할 환경을 제대로 갖추고 있을까? 선뜻 그렇다고 말하기 쉽지 않다면 우리도 목공과 다를 바가 없는 셈이다.

55
탄핵

듣지 않으면 자리에 내쫓는다

불청역위不聽易位(「만장」하 9)

입문___오늘날 '오너 리스크'라는 말이 언론에 종종 오르내린다. 요즘처럼 급변하는 기업 생태계에서 최고경영자가 통상적인 리더십을 발휘해도 성장하기가 쉽지 않다. 그래서 사회 각 분야에서 변화와 혁신의 목소리가 높다. 이런 환경에서 최고경영자가 노동자를 상대로 갑질을 하거나 SNS에서 부적절한 용어를 사용하거나 최고경영자의 친인척이 사회에서 물의를 빚는 언행을 하여 기업 경영이 일순간 위기로 빠지곤 한다.

왕조 시대에는 '국왕 리스트'가 언제라도 나타날 수 있었다. 국정의 의 사 결정권자가 타당하지 않은 정책의 추진에 괜한 고집을 부리거나 사치를 절제하지 못하면 그 피해가 오로지 국정과 백성에게 돌아갈 수 있다. 이 때문에 유학의 정치사에서 간언諫言 제도를 통해 군주의 실정을 가감 없이 비판할 수 있게 하고 또 경연經筵을 통해 군주라도 매일 유가 경전을 학습하도록 했다. 오늘날 삼권분립과 정당정치처럼 상호 견제와 균형이 원활히 작용하지 않더라도 왕정 또한 국왕 리스크를 통제하는 장치를 갖추었다고 할 수 있다.

이처럼 오너 리스크와 국왕 리스크는 통제받지 않은 권력이 낳을 수 있는 위기라는 공통점을 나타내고 있다. 요즘은 일인 미디어의 시대가 열리면서 정치인을 비롯하여 누구라도 갑작스럽게 사회적 파장을 일으킬 수가 있다. 즉 사회의 위기가 특정인에게 한정되지 않는다는 말이다. 맹자는 '국왕 리스크'를 어떻게 풀어가고자 하는지 살펴보기로 하자.

승당__선왕: 귀척의 경에 대해 묻고 싶소. 맹자: 군주가 커다란 잘못을 하면 귀척의 경은 되풀이해서 시정을 요구해도 왕이 받아들이지 않으면 군주의 자리를 바꿉니다. 이 말을 듣고 선왕이 왈칵 성을 내며 얼굴빛이 파랗게 바뀌었다. 맹자: 왕이시여, 이상하게 여기지 마십시오. 왕이 제게 물으니 제가 원칙대로 대답하지 않을 수가 없었습니다. 선왕의 얼굴빛이 안정된 뒤에 이성의 경에 대해 묻고 싶소. 맹자: 군주가 잘못을 하면 시정을 요구하고 되풀이해서 요구하더라도 받아들이지 않으면 자리에서 떠납니다.

王曰, 請問貴戚之卿, 曰, 君有大過則諫. 反覆之,
왕 왈 청 문 귀 척 지 경 왈 군 유 대 과 즉 간 반 복 지
而不聽則易位. 王勃然變乎色. 曰, 王勿異也. 王問臣,
이 불 청 즉 역 위 왕 발 연 변 호 색 왈 왕 물 이 야 왕 문 신

臣不敢不以正對. 王色定然後, 請問異姓之卿, 曰,
신 불 감 불 이 정 대 왕 색 정 연 후 청 문 이 성 지 경 왈
君有過則諫, 反覆之, 而不聽則去.
군 유 과 즉 간 반 복 지 이 불 청 즉 거

입실＿＿왕王은 제나라 선왕을 가리킨다. 귀척貴戚은 '임금과 인척 사이가 되는 대신'을 가리킨다. 경卿은 과거 신분제에서 군주 다음에 있는 고위 관료로 품계로 보면 2품 이상에 해당한다. 경卿은 오늘날에는 잘 쓰이지 않지만 가톨릭 교황 다음의 '추기경樞機卿'에 쓰인다. 간諫은 '임금이나 윗사람에게 옳지 않은 일이나 잘못된 일을 고치도록 말하다'의 뜻이다. 왕정 시대에 사간司諫은 군주의 잘못과 비위를 공개적으로 지적하는 일을 맡았다. 반복反覆은 '말이나 행동을 이랬다저랬다 하여 자꾸 고치다'의 뜻이지만 여기서는 '되풀이하다'는 반복反復의 맥락으로 쓰인다.

청聽은 '듣다'의 뜻으로 쓰이지만 여기서는 '듣고 따르다, 받아들이다'의 뜻으로 다른 사람의 의견을 수용하여 자신의 과오를 고친다는 맥락이다. 역易은 '바꾸다'의 뜻으로 사람을 교체한다는 맥락이다. 발연勃然은 '버럭 성을 내는 모양'의 의태어로 발연대노勃然大怒, 발연변색勃然變色, 발연작색勃然作色 등으로 쓰인다. 변색變色은 '얼굴빛이 바뀌다'의 뜻으로 몹시 화가 나서 흥분한 상태를 나타낸다. 아래의 색정色定은 '얼굴빛이 안정되다'의 뜻으로 흥분했다 평소 상태로 돌아온 맥락을 나타낸다. 이異는 '다르다'의 뜻으로 쓰이지만 여기서는 '이상하게 여기다, 괴이하게 여기다'의 맥락으로 쓰인다.

여언＿＿선왕과 맹자의 대화를 보면 분위기가 평온하지 않고 긴장의 날이 서있는 느낌을 준다. 원래 대화의 시작은 그렇게 험악하지 않았다. 선왕이 맹자에게 "경卿, 즉 정부 고위 공무원의 역할과 임무가 무엇인지

232

요?"라는 평범한 질문을 하면서 두 사람의 대화가 시작되었다. 맹자는 대화의 주제를 분명하게 하려고 선왕에게 "어떤 경을 말하시느냐?"라고 물었다. 그만큼 선왕은 사전 준비가 되어있지 않았던 것이다.

이에 맹자는 먼저 卿을 국왕과 친인척 관계를 가진 대신으로 귀척지경과 개인의 능력과 자질로 고위직에 오른 이성지경으로 나누었다. 그러자 선왕은 貴戚之卿과 異姓之卿을 차례로 물었다. 우리는 원문의 순서를 바꿔서 이야기해보자. 異姓之卿은 군주가 잘못을 하면 흔히 사극에서 보듯이 말이나 상서로 "아니되옵니다"나 "시정하여주십시오"를 주장한다. 이렇게 몇 번 반복해도 국왕이 자신들의 주장을 받아들이지 않으면 더 이상 자신이 할 역할이 없기 때문에 자리에서 물러났다. 또 왕조와 하나의 운명 공동체로 엮여있지 않기 때문에 다른 사람에게 역할을 맡기고 떠나는 것이다.

하지만 貴戚之卿은 異姓之卿과 다르다. 그들은 왕조와 운명을 같이할 수밖에 없다. 따라서 국왕이 대과를 저지르게 되면 "종묘사직을 돌보십시오!"라는 말과 함께 자신들의 주장을 수용하여 잘못을 시정할 때까지 물고 늘어지는 수밖에 없다. 그래도 대과를 시정하지 않으면 국왕을 자리에서 내려오게 하고 후계 그룹 중에서 현자를 국왕으로 앉히게 된다. 이것이 바로 "不聽易位"이다.

선왕이 不聽易位라는 말을 듣고서 아무리 배포가 당차더라도 깜짝 놀랐으리라. 이 易位가 바로 맹자가 주장한 易姓革命으로도 이어질 수 있다(「양혜왕」하 8). 사람만 바꾸므로 易位는 왕조 안에서 일어나는 사건이라면 易姓革命은 사람도 바꾸고 왕조도 바꾸므로 왕조 밖에서 일어나는 사건이다. 맹자는 개인의 권력욕으로 일어나는 쿠데타와 구별하기 위해 易姓革命이 仁義를 저버린 무자격자를 축출하는 사건으로 보았다. 군주가 아니라 무자비하고 비상식적인 무자격자를 왕좌에서 끌어내리고 그 자리에 어울리는 사람을 앉히는 일이다. 예컨대 은의 폭군은 易姓革命의 단계에서 군주가 아니라 "일부주一夫紂"(맹자)이거나 "독부주獨夫紂"(순자)일 뿐이다. 오늘날 정치와 경영에서 리더 리스크가 생길 때 맹자처럼 不聽易位와 易姓革命을 주장하는 대책을 내놓는지 자문해보지 않을 수가 없다.

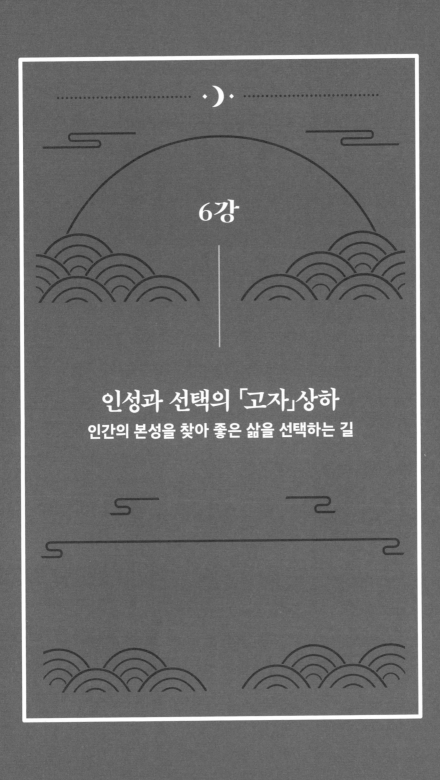

6강

인성과 선택의 「고자」상하
인간의 본성을 찾아 좋은 삶을 선택하는 길

'고자'는 맹자에게 질문을 던지는 사람 고자告子로 인해 편명이 되었다. 고자의 사적이 『맹자』 이외의 다른 책이 나오지 않을뿐더러 그의 이름으로 단편과 책이 전해지지 않아 어떤 사람인지 알 수가 없다. 간혹 고자가 맹자의 제자라거나 고告가 '묻다, 아뢰다'의 뜻이라는 점에 주목해서 고자를 맹자가 가공으로 지어낸 인물이라고 말하기까지 한다. 고자가 공손추나 만장처럼 맹자의 제자라고 하면 다른 편에도 나올 법한데 나오지 않고 맹자와 완전히 입장을 달리하므로 그를 '제자'로 보기가 어렵다. 또 장자라면 다양한 가공의 인물을 창조해서 논의를 진행하겠지만 맹자가 대부분 역사적 인물을 거론하고 있는데, 오로지 '고자'만을 창작했다고 보기도 자연스럽지 않다.

이런 사정은 고자에 관한 정보가 워낙 빈약한 상태라 생겨나는 추측이라고 할 수 있다. 이처럼 고자의 정보가 적지만 맹자가 전국시대에 인성론을 정립하는 데에 커다란 기여를 했다. 고자는 「고자」상 1~4장에만 보이고 다른 장에 등장하지 않는다. 맹자에게 성性의 논의를 제기하고 나서 연기가 사라지듯 자취를 감추고 있다. 아마 땅속에서 자료가 발굴되면 출토 문헌에서 고자의 정체가 좀 더 알려지기를 기대할 수밖에 없다. 그럼에도 고자는 『맹자』에서 굵은 인상을 남겼고 이로 인해 분명 철학사에 지울 수 없는 기여를 했다고 할 수 있다.

11수의 내용은 다음과 같다. 성유단수性猶湍水는 본성이 일정한 방향이 없고 여울물과 같아 물길을 터주는 대로 흐른다는 고자의 입장을 나타낸다. 인내의외仁內義外는 사랑은 사람의 마음에서 시작되지만 도의는 사람의 밖에 있는 객관적 기준에 달려있다는 고자의 입장을 나타낸다. 맹자는 본성이 일정한 방향을 나타내고 의리도 사람의 마음에서 시작된다고 주장한다. 리의열심理義悅心은 물질적 소유만이 아니라 의리에 따른 행위도 사람의 마음을 만족시킬 수 있다는 논의를 펼친다. 일포십한一暴 十寒은 아무리 잘 자라는 식물도 기상 조건이 악화되면 제대로 자라지 못하듯이 사람도 관심과 집중을 기울여야 한다는 이야기를 전한다. 구기방심求其放心은 닭이 우리를 뛰쳐나가면 찾는데, 사람은 마음이 길을 잃어도 되찾을 줄 모르는 세태를 꼬집고 있다. 선립기대先立其大는 사람이 외물의 유혹에 끌려가서 중독되지 않으려면 큰몸(大體)의 지향을 확실히 세워야 한다는 내용을 말한다.

천작인작天爵人爵은 사람이 세상에서 받는 높고 낮은 작위보다 하늘로부터 누구나 공평하게 받는 작위를 더 소중히 해야 한다는 내용을 말한다. 부걸보걸富傑輔傑은 바쁘게 돌아가는 세상의 흐름에 무관심하다 보면 악의 세력을 키우는 걸 돕게 된다는 경계를 말하고 있다. 이십취일二十取一은 세금이 부의 재분배를 하는 역할을 하는데, 무조건 세금의 경감을 외치면 정작 할 일을 못 하게 된다는 경계를 말하고 있다. 호선고선好善告善은 사람이 선의 방향으로 나아가면 주위 사람들도 너도나도 선을 확산시키는 데에 동조하게 된다는 말이다. 동심인성動心忍性은 사람이 흔들리는 상황에서 이겨내고 욱하는 상황에서 참아내며 마음의 근육을 키워 "두터운 자아thick self"로 성장하는 이야기를 다루고 있다.

56
방향

본성은 여울물과 같다

성유단수性猶湍水(「고자」상 2)

입문___대학교에서 동양철학을 강의하다 보면 "맹자 = 성선, 순자 = 성악" 이야기를 다루게 된다. 학생들은 한국에서 중·고등학교를 다녔다는 이유로 이 이야기를 이미 몇 차례 들은 적이 있고 그 내용을 알고 있다. 이 때문에 "맹자, 성선" 말만 해도 표정에 "다 아는 내용을 또 듣는구나!" 라는 반응을 읽을 수 있다.

사실 철학에서 결론도 중요하지만 과정과 물음도 중요하다. 과정은 결론에 이르는 절차이고 물음은 왜 그런 결론을 찾으려고 하는가 하는 문제의 제기이다. 맹자는 당시 도대체 "사람이 동물과 뭐가 다른가?"라는 질문을 탐구했다. 이 질문에 답을 찾아야 사람을 사람답게 만드는 길과 제도를 구상할 수 있기 때문이다. 중·고등학교에서는 과정과 물음보다 결론을 강조한다. 또 그 결론을 암기하도록 요구한다. 시험에 나오면 정답을 찾기 위해서. 교육 환경이 이렇다 보니 한참 호기심이 많을 시기에 "왜?"는 잊고 정답 찾기에만 관심을 갖는다.

사실 "맹자 = 성선, 순자 = 성악"의 결론은 그렇게 중요하지 않다. 두 사람은 본성에서 차이가 날 뿐 서로 같은 세상을 이루고자 꿈꾸기 때문이다. 두 사람은 인성을 다르게 보기 때문에 이상 사회에 이르는 방법만 다를 뿐이다. 그렇고 보면 방법의 차이에만 골몰해서 맹자와 순자가 무엇을 하고자 했는지 놓쳐버리는 게 지금의 현실이다. 맹자는 순자를 만나기 전에 고자를 만나서 자신의 인성론을 벼리게 된다. 고자는 오늘날 그의 책이 전해지지 않지만 맹자가 인성론을 확립하는 데 큰 공을 세웠다고 할 수 있다. 맹자는 고자만이 아니라 순자 등과 인성론을 두고 왜 그토록 골몰하는지 살펴보기로 하자.

승당___고자: 본성은 여울물과 같다. 둑을 동쪽으로 터면 그 물이 동쪽으로 흐르고 서쪽으로 터면 그 물이 서쪽으로 흐른다. 따라서 인성에 선과 불선의 구분이 없는데 이는 물이 동서의 구분이 없는 것과 같다. 맹자: 당신은 진실로 물이 동서의 구분이 없지만 설마 상하의 구분이 없다고 생각하는가요? 인성의 선은 물이 위에서 아래로 흐르는 것과 같다. 사람이 선하지 않은 적이 없듯이 물은 아래로 흐르지 않은 적이 없다. 지금 물의 표면을 손바닥으로 쳐서 물이 뛰어오르게 하면 사람의 이마 높이를 이를 수 있고, 물살을 세차게 흐르게 하면 산으로 올라가게 할 수 있는데, 이것이 물의 본성이겠는가? 물의 형세가 그렇게 만든 것이다.

告子曰, 性猶湍水也. 決諸東方, 則東流.
고 자 왈   성 유 단 수 야   결 저 동 방   즉 동 류

決諸西方, 則西流. 人性之無分於善不善也,
결 저 서 방   즉 서 류   인 성 지 무 분 어 선 불 선 야

猶水之無分於東西也. 孟子曰, 水信無分於東西,
유 수 지 무 분 어 동 서 야   맹 자 왈   수 신 무 분 어 동 서

無分於上下乎? 人性之善也, 猶水之就下也.
무 분 어 상 하 호   인 성 지 선 야   유 수 지 취 하 야

人無有不善, 水無有不下. 今夫水, 搏而躍之, 可使過顙,
인 무 유 불 선   수 무 유 불 하   금 부 수   박 이 약 지   가 사 과 상

激而行之, 可使在山, 是豈水之性哉? 其勢則然也.
격 이 행 지   가 사 재 산   시 개 수 지 성 재   기 세 칙 연 야

입실___고자告子는 맹자와 人性에 대한 여러 차례 논쟁을 벌이는 인물인데 그의 책이 전해지지 않고 전기도 알려진 바가 없다. 단湍은 강이나 바다에서 바닥이 얕거나 폭이 좁아 물살이 빠르게 흐르는 '여울'의 물의

뜻이다. 결決은 '터다, 터지다'의 뜻으로 여울의 둑을 터서 물이 흘러내려 가게 하는 맥락이다. 동류東流에서 동東은 '동쪽으로'라는 방향을 나타낸다. 분分은 '나누다, 구별하다'의 뜻이다. 신信은 뒤의 무분無分과 연결되므로 '진실로, 진짜'의 뜻이다. 박搏은 '치다, 때리다'의 뜻으로 사람이 손바닥으로 흐르는 물의 표면을 치는 맥락이다. 약躍은 '뛰다, 뛰어오르다'의 뜻으로 사람이 손바닥으로 물의 표면을 치면 물이 위로 뛰어오르는 맥락이다. 상顙은 '이마'의 뜻으로 뛰어오른 물이 이마 높이에 다다른다는 맥락이다. 격激은 '빠르다, 부딪쳐 흐르다'의 뜻이다.

여언___다들 알다시피 맹자는 성선을 주장했다. 이는 사람의 본성이 선으로 나아가는 방향성이 있다는 말이다. 여기서 맹자가 인간을 너무 낙관적으로 생각한다고 오해하면 안 된다. 맹자가 사람의 본성이 선의 방향으로 나아간다고 해서 사람이 악의 방향으로 나아가는 걸 모른다거나 부정하지 않는다. 다만 그는 선의 방향으로 나아가는 인성을 최대로 키워서 악으로 흐를 가능성을 완전히 통제하고자 했을 뿐이다.

이제 고자의 이야기를 들어보자. 그는 사람의 본성을 여울에 있는 물에 비유한다. 여울의 물은 스스로 흐르는 방향을 정할 수 없다. 사람이 여울의 둑을 터주는 방향대로 흐를 뿐이다. 이것이 바로 "性猶湍水"이다. 이는 여울의 물이 동서 방향을 가리지 않는다는 말이고 본성도 어디로든 갈 수 있어서 특정한 방향이 없다는 말이다. 즉 성선의 방향만을 특정할 수 없다는 말로 맹자를 비판하고 있다.

이렇게 되면 맹자는 사람이 선의 방향으로 나아가도록 환경을 조성하자고 말하게 되지만 고자는 이와 다르다. 그가 자유와 방임을 주장한다면 사람이 각자 원하는 대로 나아가도록 내버려두자고 하겠지만 국가주의와 조작주의자라면 누군가가 사람을 특정한 방향으로 몰고 갈 수 있는 통제를 할 수도 있다. 이 때문에 고자의 주장을 받아들이면 방임과 통제의 사회가 될 수 있다.

맹자도 고자의 주장처럼 물의 흐름에 동서의 구별은 없지만 상하의 낙차 구분이 있다는 과학적 사실을 적시한다. 여기서 性猶湍水를 넘어 "水之就下"를 끌어낸다. 아울러 그는 물이 사람의 이마까지 뛰어오르고 산으로 올라갈 수 있지만 그것은 어떤 조건의 변화에 일어날 수 있는 일이다. 이것은 본성과 관련되는 문제가 아니라 형세일 뿐이라고 비판했다. 맹자는 과학적이고 논리적으로 고자의 주장을 반박했다. 이렇게 결론만이 아니라 과정과 물음에 주목하면 새로운 자극과 시사점을 받을 수 있다. 맹자 당시의 인성 논의는 오늘날 "사람이 로봇이나 인공지능과 어떻게 구별되느냐?"라는 새로운 물음을 풀어가는 데 단초를 제공하고 있기 때문이다.

57 자발   인은 마음 안, 의는 마음 밖

인내의외仁內義外(「고자」상 4)

입문＿사람이 길을 가다 타인과 눈이 맞으면 인사를 한다. 우리는 지금 꼭 그렇지 않지만 이전에 꼭 나이가 적은 사람이 많은 사람에게 먼저 한다. 이런 문화는 군대에서 강하게 작동하고 있다. 계급이 낮은 사람은 상관에게 무조건 "충성" 등의 구호와 함께 거수경례를 해야 한다. 군에서 사병이 헬리콥터를 탄 사단장에게 경례를 해서 포상휴가를 갔다는 전설

같은 이야기를 들은 적도 있다.

이러한 군대 경례는 나보다 높은 직급 또는 역할에 대해 경례 의식을 하는 것이지 꼭 상대에 대한 존경심을 나타내지 않는다. 물론 그런 태도를 가진 군인도 있겠지만 군대 안의 인간관계가 상호 교감을 할 수 있는 기회가 그리 많지 않기 때문이다. 즉 하급자는 상급자가 어떤 사람인지 모르지만 나보다 상관이므로 규정에 따라 경례를 할 뿐이다. 호텔의 복도에서 사람을 만나게 되면 서로 몰라도 가벼운 눈인사나 목례를 한다. 이도 내가 상대에게 호감을 나타내기보다 어색한 상황을 모면하는 동작에 가깝다.

만약 인사가 역할이나 상황에 따라 하는 절차가 아니라면 가족, 동료, 동학에게 건넬 때도 똑같을까? 아니면 다를까? 이와 관련해서 맹자와 고자는 "仁內義外"라는 치열한 논쟁을 벌이고 있다.

승당__고자: 식욕과 성욕은 본성이다. 사랑은 마음 안에서 일어나므로 밖이 아니고, 의는 마음 밖에서 일어나므로 안이 아니다. 맹자: 어떻게 해서 인이 마음 안이고 의가 마음 밖인가? 고자: 저 사람이 나보다 어른이므로 내가 그를 어른 대접하지 내 마음에 우러나서 어른 대접하는 게 아니다. 또 색깔의 경우 저것이 하얀색이어서 내가 하얗다고 하는데 하얀색은 외적 기준에 따르므로 밖이라고 한다. … 고자: 내 동생이면 그냥 사랑하고 진나라 사람의 동생이면 바로 사랑하지 않는데, 이는 내 마음의 작용을 즐거움으로 여기므로 안이라고 한다. 초나라 사람의 어른을 어른 대접하고 내 집의 어른을 어른 대접하는데, 이는 객관적인 나이(어른)를 즐거움으로 여기므로 밖이라 한다. 맹자: 진나라 사람이 불고기를 좋아하는 것이 내가 불고기를 좋아하는 것과 다를 바가 없으니 사

물에서 또한 마찬가지로 그러하다. 그렇다면 불고기를 좋아함은 밖에 있는가?

告子曰, 食色, 性也. 仁, 內也. 非外也. 義, 外也, 非內也.
고 자 왈 식 색 성 야 인 내 야 비 외 야 의 외 야 비 내 야
孟子曰, 何以謂仁內義外也? 曰, 彼長而我長之,
맹 자 왈 하 이 위 인 내 의 외 야 왈 피 장 이 아 장 지
非有長於我也. 猶彼白而我白之, 從其白於外也,
비 유 장 어 아 야 유 피 백 이 아 백 지 종 기 백 어 외 야
故謂之外也. … 曰, 吾弟則愛之, 秦人之弟則不愛也,
고 위 지 외 야 왈 오 제 즉 애 지 진 인 지 제 즉 불 애 야
是以我爲悅者也, 故謂之內. 長楚人之長, 亦長吾之長,
시 이 아 위 열 자 야 고 위 지 내 장 초 인 지 장 역 장 오 지 장
是以長爲悅者也, 故謂之外也.
시 이 장 위 열 자 야 고 위 지 외 야
曰 耆秦人之炙, 無以異於耆吾炙, 夫物則亦有然者也.
왈 기 진 인 지 구 무 이 이 어 기 오 구 부 물 즉 역 유 연 자 야
然則耆炙亦有外與?
연 즉 기 구 역 유 외 여

입실＿＿식색食色은 오늘날 '식욕'과 '성욕'을 가리킨다. 내외內外는 마음을 기준으로 하여 일이 마음에 일어나면 '內'가 되고 마음과 무관하게 외부에서 일어나면 '外'가 된다. 장長은 '어른, 윗사람'의 뜻이고, 장지長之는 인사 예절 등에서 '어른으로 대우하다, 존경하다'의 뜻이고, 장어長於는 마음으로 '어른으로 대우하다, 존경하다'의 뜻이다. 이처럼 長이 맥락에 따라 조금씩 의미가 다르므로 잘 구별해야 원문의 흐름을 놓치지 않는다. 열悅은 '기뻐하다, 즐겁다'의 뜻이다. 기耆는 '즐기다, 좋아하다, 달게 먹다'의 뜻이다. 적炙은 '구운 고기, 불고기'의 뜻이다. 연然은 '그렇다, 그러하다'의 뜻이다.

여언＿＿맹자와 고자는 인성만이 아니라 仁內義外에서도 치열하게 논쟁했다. 그라인드로 쇠를 갈 때 불꽃이 튀듯이 두 사람이 만날 때마다 천

둥소리가 나고 번개가 번쩍인다. 이번에도 예외가 아니다. 고자가 먼저 포문을 열었다. 유가에서 "인의와 예지가 마음에 뿌리 두고 있다(仁義禮智根於心. 「진심」상 21)"라고 한다. 여기서 고자는 사랑으로서 인이 마음에 뿌리 두고 있다는 점에 동의하지만 기준으로서 의가 마음에 뿌리 두고 있다는 점에 동의할 수 없다고 딴지를 걸었다.

그 이유는 간단하다. 앞에서 본 군대의 경례처럼 내가 나보다 어른을 어른 대접할 때 어떻게 하는지 생각해보자고 제안했다. 내가 누구를 만났을 때 서로 나이를 확인하고 나보다 어른이면 어른 대접을 한다고 해보자. 그러면 어른 대접은 마음과 상관없이 누가 더 나이가 많은가라는 객관적 기준에 따라 진행된다. 고자는 이런 설명을 하얀색의 인지 활동에도 대입한다. 사회적으로 어떤 색을 '하얗다'고 하기로 약속했으므로 내가 그런 색을 보면 '하얗다'고 하는 것이다. 仁內義外라는 말이다.

이에 대해 맹자도 가만히 있을 리가 없다. 이를 반박하지 못하면 유학의 네 가지 덕목 仁義禮智에서 "인은 마음 안에, 나머지는 마음 밖에" 있게 된다. 이렇게 되면 맹자가 유학의 덕목을 마음 안에서부터 키워서 확충하려고 하는 기획에 실패할 수밖에 없게 된다. 맹자는 불고기로 논의를 바꿔서 고자의 仁內義外에 대응하고자 했다. 진나라 사람과 나는 모두 불고기를 즐겨 먹는다. 어느 나라 사람이 중요한 게 아니라 사람이면 누구나 불고기 먹기를 좋아한다.

두 사람의 차이는 仁內義內와 仁內義外의 개념 정립에 한정되지 않고 사회제도로 확대될 수 있다. 맹자는 주관성을 강조하므로 어떠한 행위도 마음을 담게 된다. 마음과 행위 사이에 조금의 틈새가 있을 수가 없다. 틈새가 있다면 그것을 매우는 것이 사람의 도덕적 행위라고 할 수 있다. 반면 고자는 사랑과 같은 애정은 주관성을 갖는 점을 반대하지 않는다. 이 밖에 사람과 사람 사이가 상호 합의할 수 있는 객관적인 제도와 규정에 바탕을 두어야 한다고 본다.

이렇게 보면 고자가 타인을 만나면 규정을 안내하지만 맹자가 타인을 만나면 친밀감을 키우자고 할 듯하다. 두 사람 중에 누가 맞나보다 각각 仁內義內와 仁內義外를 바탕으로 사람과 사회를 어떻게 조직하고자 하는지를 살펴보면 좋겠다.

58 만족 — 도덕이 마음을 즐겁게 하다
리의열심理義悅心(「고자」상 7)

입문___ 칭찬은 고래를 춤추게 한다고 한다. 당연히 칭찬은 사람도 춤추게 할 수 있다. 반대로 비방과 욕설은 동물만이 아니라 사람도 화나게 할 수 있다. 동물도 그러할진대 사람이라면 서로 비슷한 반응을 보인다고 할 수 있다. 무엇이 사람을 즐겁게 할까? 이 물음은 '사람'의 정의를 좀 더 분화시켜서 다시 물어야 한다. 그렇지 않으면 무엇을 기준으로 대답해야 할지 몰라 '이게 뭐지?'라고 생각할 수 있다. 사람의 기준이 식욕이라면 음식을 기준으로 대답하게 될 터이고 소리라면 음악을 기준으로 대답할 수 있다. 여기서 맛이나 음악에는 서로 비슷하게 좋아하는 경우도 있지만 사람마다 각자 좋아하는 경우도 있다.

사람이라면 나이, 성별, 국적 등을 떠나면 보편적으로 공감하고 동의할 수 있는 것이 무엇일까? 미술관·박물관 전시, 음악 공연, 영화관 등을 가보면 많은 사람이 작품을 보고 들으며 감상에 잠긴다. 예술이 사람을 공감하게 만든다고 할 수 있다. 맹자는 예술만이 아니라 도덕도 사람 사이에 공감하고 동의할 수 있는 힘을 가지고 있다고 주장했다. 그이가 이 주장을 어떻게 펼치는지 함께 살펴보기로 하자.

승당＿풍년에는 젊은이들이 대부분 선하지만 흉년에는 젊은이들이 대부분 포악하다. 이는 하늘(하느님)이 사람에게 부여한 재능이 다르기 때문이 아니라 사람의 마음을 한쪽으로 빠뜨려서 그렇게 된다. … 그러므로 같은 종류는 대부분 서로 닮았다. 어찌 홀로 사람의 경우 의심하겠는가? 성인은 나와 동류이다. … 입이 맛에 대해 똑같이 좋아함이 있고 귀가 소리에 대한 똑같이 들음이 있고 눈이 미인에 대해 똑같이 아름다워함이 있는데 마음의 경우 홀로 똑같이 그러함이 없겠는가? 마음이 똑같이 그러함이 무엇인가? 도리와 예의라고 한다. 성인이 우리 사람의 마음이 똑같이 그러함을 먼저 터득했다. 그러므로 도의와 예의가 우리 마음을 즐겁게 하는 것은 육류가 우리 입을 즐겁게 하는 것과 같다.

富歲, 子弟多賴. 凶歲, 子弟多暴. 非天之降才爾殊也,
부세 자제다뢰 흉세 자제다포 비천지강재이수야
其所以陷溺其心者然也. … 故凡同類者, 擧相似也,
기소이함닉기심자연야　　고범동류자 거상사야
何獨至於人而疑之? 聖人, 與我同類者. … 口之於味也,
하독지어인이의지 성인 여아동류자　　구지어미야
有同耆焉. 耳之於聲也, 有同聽焉. 目之於色也,
유동기언 이지어성야 유동청언 목지어색야
有同美焉. 至於心, 獨無所同然乎? 心之所同然者,
유동미언 지어심 독무소동연호 심지소동연자
何也? 謂理也, 義也. 聖人先得我心之所同然耳.
하야 위리야 의야 성인선득아심지소동연이
故理義之悅我心, 猶芻豢之悅我口.
고리의지열아심 유추환지열아구

입실__ 부세富歲는 '소득이 많다'는 뜻으로 풍년豊年과 같다. 뢰賴는 아래 포暴와 상반되므로 '돕다, 여유 있다, 넉넉하다, 선하다'의 뜻이다. 강降은 '내리다'의 뜻으로 하늘이 사람에게 재능을 부여하다는 맥락이다. 수殊는 '다르다'의 뜻이다. 함익陷溺은 둘 다 '빠지다'의 뜻으로 사람이 환경의 영향을 받는다는 맥락이다. 의疑는 '의심하다, 괴이하게 여기다'의 뜻이다. 기嗜는 '즐기다, 좋아하다'의 뜻이다. 추芻는 '꼴, 건초'의 뜻으로 소와 양처럼 풀을 먹는 경우를 말한다. 환豢은 '밥'의 뜻으로 개와 돼지처럼 사람이 먹는 곡물을 먹는 경우를 말하는데, 합쳐서 추환은 오늘날 육류를 가리킨다.

여언__ 이야기를 하려면 먼저 열悅의 의미를 좀 더 들여다볼 필요가 있다. 사전적으로 열은 '기쁘다, 즐겁다'의 뜻이다. 이것으로도 분명하지만 이야기를 진행하므로 더 부가적인 설명이 필요하다. 도덕이 사람을 즐겁게 한다고 하면 그 의미가 분명하게 전달되지 않을 수 있기 때문이다.

우리가 무슨 일을 하고 나면 짜증이 나거나 싫증이 난다고 한다. 일이 제대로 풀리지 않거나 같은 일을 계속해서 되풀이하다 보면 싫증과 짜증이 나게 되는 것이다. 이는 많은 사람이 겪는 일상의 경험이다. 좋은 맥락도 있다. 오랜 시간을 들여 어려운 일을 끝내고 나면 후련하다고 느끼기도 하고 시원한 느낌이 들기도 한다. 또 에베레스트산을 간다든지 평소 꿈꾸던 일을 실제로 하게 되면 마음속으로 흡족하고 만족한 느낌이 든다. 더 나아가 뿌듯하거나 보람을 느끼기도 하고 그 느낌이 짧은 순간이 아니라 오랫동안 지속되기도 한다.

맹자는 바로 뿌듯하고 흡족하여 한순간을 넘어 계속해서 비슷한 느낌을 느낄 수 있고 나아가 나만이 아니라 사람이라면 누구나 공감할 수 있는 그런 느낌이나 생각이 있다고 본다. 그는 이를 설명하기 위해 결론을 곧바로 말하지 않고 이야기를 뻥뻥 돌린다.

맹자는 풍년과 흉년 이야기에서 사람이 환경의 영향을 받는다는 측면을 말하고 있다. 초점은 흉년에 사람이 포악하게 굴더라도 그 반응은 흉년이란 조건 때문에 그렇지 늘 포악하지 않다는 데에 있다. 이어서 그는 사람이 맛, 소리만이 아니라 아름다움에도 같은 반응을 보인다고 말한다. 맛집의 음식에 대해 이 사람만이 아니라 여러 사람이 다들 맛이 좋다고 하고, 음악의 공연에 대해 수많은 사람이 함께 공감하고 감동하며, 아름다운 사람에 대해 다들 공감한다는 것이다.

여기까지 이야기에 동의를 한다면 우리가 합당한 일을 하거나 사람이 교제에서 서로 존중할 때 그때에도 입, 귀, 눈의 감각기관과 마찬가지로 마음도 同然, 즉 공감하고 동의하는 것이 있다는 주장을 받아들 수 있다. 이것이 바로 "理義悅心"이라고 할 수 있다. 사람이 BTS 음악을 듣고 좋아하며 다른 사람에게 권하듯이 신윤복과 김홍도의 풍속화를 보고 살며시 웃음 짓듯이 理義의 도덕도 사람을 흡족하게 하여 계속 그 방향으로 나아가게 하는 특성을 갖고 있는 것이다.

59 열중 ─ 하루 햇볕 쪼이고 열흘 춥다

일포십한一暴十寒(「고자」상 9)

입문__ 같은 일을 하더라도 시간이 지나면 실력이든 실적이든 차이가 생기기 마련이다. 공부도 그렇고 업무도 그렇다. 인류, 특히 학부모님은 그 차이를 어떻게 줄힐 수 있을까 노심초사해왔다. "우리 아이가 머리가 나쁜 것도 아니고 공부를 안 하는 것도 아닌데 성적이 영 신통찮아요!" "나도 한다고 하는데 저 사람의 능력을 따라갈 수가 없어요!" 이런 하소연은 듣기 어려운 말이 아니라 살다 보면 여기저기서 한 번씩 듣는 말이다.

도대체 차이가 왜 생기는 걸까? 지금까지 논의를 보면 대체로 개인의 노력, 환경의 요소가 중요한 요인으로 거론되고 거기에다 운수가 첨가된다. 많은 사람이 움직이는 입시는 운수가 작용한다. 물론 성적이 월등히 높으면 모든 게 실력으로 결정되지만 성적이 많은 사람이 몰려있는 구간에 있으면 '그들'이 어떻게 움직이느냐에 따라 당락이 결정된다. 이것도 실력이라고 할 수 있지만 운수의 작용을 무시할 수가 없다. 맹자도 시대와 역사에 책임을 지고 있는 만큼 집에 가만히 앉아서 책만 읽을 수가 없었다. 그도 여러 나라를 돌아다니며 제후 등 국정 책임자를 만나 펼쳐야 할 정책에 대해 조언도 하고 상담도 했다. 하지만 그 성과가 신통찮았다. 어찌 보면 맹자가 실패했다고 할 수 있는 대목이다. 맹자는 이를 어떻게 받아들이고 있을지 한 걸음 더 깊이 들어가 보도록 하자.

승당___비록 세상에 아주 쉽게 자라는 생물이 있더라도 하루 햇볕 내리쪼이고 열흘 추운데 잘 자라는 경우가 없다. 내가 왕을 만나기가 드물고 내가 회동에서 물러나면 왕의 뜻을 차갑게 하는 사람이 자주 들락거리니 나로 인해 싹이 날 듯하지만 어떻게 할 수 있겠느냐? 지금 바둑의 솜씨가 변변찮은 솜씨라고 해도 마음을 오로지하고(집중하고) 뜻을 최대로 하지 않으면 터득하지 못한다. 혁추는 온 나라에서 바둑 잘 두는 사람이다. 혁추로 하여금 두 사람에게 바둑을 가르치게 해보자. 그중 한 사람은 전심치지하여 혁추의 말을 듣지만 다른 한 사람은 비록 듣고 있지만 마음 한편에 기러기가 지나가면 활이나 주살을 당겨 쏘리라고 생각하고 있다. 비록 뒷사람이 앞사람과 함께 혁추에게 배운다고 하더라도 실력이 앞사람과 같지 않을 것이다. 이는 뒷사람의 지식이 앞사람과 같지 않기 때문인가? 그렇지 않다.

雖有天下易生之物也, 一日暴之, 十日寒之,
수 유 천 하 이 생 지 물 야　일 일 포 지　십 일 한 지
未有能生者也. 吾見亦罕矣, 吾退而寒之者至矣,
미 유 능 생 자 야　오 현 역 한 의　오 퇴 이 한 지 자 지 의
吾如有萌焉, 何哉? 今夫奕之爲數, 小數也,
오 여 유 맹 언　하 재　금 부 혁 지 위 수　소 수 야
不專心致志, 則不得也. 奕秋, 通國之善奕者也. 使奕秋,
부 전 심 치 지　즉 부 득 야　혁 추　통 국 지 선 혁 자 야　사 혁 추
誨二人奕. 其一人, 專心致志, 惟奕秋之爲聽.
회 이 인 혁　기 일 인　전 심 치 지　유 혁 추 지 위 청
一人雖聽之, 一心以爲有鴻鵠將至, 思援弓繳而射之.
일 인 수 청 지　일 심 이 위 유 홍 곡 장 지　사 원 궁 격 이 사 지
雖與之俱學, 弗若之矣, 爲是其智弗若與? 曰非然也.
수 여 지 구 학　불 약 지 의　위 시 기 지 불 약 여　왈 비 연 야

입실　이생易生은 '잘 자란다'는 뜻으로 사람이 잘 가꾸지 않아도 무럭 무럭 자란다는 맥락이다. 포暴는 '햇볕 쪼이다'의 뜻으로 무더위가 지속 되는 맥락이다. 한罕은 '드물다'의 뜻이다. 맹萌은 '싹트다'의 뜻이다. 혁奕 은 '바둑'의 뜻으로 오락을 가리킨다. 전專은 '오로지하다, 집중하다'의 뜻 이다. 치致는 '이르게 하다, 최대로 하다'의 뜻이다. 혁추奕秋는 당시 바둑 을 잘 두는 사람으로 조훈현, 이창호, 이세돌 같은 사람이다. 홍곡鴻鵠은 '큰 기러기'를 가리킨다. 원援은 '당기다'의 뜻이다. 궁작弓繳은 '활과 주살' 을 가리킨다. 사射는 '쏘다, 맞추다'의 뜻이다.

여언　맹자는 「입문」에서 던진 물음에 답을 하기 위해 느닷없이 생물 이야기를 끄집어냈다. 늘 그렇듯이 맹자는 빙빙 바깥을 돌다가 확 사냥

감을 노리는 맹금류처럼 상관없어 보이는 이야기에서 시작했다. "식물이 말이야, 사람이 손을 대지 않아도 잘 자랄 수가 있어. 하지만 날씨가 하루 햇볕이 쨍쨍 났다가 열흘간 추워봐. 그러면 어떤 식물이 자라겠어?"

맹자의 이야기를 듣다 보면 수긍이 된다. 그가 직접적으로 말하지 않지만 "一暴十寒" 또는 그 반대로 "十暴一寒"이면 냉해나 폭염 피해를 입어 식물이 자랄 수가 없다. 자란다고 해도 느리게 자라서 열매를 맺지 못한다. 이를 바라보는 농부의 심정이 어떤지 짐작이 가고도 남는다.

이 이야기는 여기까지이다. 이렇게 운을 떼놓고 맹자는 맹금류처럼 본론으로 치고 들어간다. "내가 말이야, 아마 제나라 왕을 만난다고 해도 몇 번이 되겠어. 내가 오랜만에 기회를 잡아 한 번 뵙고 이런저런 이야기를 나누고 왕도 정치를 했어. 그런데 내가 회동에서 물러나면 나와 생각이 다른 사람이 줄지어 왕을 찾아 '말도 되지 않은 소립니다'라고 하면 어떻게 되겠어? 처음에 내 말에 솔깃하다가도 금방 그 마음이 식어버리지 않겠어?" 어느 사이엔가 식물 이야기와 자신의 행위가 하나로 연결되어버린다. 맹수가 사냥에 성공했듯이 맹자는 자신의 의사를 전달하는 데에 성공한 것이다. 이어서 맹자는 하나의 이야기를 덧보탠다. 자신의 생각을 확실하게 다지자는 의도이다.

혁추가 바둑을 잘 뒤서 두 사람의 제자를 맞이했다고 하자. 한 사람은 혁추의 말을 하나도 놓치지 않으려고 귀를 쫑긋해서 듣지만 다른 사람은 듣는 둥 마는 둥 하며 딴생각하면 어떻게 될까? 시간이 지나면 앞사람은 혁추처럼 되겠지만 뒷사람은 실력이 느는 둥 마는 둥일 것이다. 이것이 두 사람의 지력 차이라고 말할 수 없다면 무엇일까? 그것이 바로 "專心致志"이다. 마음을 이곳저곳 흩트리지 않고 오로지 한곳에 뜻을 집중하며

"선생님처럼 돼야지!" 하는 것이다. 이렇게 보면 "專心致志"는 앞에 나온 "一暴十寒"을 이겨낼 수 있는 길이라고 할 수 있다. 맹자의 이야기는 배치가 기묘해서 한 편을 읽고 나면 감복하지 않을 수가 없다. 혁추의 제자 이야기는 오늘날의 이야기이기도 하다.

60 반성   잃어버린 마음을 다시 찾다

구기방심求其放心(「고자」상 11, 13)

입문＿＿건강의 소중함을 모르는 사람은 없다. 하지만 바빠 살다 보면 식사도 제때에 제대로 하지 못한다. 편의점에 들러 컵라면과 삼각 김밥으로 뚝딱 해결하기도 한다. 사실 건강을 생각하면 먹는 것도 신경을 써야 하고 운동도 해야 한다. 자기 자신이나 주위 사람들에게도 그렇게 말하지만 바쁘다는 핑계로 그러지 못한다. 또 가족이나 주위 사람이 "건강에 신경 좀 쓰지!"라고 걱정하면 심지어 화를 내며 "누가 몰라서 그런 줄 알아. 시간이 없으니까 그렇지!"라고 퉁명스럽게 말한다.

객관적으로 눈코 뜰 사이 없이 바쁘다면 앞사람의 반응도 이해를 할 수 있다. 하지만 시간을 낸다면 가능한데도 "귀찮다"라는 이유로 컵라면과 김밥을 사 먹을 수 있다. 원인을 외부에서도 찾아볼 수도 있지만 자신의 생활 습관이며 시간을 곰곰이 따져볼 필요가 있다. 불가능한 일을 하라고 하면 "무리"를 하게 되지만 가능한 일을 하지 않으면 책임이 자기에게 분명히 있기 때문이다.

맹자도 위에 말한 이야기에 익숙하다. 사람들이 나무를 키운다고 하면 어떻게 심고 거름을 주는지 하나씩 알아가면서 제대로 재배를 한다. 하지만 자기 자신을 돌보는 "양생養生"에 대해서는 "다음"에 하면서 제대로 하려고 하지 않는다. 도대체 왜 그렇게 하는 것인지 함께 살펴보기로 하자.

승당__ 인(사람다움)은 사람의 마음이고, 의(도의)는 사람의 길이다. 사람이 자신의 길을 버리고 따르지(걷지) 않고 자신의 마음을 잃고 찾을 줄 모르니, 슬프구나! 만약 사람이 키우던 닭과 개가 집에서 나가면 스스로 찾을 줄 알지만 마음을 읽고서도 찾을 줄 모른다. 학문의 길은 다른 것이 없다. 잃은 바람을 다시 찾는 것이다. … 두 손이나 한 손으로 쥐는 오동나무와 가래나무를 사람이 만약 잘 자라게 하려고 하면 하나같이 모두 어떻게 키우는지를 안다. 심신의 경우 키우는 방법을 알지 못한다. 어찌 심신 사랑하기를 오동나무와 가래나무만 못해서 그러겠는가? 생각하지 않음이 심각하기 때문이다.

> 仁, 人心也. 義, 人路也. 舍其路而不由,
> 인 인심야 의 인로야 사기로이불유
> 放其心而不知求, 哀哉! 人有鷄犬放, 則知求之, 有放心,
> 방기심이부지구 애재 인유계견방 즉지구지 유방심
> 而不知求. 學問之道, 無他, 求其放心而已矣. …
> 이부지구 학문지도 무타 구기방심이이의
> 拱把之桐梓, 人苟欲生之, 皆知所以養之者. 至於身,
> 공파지동재 인구욕생지 개지소이양지자 지어신
> 而不知所以養之者. 豈愛身, 不若桐梓哉? 弗思甚也.
> 이부지소이양지자 기애신 불약동재재 불사심야

입실__ 사舍는 '버리다'의 뜻이다. 방放은 '놓다, 잃다, 도망가다, 뛰쳐나가다'의 뜻이다. 구求는 '찾다'의 뜻이다. 계견鷄犬은 닭과 개를 가리킨다. 공파拱把는 둘 다 '손으로 움켜쥐다'의 뜻인데 쥐는 둘레가 다르다. 공은 두 손으로, 파는 한 손으로 움켜쥐는 둘레를 말한다. 오재梧梓는 둘 다 나무 이름으로 각각 오동나무와 가래나무를 가리킨다. 생生은 '살리다, 키우다'의 뜻이다. 사思는 '생각하다, 방법을 찾다'의 뜻이다.

여언__맹자는 사상가이기도 하지만 문학 작가로서 솜씨도 보통이 아니다. 자신이 하고자 하는 메시지를 논리적인 언어로 설득하기도 하지만 많은 경우 가설적인 적절한 이야기를 끌어들인다. 아마 당시 사람들이 맹자의 글을 읽는 것이 아니라 대화라는 상황을 고려하면 납득할 수가 있다. 한 번 듣고 알아차리기 어려운 논리적 체계보다 들으면 금방 이해하기 쉬운 이야기가 대화에서 제격일 수 있기 때문이다.

맹자는 처음에 "인(사람다움)은 사람의 마음이고, 의(도의)는 사람의 길이다"라고 멋들어진 비유로 설명을 시도했다. 그 뒤 왜 길을 가지 않고 마음을 지키지 않느냐고 대뜸 질문을 던진다. 무슨 말인지 몰라 이리저리 머리를 굴리고 있을 즈음에 생생한 이야기를 던진다. "집에서 키우던 닭이나 개가 눈에 보이지 않으면 어떻게 하느냐?"라고 묻는다. 다들 "찾아 나서지요. 다 아는 걸 왜 물어요?"라고 대답할 것이다. 이어서 맹자는 "닭이나 개가 放하면 찾는데 마음이 放하면 왜 찾지 않느냐?"라고 묻는다.

사실 두 放의 의미가 완전히 겹쳐지지 않는다. 닭과 개는 제 발로 틈새를 찾아 放한 것이다. 이는 '뛰쳐나가다, 도망가다'의 뜻이다. 마음은 이런저런 대상으로 분산되어 있고 또 하나에 골몰하다 보면 다른 것이 어떻게 되는지 신경이 쓰이지 않아 放한 것이다. 어떻게 된 줄도 새카맣게 모르고 있다. 이는 '놓치다, 깜빡하다, 신경 쓰지 못하다'의 뜻이다. 즉 닭과 개는 있는지 없는지 식별하기가 쉽지만 마음은 있는지 없는지 알아차리기가 쉽지 않다.

그래도 닭과 개가 放하면 찾아 나서듯이 마음이 放하면 찾아야 한다고 할 수 있다. 이것이 바로 "求其放心"이다. 求其放心의 내용은 나무 키우기 이야기를 보면 보다 확실하게 이해할 수 있다. 처음부터 나무 키우는 모든 지식을 가지고 나무를 키우기는 안 된다. 다른 경험이 도움이 되고 문제가 생길 즈음이면 그때부터 하나씩 알아가면 된다. 즉 나무를 키우기 위해 내가 무엇을 어떻게 해야 할지 주도적으로 찾아나간다.

바쁘다고 컵라면과 김밥에 의존하듯이 건강이나 養生의 문제에 대해 내가 무엇을 어떻게 해야 하는지 길을 주도적으로 찾지 않는다. 적실한 대응을 찾지 않고 "어떻게 되겠지?"라며 상황이 흘러가도록 내버려둔다. 그것이 바로 느끼지 못하는 불감不感에다 뭐가 뭔지 생각조차 않은 弗思이다. 문제의 해결은 문제를 응시하고 그것을 꼭 풀어야지 하면서 무엇이 문제이고 어떻게 풀어야 할지 思해야 한다. 이 思는 생각만으로 부족하고 집중하고 의논하고 추구하는 복합적 과정을 포함한다. 이 思가 求其放心으로 이어지면 마음이 어떻게 해야 할지 빛을 비춰줄 수 있다.

61 중심 　　　　먼저 큰 것을 확실히 세워라

선립기대先立其大(「고자」상 15)

입문__현재 인류는 호모 사피엔스의 후예이다. 인류는 지역, 인종, 성별 등의 차이가 있지만 생물학적 다른 종과 구별되는 공통의 특성을 가지고 있다. 이처럼 사람은 다른 종에 대한 공통성을 갖지만 사회 안에서 다양한 차이를 보인다. 지능 검사, 성격 테스트를 해보면 비슷한 집단 안에서도 천차만별의 차이를 보인다.

왜 이런 차이가 나는 걸까? 지금까지 연구를 보면 선천성과 후천성 중 어느 하나를 강조한다. 선천성에 주목하면 예술, 과학, 스포츠 등의 분야에서 누구와도 비교할 수 없는 탁월한 실력을 가진 사람이 있다. 이들의 재능은 선천적으로 지닌 것으로 설명한다. 반면 후천적인 환경과 노력을 강조하기도 한다. 사람이 어떤 조건에 놓이느냐에 따라 재능의 계발 결과가 다르고 개인이 얼마나 노력하느냐에 따라 성취도가 다르다. 이는 후천적으로 설명하게 되는 것이다. 맹자 시대에도 이 문제가 논의되었다. 맹자는 사람의 차이를 어떻게 설명하는지 함께 살펴보도록 하자.

승당__공도자: 모두 사람인데, 누구는 대인이 되고 누구는 소인이 되니 무엇 때문입니까? 맹자: 대체를 따르면 대인이 되고 소체를 따르면 소인이 되지. 공도자: 모두 사람인데, 누구는 대체를 따르고 누구는 소체를 따르니 무엇 때문입니까? 맹자: 귀와 눈의 감각기관은 자체적으로 생각하지 못해서 사물의 힘에 눌리게 되어 외물이 감각기관에 닿으면 그쪽으로 끌려가 버린다. 마음의 기관은 생각할 수 있다. 이처럼 마음이 생각하면 제 길을 터득하고 생각하지 않으면 제 길을 터득하지 못한다. 이는 하늘이 나에게 부여한 것이다. 이 때문에 사람은 먼저 자신의 큰 것을 확실하게 세우면 작은 것이 큰 것의 자리를 빼앗을 수 없다. 이렇게 대인으로 될 뿐이다.

公都子問曰, 鈞是人也, 或爲大人, 或爲小人, 何也?
공 도 자 문 왈 균 시 인 야 혹 위 대 인 혹 위 소 인 하 야

孟子曰, 從其大體, 爲大人. 從其小體, 爲小人.
맹 자 왈 종 기 대 체 위 대 인 종 기 소 체 위 소 인

曰, 鈞是人也, 或從其大體, 或從其小體, 何也?
왈 균 시 인 야 혹 종 기 대 체 혹 종 기 소 체 하 야

曰, 耳目之官, 不思, 而蔽於物. 物交物, 則引之而已矣.
왈 이목지관 불사 이폐어물 물교물 즉인지이이의

心之官, 則思. 思則得之, 不思則不得也.
심지관 즉사 사즉득지 불사즉부득야

此天之所與我者. 先立乎其大者, 則其小者不能奪也.
차 천 지 소 여 아 자 선 립 호 기 대 자 즉 기 소 자 불 능 탈 야

此爲大人而已矣.
차 위 대 인 이 이 의

입실 공도자公都子는 전국시대 사람으로 맹자의 제자이다. 균釣은 균均과 같이 '모두, 다같이'의 뜻이다. 혹或은 '누구, 어떤 사람'의 뜻이다. 종從은 '좇다, 따르다, 나아가다'의 뜻이다. 이목지관耳目之官은 오늘날 감각기관에 해당된다. 폐蔽는 '덮다, 가리다, 눌리다'의 뜻이다. 교交는 '사귀다'의 뜻이 아니라 '만나다, 접촉하다'의 뜻이다. 인引은 '끌다, 끌어당기다'의 뜻이다. 여與는 '주다, 베풀다'의 뜻이다. 대大는 '크다, 중요하다'의 뜻이다. 탈奪은 '빼앗다'의 뜻이다.

여언 유학의 역사에 언제부터 사람이 다양한 차이에도 불구하고 모두 똑같은 사람이라는 인식을 가지게 되었을까? 아니면 사람의 공통 특성을 가지고 다른 존재와 구별된다고 생각하게 되었을까? 아마 맹자 무렵이라고 할 수 있다. 특히 『서경』, 『시경』 등에서 사람은 성인聖人과 범인凡人으로 나뉘지만 존엄을 가진 같은 사람으로 보지 않았다. 성인은 탁월하고 특출하여 완전한 존재이지만 범인은 뭐가 뭔지도 모르고 시키면 시키는 대로 하는 불완전한 존재로 생각했다. 즉 성인이 선각자로서 다수의 범인을 이끌어간다고 생각했다.

맹자는 "인개유人皆有~"의 구문을 사용하며 "사람은 모두 ~의 성질을 가지고 있다"라는 의미를 자주 전달하려고 한다. 이러한 표현은 제자들로 하여금 "사람은 똑같은데 왜 차이가 나는가?"라는 물음을 갖게 했다

고 할 수 있다. 바로 제자 중에 人性에 관심이 많은 공도자가 위의 질문을 맹자에게 던졌던 것이다. 고전은 언어에 담긴 의미와 구문 모두를 세심하게 살필수록 많은 걸 캐낼 수 있다.

공도자는 선생님이 평소 사람이면 모두 똑같다고 하는데 사회적으로 보면 어떤 사람은 대인이 되고 어떤 사람은 소인이 되니, 이 차이를 어떻게 설명할 수 있느냐고 물었다. 『논어』에도 君子와 小人의 다른 특성을 묻고 답하는 내용이 있지만 이 질문은 파격적이라고 할 수 있다. 君子와 小人이 눈에 보이는 어떤 다른 형태를 보이는지를 묻는 것과 그런 다른 형태가 왜 나타나는지를 묻는 것의 차이라고 할 수 있다. 즉 공도자는 『논어』 등에서 물었던 물음을 한 번 더 깊이 파고들었다고 할 수 있다.

맹자는 대인과 소인의 차이를 대체와 소체의 차이로 바꾸어 대답한다. 이 대답으로 공도자의 물음이 끝날 수가 없다. 왜냐하면 대체와 소체가 새로 제시되었지만 그 특성이 무엇인지가 아직 해명되지 않았기 때문이다. 이에 공도자는 앞에서 했던 질문과 비슷한 구문으로 "모두 사람인데 어떤 사람이 대체를 따르고 어떤 사람은 소체를 따르느냐?"라고 물을 수밖에 없다.

이제 맹자는 뒤로 물러날 곳이 없다. 그는 大體를 心之官에다, 小體를 耳目之官에다 배당한다. 心은 思의 능력이 있다. 이때 思에는 반성, 비교, 추론, 선택, 집중, 종합 등 다양의 의미 요소를 함축하고 있다. 思를 한다는 것은 할지 말지, 이것인지 저것인지에 대해 상황에 끌려가거나 남을 따라가는 것이 아니라 검토해서 선택하고 결정할 수 있는 것이다. 이것이 "先立其大"이다.

반면 耳目의 감각기관은 눈앞에 아름다운 대상이 있으면 훅 끌려가고 코로 맛있는 냄새가 나면 그쪽으로 훅 끌려간다. 이렇게 끌려가더라도 눈과 입은 스스로 제지할 수가 없다. 그래서 사람이 心의 방향으로 가면 大體를 따르다가 大人이 되고 耳目의 방향으로 가면 小體를 따르다가 小人이 되는 것이다. 맹자는 공도자와 같은 제자가 있어서 사람의 도덕적 차이를 설명하는 중요한 사상을 발견해낸 것이다. 이는 오늘날 사람을 이해하는 데에도 여전히 활용될 수 있는 사상 자료라고 할 수 있다.

62 선후 | 하늘이 준 작위와 세상이 준 작위

천작인작天爵人爵(「고자」상 16)

입문___사람은 태어날 때 무엇을 가지고 태어날까? 이는 사람이 믿는 가치관에 따라 회답이 다를 듯하다. 불교에 의하면 사람은 인연의 결과로 태어나지만 가진 것을 기준으로 보면 "공수래공수거空手來空手去", 즉 "빈손으로 왔다가 빈손으로 돌아간다." 이에 따르면 법정 스님이 생전에 설파했던 "무소유無所有"도 특별한 말씀이 아니라 너무나도 당연한 사실일 뿐이다. 깨지지 않은 실체로서 "나"가 없으니 "내 것"이라는 소유가 생겨날 수 없기 때문이다. 수없이 바뀌는 과정의 "나"는 잠깐 맡아있는 것이다. 그것을 누구와도 함께 할 수 없는 나만의 것으로 여겨서 꽁꽁 감추어두는 것은 불교의 논리에 따르면 어리석기가 그지없다.

기독교 등의 유일신 종교에 따르면 나는 신의 축복으로 이 세상에 태어난다. 처음부터 나는 신과 떼려야 뗄 수 없는 관계를 가지고 있다. 따라서 나는 신이 "어떻게 살아라!"라고 요구하는 대로 살아야 한다. 이 사람은 사후에 신과의 약속대로 살았는지 따지는 심판을 받게 된다. 축복을 받긴 했지만 결코 공짜가 아닌 것이다. 맹자를 비롯해서 유학에서는 이 문제에 대해 어떤 회답을 할지 함께 살펴보자.

승당___하늘이 주는 작위가 있고 세상(사회)이 주는 작위가 있다. [하늘이 준] 사랑과 도의 그리고 충실과 믿음을 실천하고 선행을 즐거워하며 게으름피우지 않는 것이 천작이다. [군주가 부여하는] 공경과 대부는 인작이다. 옛사람은 자신의 천작을 갈고닦다 보면 [추구하지 않아도] 인작이 그에 따라왔다. 오늘날 사람은 천작을 갈고닦고 인작을 찾고, 이미 인작을 얻고 나면 자신의 천작을 내버린다. 이는 망상이 너무나도 심한 경우이다. [천작은 물론이고] 끝내 인작마저 반드시 잃을 뿐이다.

有天爵者, 有人爵者. 仁義忠信, 樂善不倦, 此天爵也.
유 천 작 자 유 인 작 자 인 의 충 신 락 선 불 권 차 천 작 야
公卿·大夫, 此人爵也. 古之人, 修其天爵, 而人爵從之.
공 경 대 부 차 인 작 야 고 지 인 수 기 천 작 이 인 작 종 지
今之人, 修其天爵, 以要人爵. 旣得人爵, 而棄其天爵,
금 지 인 수 기 천 작 이 요 인 작 기 득 인 작 이 기 기 천 작
則惑之甚者也, 終亦必亡而已矣.
즉 혹 지 심 자 야 종 역 필 망 이 이 의

입실___작爵은 '신분의 위계, 작위'의 뜻이다. 권倦은 '게으르다, 싫증나다'의 뜻이다. 공경대부公卿大夫는 벼슬이 높은 사람들을 통칭하여 이르는 말이다. 공경은 삼공三公과 구경九卿을 가리킨다. 대부大夫는 고대 중국의 상류 계급이고 고려와 조선 시대에는 품계에 붙여 부르는 명칭이다. 예컨대 고려 시대에는 종2품에서 종5품까지 또는 정2품에서 종4품까지의 벼슬에, 조선 시대에는 정1품에서 종4품까지의 벼슬에 대부의 명칭을 붙였다. 수修는 '닦다, 다스리다, 꾸미다'의 뜻이다. 요要는 '바라다, 찾다'의

뜻이다. 득得은 '얻다, 쥐다'의 뜻이다. 기棄는 '내버리다, 그만두다'의 뜻이다. 혹惑은 '망상, 착각, 의혹'의 뜻이다. 종終은 '마침내, 끝내, 결국'의 뜻이다. 망亡은 '잃다, 없어지다'의 뜻이다.

여언___맹자 이전에는 "사람은 태어날 때 무엇을 가지고 태어날까?"에 대해 전혀 생각하지 않았다고 할 수는 없지만 어떤 뚜렷한 설명을 내놓지 못했다. 맹자는 이 문제에 대해 사실상 처음으로 정식 해답을 내놓았다고 할 수 있다. 맹자는 성선性善을 말하면서 사람이 도덕적으로 완전하다고 주장했다. 이는 사람이 태어날 때부터 하늘(하느님)이 사람에게 부여했다는 뜻이다(68조목 "萬物備我" 참조). 맹자는 하늘이 사람에게 부여한 것의 실체를 증명하기 위해 어린아이가 엉금엉금 우물로 기어가는 상황을 보면 누구든지 아무런 조건 없이 아이를 구하려는 마음도 있고 또 그 마음대로 아이를 구한다고 주장했다(16조목 "惻隱之心" 참조).

이렇게 보면 맹자는 이미 위 물음과 관련해서 몇 차례 해답을 내놓았다고 할 수 있다. 따라서 사실 "天爵人爵" 이야기는 지금까지 이야기한 내용과 크게 다르지 않다. 그렇다고 天爵人爵 이야기가 지금까지 한 이야기를 단순 반복하고 있다고 할 수는 없다. 天爵人爵 이야기는 그 자체로 많은 걸 생각해볼 수 있는 내용을 담고 있기 때문이다.

작위는 과거 신분 사회에서 한 사람이 그 사회에서 차지하는 비중을 나타내는 지표이다. 공公, 후侯, 백伯, 자子, 남男의 작위가 있으면 그 사람은 한 사회의 지배자 지위, 즉 人爵에 있다는 걸 나타낸다. 때로는 작위가 있어도 실권이 없는 경우도 있지만 그때마다 신분에 따른 대우를 해주기 때문에 먹고사는 데에는 아무런 걱정이 필요 없었다. 이처럼 작위는 사회적 신분이나 경제적 부유를 보장하는 지표라고 할 수 있다.

사람은 한 생을 살면서 "작위를 가지게 되었으면" 하는 생각을 품을 만하다. 바로 사람들의 이러한 생각을 바탕으로 맹자는 새로운 논의를 펼친다. 그는 사람들에게 이렇게 말한다. "다들 작위를 가졌으면 하는데, 사실 따지고 보면 당신들은 모두 작위를 가지고 있어요." 사람들이 맹자의 이 이야기를 듣고 어안이 벙벙하여 믿지 못하겠다는 표정을 지을 수 있다. 그들은 "자신에게 작위가 없다고 생각하는데 이미 있다고 하니, 도대체 뭘 보고 작위가 있다고 생각해야 하느냐?"라는 의문을 표시할 만하다.

나라 설명을 이어나갔다. 하늘(하느님)이 사람들에게 "이렇게 살아라!"라고 한 것이 있다. 『중용』의 표현을 빌리면 "하늘이 이렇게 하라고 명령한 것이 본성이다"(『오십, 중용이 필요한 시간』, 21조목 "天命之謂性" 참조). 그 내용이 바로 "인의충신仁義忠信" 또는 "인의예지仁義禮智"인 것이다. 人爵처럼 제목이 있고 가슴에 휘장을 달지 않았지만 천작은 누구에게나 공평하게 주어진 것이다. 다만 사람들은 안타깝게도 人爵을 얻는 수단으로 天爵을 이용하고 있는 것이다. 맹자가 아쉬워하는 소리가 들리는 듯하다.

63 추종 ─── 폭군을 부자와 강자로 만들다

부걸보걸富傑輔傑(「고자」하 9)

입문__사람이 나라와 시대를 선택해서 태어날 수 없다. 예컨대 분쟁 지역에 태어난 사람이 하늘을 보며 "왜 저더러 하필이면 이 나라에 태어나게 했느냐?"라고 불만을 표시할 수 있다. 하지만 그런다고 나라가 달라질 수 없다. 또 취업에 곤란을 겪는 사람이 "왜 저더러 취업이 쉬운 시대가 아니라 이처럼 어려운 시대에 태어나게 했느냐?"라고 불만을 표시할 수 있다. 하지만 그런다고 시대가 바뀔 수가 없다. 각자 자신이 처한 상황에서 살길을 찾지 않을 수가 없다.

사람이 모두 정의가 살아있고 자신이 하고 싶은 일을 할 수 있는 나라와 시대에 태어나면 좋겠지만 이런 세상은 이전에도 없었고 이후에도 실현되기가 쉽지 않다. 인류의 역사를 보면 조금씩 상대적으로 나아지겠지만 완전한 실현이란 이상이자 목표일 뿐이다.

그렇다면 정의가 살아있지 못하지만 먹고살아야 하는 현실에서 사람은 무엇을 할 수 있을까? 투사가 되어 정의의 실현을 목표로 할 수도 있고 이런 현실에 눈을 감고 먹고사는 일에 골몰할 수도 있다. 맹자라면 어떤 주장을 할지 함께 살펴보도록 하자.

승당__지금 군주 옆에 일하는 사람은 늘 "나는 군주를 위해 토지를 개간하여 창고를 가득 채울 수 있다"라고 입버릇처럼 말한다. 이는 오늘날 말로 훌륭한 신하일지라도 옛날 말로 민의 원수이다. 군주가 도의로 향하지 않고 인(사람다움)에 뜻을 두지 않는데도 그를 더 부유하게 하려고 하니 이는 걸왕 같은 폭군을 부자 되게 하는 꼴이다. 지금 군주 옆에 일하는 사람은 늘 "나는 군주를 위해 다른 나라와 맹약을 체결하여 전쟁하면 반드시 승리할 수 있다"라고 입버릇처럼 말한다. 이는 오늘날 말로 훌륭한 신하일지라도 옛날 말로 민의 원수이다. 군주가 도의로 향하지 않고 인(사람다움)에 뜻을 두지 않는데도 그를 위해 무리하게 전쟁을 벌이려고 하니 이는 걸왕 같은 폭군을 돕는 꼴이다.

今之事君者曰, "我能爲君, 辟土地, 充府庫."
금지사군자왈   아능위군 벽토지 충부고

今之所謂良臣, 古之所謂民賊也. 君不鄉道, 不志於仁,
금지소위량신 고지소위민적야 군불향도 부지어인

而求富之, 是富桀也. "我能爲君, 約與國, 戰必克."
이구부지 시부걸야   아능위군 약여국 전필극

今之所謂良臣, 古之所謂民賊也. 君不鄉道, 不志於仁,
금지소위량신 고지소위민적야 군불향도 부지어인

而求爲之强戰, 是輔桀也. 由今之道, 無變今之俗,
이구위지강전 시보걸야 유금지도 무변금지속

雖與之天下, 不能一朝居也.
수여지천하 불능일조거야

입실___위爲는 '위하다, 돕다'의 뜻이다. 벽辟은 '열다'의 뜻으로 황무지를 개간하여 농토를 넓힌다는 맥락이다. 충充은 '차다, 채우다'의 뜻이다. 량良은 '좋다, 훌륭하다'의 뜻이다. 적賊은 '도둑, 원수, 적'의 뜻이다. 향鄉은 향向과 마찬가지로 '향하다, 구하다'의 뜻이다. 지志는 '뜻하다, 뜻을 두다'의 뜻이다. 걸桀은 하나라 마지막 왕으로 폭군의 대명사이다. 약約은 '묶다, 합하다'의 뜻으로 나라끼리 맹약을 체결한다는 맥락을 나타낸다. 극克은 '이기다'의 뜻이다. 강强은 '무리하다, 억지로'의 뜻이다. 유由는 '따르다, 본으로 하다'의 뜻이다. 변變은 '바꾸다, 달라지다'의 뜻이다. 일조一朝는 '하루아침'의 뜻으로 아주 짧은 시간을 가리킨다.

여언___맹자를 비롯해서 유가를 잘못 읽으면 꽤나 엄격하고 완강하다는 인상을 가질 수 있다. 하지만 유가는 늘 원리·원칙을 제시하고 준수하기를 요구하지만 상황에 따라 예외를 인정하는 융통성을 갖는다. 예컨대 성인 남녀의 자유로운 접촉을 바람직하지 않다고 보지만 형수가 물에 빠지면 어떻게 해서라도 구해야 한다고 본다. 유가는 이를 늘 지켜야 하는 경經과 특별한 상황에서만 허용될 수 있는 권權으로 나눈다(39조목 "嫂溺手援" 참조). 권權이 저울이라는 뜻이므로 상황에 맞는 길을 찾도록 허용하는 것이다.

　그렇다면 맹자는 정치 참여와 생계 문제에 대해 어떤 원칙과 예외를 제시하고 있을까? 먼저 세상에 정의가 살아있다면 정치에 참여하여 온 세상을 선하게 만드는 "兼善天下"를 한다고 말했다. 반대로 불의가 득세를 한다면 혼자서 어떻게 해볼 도리가 없으므로 사회관계에서 물러 홀로 선을 갈고닦으라는 "獨善其身"을 제시했다(69조목 "兼善天下").

　겸선천하와 독선기신은 사람이 세상에 거리를 어떻게 두느냐와 관련해서 큰 차이를 보인다. 하지만 둘 사이에 공통점이 있다. 두 입장은 모두 경제적으로 자립할 수 있는 기반을 가지고 있다. 문제는 경제적 자립이 가능하지 않을 때 어떻게 해야 하는가에 있다. 이와 관련해서 맹자는 불의의 권력일지라도 "포관격탁抱關擊柝"의 미관말직, 즉 문을 지키는 문지기와 순찰을 도는 야경꾼을 할 수 있다고 주장했다(53조목 "仕非爲貧" 참조).

　맹자는 포관격탁을 허용하면서 간단한 설명을 덧붙였다. 생계 때문에 공직을 맡는다면 "높은 자리를 사양하고 낮은 자리에 머무르고 많은 월급의 자리를 사양하고 적은 월급의 자리에 머무른다(辭尊居卑, 辭富居貧)." 또 "지위가 낮으면서 말을 높게 하면 죄가 된다(位卑而言高)." 불의의 세상에서 사士가 은거할 때 산림에 은거하면 "산은山隱"이라 하는데 獨善其身이 여기에 가깝다. 포관격탁은 작은 관직에 자신을 숨기는 일종의 "관은官隱"이라고 하겠다.

　이렇게 융통성 있는 맹자도 이것 하나만은 절대로 수용할 수 없는 길이 있었다. 그것이 불의의 세상과 무도한 군주를 위해 땅을 개간하여 군주의 창고를 가득 채우고 다른 나라와 맹약을 맺어 무리하게 전쟁을 승리로 이끌겠다고 큰소리치는 사람들이다. 이들이 당시에 "良臣"의 평가를 받았다. 맹자는 이런 평가와 정반대로 당시의 양신을 백성의 고혈을 짜낸다는 뜻에서 "民賊"으로 불렀다. 백성의 호주머니를 털어서 군주의 재산을 불리고 백성의 생명을 희생하여 전승을 일구기 때문이다. 이는 "富桀輔桀", 즉 폭군의 대명사로 알려진 걸왕과 같은 사람의 생명을 연장시켜주는 일이다.

64 감세 ── 소득의 20의 1을 세금으로 내자

이십취일二十取一―(「고자」하 10)

입문___ 집 밖에 나가면 모두 돈이 든다. 대중교통을 이용하고 식사를 하고 커피를 마시려면 모두 돈을 지불해야 한다. 개인은 자신이 직접 벌어서 경제 행위를 한다. 국가도 백신을 국민에 접종하고 학교를 세우고 도로를 닦고 도서관을 지으려면 돈이 든다. 이처럼 하는 일이 많으니 돈이 없으면 국가는 어떤 일도 할 수가 없다. 그래서 고대에서부터 현대에 이르기까지 세금이 필요한 것이다.

세금이 부담스럽다며 개인이 스스로 돈을 벌 듯이 국가가 스스로 돈을 벌면 어떨까 생각할 수 있다. 국가는 기업처럼 돈을 마구 벌어들인다면서 세금을 내지 않으니 좋다고 생각할 수 있다. 이렇게 되면 개인 기업이 국가 기업과 경쟁해야 한다. 개인 기업이 국가 기업을 이길 수가 없다. 특정 분야에 국영 기업이 있지만 국가 기업은 일반화될 수가 없는 것이다. 따라서 우리는 국가가 기업으로 개인이나 개인 기업과 경쟁하기보다 세금으로 다양한 역할을 하도록 하는 것이다. 이 때문에 납세의 의

무가 있다.

그럼에도 "세금 없는 나라"가 불가능하다면 "세금을 적게 내는 나라"가 있다면 좋다고 생각할 수 있다. 맹자를 비롯하여 유가는 10분의 1 세율을 주장하는데 이보다 낮은 세금을 내자고 하면 어떻게 될까? 문득 좋을 것 같다. 하지만 맹자는 세금을 적게 낸다고 꼭 좋은 일이 아니라고 주장한다. 전국시대의 세금 논쟁을 살펴보도록 하자.

승당__백규: 나는 수확의 20분의 1을 세금으로 거두고자 하는데, 어떻습니까? 맹자: 당신의 방법은 북쪽의 맥나라의 정책입니다. 호구 수가 1만 정도 되는 소국도 한 사람이 질그릇을 구우면 가능할까요? 백규: 불가능합니다. 그릇이 충분히 쓸 수 없기 때문이죠. 맹자: 맥나라는 오곡이 잘 자라지 않는데, 빨리 자라는 기장만 재배할 수 있지요. 거기서 성곽과 궁실 그리고 종묘와 제사의 의례가 필요 없고, 제후와 폐백을 주고받으며 연회를 베푸는 일이 필요 없고, 행정을 분담하는 백관(부서장)과 유사(실무자)의 제도가 필요 없으므로 수확의 20분의 1만을 거두어도 재정이 넉넉하지요. 지금 중원에 살면서 인륜을 버리고 군자(지도자)가 없으면 어떻게 나라 구실을 할 수 있는가요? 질그릇이 너무 적더라도 나라를 다스릴 수 없는데, 하물며 군자가 없다면 어떻게 될까요?

白圭曰, 吾欲二十而取一, 何如? 孟子曰, 子之道, 貉道也.
백 규 왈 오 욕 이 십 이 취 일 하 여 맹 자 왈 자 지 도 맥 도 야

萬室之國, 一人陶, 則可乎? 曰, 不可, 器不足用也.
만 실 지 국 일 인 도 즉 가 호 왈 불 가 기 부 족 용 야

曰, 夫貉, 五穀不生, 惟黍生之. 無城郭·宮室·
왈 부 맥 오 곡 불 생 유 서 생 지 무 성 곽 궁 실

宗廟·祭祀之禮, 無諸侯·幣帛·饔飧, 無百官有司,
종 묘 제 사 지 례 무 제 후 폐 백 옹 손 무 백 관 유 사

故二十取一而足也. 今居中國, 去人倫, 無君子,
고 이 십 취 일 이 족 야 금 거 중 국 거 인 륜 무 군 자

如之何其可也? 陶以寡, 且不可以爲國, 況無君子乎?
여 지 하 기 가 야 도 이 과 차 불 가 이 위 국 황 무 군 자 호

입실___백규白圭는 전국시대 중기의 주나라 사람으로 위魏나라에서 활약하며 감세減稅 정책을 추진했다. 취取는 '취하다'의 뜻으로 세금으로 거둬들인다는 맥락이다. 자子는 '당신, 그대'로 2인칭 대명사로 쓰인다. 맥貊은 당시 중원 북쪽에 있던 이민족의 나라를 가리킨다. 만실지국萬室之國은 호구가 1만 호가 되는 규모의 나라로 소국을 가리킨다. 도陶는 '질그릇을 굽다'의 뜻이다. 기器는 '그릇'의 뜻이다. 오곡五穀은 쌀·보리·콩·조·기장의 다섯 가지 곡식을 가리킨다. 유惟는 유唯와 마찬가지로 '오직'의 뜻이다. 서黍는 '기장'의 뜻으로 북쪽의 추운 날씨에도 일찍 결실을 맺기 때문에 재배할 수 있다. 폐백幣帛은 둘 다 '비단'의 뜻이지만 여기서는 외교와 행사에 주고받은 예물을 가리킨다. 옹손饔飧은 각각 '아침밥'과 '저녁밥'의 뜻인데 합쳐서 음식을 마련하여 연회를 벌인다는 맥락이다.

여언___『사기』에 의하면 백규는 음식과 실생활에서 검소하게 생활했고 종과 동고동락할 정도로 소박하게 살았다. 또 그는 시세의 변화를 잘 관찰해서 "남이 내다 팔면 자신이 사고 남이 사들이면 자신이 팔아서(樂觀時變, 故人棄我取, 人取我與)." 나름 상인으로 성공했다(「화식열전貨殖列傳」). 이처럼 백규는 경제 행위에 일가견을 가진 만큼 세금을 덜 내는 감세減稅 정책을 추진하려고 했다. 당시 대부분의 세금을 부담하는 농민들에게 열렬히 환영을 받았을 것이다.

하지만 맹자는 강하게 반발했다. 10분의 1 세율을 20분의 1로 줄인다면 국가가 문명국으로 제 역할을 할 수 없다는 이유를 제시했다. 굳이 20분의 1로 감세하면 맥나라에서나 가능할 것이라고 백규의 정책을 혹

평했다. 그렇다면 맥나라는 20분의 1 세율로 국가의 역할을 어떻게 할 수 있을까? 맹자가 생각하기에 맥나라는 날씨가 추우므로 농작물이 잘 자라지 않는다. 즉 세금을 더 거두려고 해도 거둘 것이 없는 상황이다.

이런 상황에 놓이다 보니 맥나라는 중원 국가에 있는 많은 것을 갖출 수가 없었다. 성곽이 내성과 외성으로 이중 구조를 갖출 수도 없고 궁실을 번듯하게 지을 수도 없었다. 외교 관계에서 예물을 주거나 연회를 베풀 여유가 없다. 이처럼 재정이 열악하므로 국가가 사업을 벌일 길이 없다. 따라서 20분의 1 세율이 가능하다는 말이다.

이 논리를 뒤집으면 이렇다. 중원의 나라가 나라로서 기능을 하려면 20분의 1 세율로 감당할 수 없는 것이다. 20분의 1보다 많지만 최소한 10분의 1이어야 한다는 것이다. 사실 세금을 얼마 내지 않고 국가가 기업처럼 돈을 마구 벌어들이지 않는다면 국가가 도로를 내거나 공공건물을 세울 수가 없다. 이것이 바로 중원의 문명국가라면 무조건 세율을 낮출 수 없다는 맥락이라고 할 수 있다.

옛날이야기이지만 군대의 내무반에서 선임이 후임에게 5,000원을 주면서 담배도 사고 과자도 사고 음료수도 사는 등 온갖 것을 다 사 오고 거스름돈을 가져오라고 시켰다. 후임이 자기 돈을 내지 않으면 불가능한 요구이다. 우리는 더 많은 복지를 요구하면서 세금을 덜 내려고만 하면 '선임'처럼 불가능을 가능으로 바꾸라고 요구하는 것이다. 백규와 맹자가 말하는 나라 중 어느 쪽이 우리에게 적합할까?

65
협조

선을 좋아하면 모두 선을 알려준다

호선고선好善告善(「고자」하 13)

입문__ 좋은 일을 하면 주위 사람들이 어떻게 알 수 있을까? 요즘 판촉물과 언론 광고 등 전통적 홍보 수단만이 아니라 유튜브와 인스타그램 등의 인터넷 매체가 활성화되어 있어서 갑자기 '핫'해지는 일이 적지 않다. 예컨대 음식점의 미담이 알려지면 돈과 혼쭐을 결합한 '돈쭐' 현상이 일어나기도 한다. 주인공은 '내가 왜 갑자기?'라고 생각하지만 인터넷을 통한 공유 속도가 상상 이상으로 빠르다. 사람들은 나쁜 일에 공분하고 좋은 일에 공감하는 성향을 가지고 있기 때문이다.

언론이나 인터넷이 없던 맹자 시대에는 홍보가 어떻게 진행되었을까? 노자의 "소국과민小國寡民"을 생각해서 사람들이 서로 고립된 채 다른 곳에서 무슨 일이 벌어지는지 한참 뒤에나 알았으리라 추측할 수도 있다. 『맹자』를 읽어보면 결코 사실이 아니다. 등나라 문공이 즉위하자마자 인정仁政을 펼치자 허행과 진상의 무리가 찾아왔다(24조목 "與民幷耕").

사실 공자와 맹자도 자신들의 이상을 펼치기 위해 이 나라, 저 나라 제후를 찾아다니며 遊說를 했다. 그들도 아무 나라가 아니라 자신과 이야기가 될 만한 나라를 찾아갔다고 보면 이미 정보를 가지고 있었다고 할 수 있다. 물론 오늘날의 실시간으로 알려지는 언론과 인터넷에 비해 속도야 느리겠지만 당시의 인적 네트워킹도 만만찮다고 할 수 있다. 찾아가는 맹자의 입장이 아니라 만나는 사람의 입장에서 보면 그들은 '나를 어떻게 알고?'라는 생각을 할 만하다. 이에 대해 맹자는 어떻게 대답을 내놓는지 함께 살펴보기로 하자.

승당__ 만일 선을 좋아하면 세상에서 머나먼 천 리 길을 가볍게 여기고 찾아와 또 다른 선을 알려준다. 만일 선을 좋아하지 않으면 사람이 앞으로 "으쓱거리네, 내 이미 알아봤어!"라고 말한다. 으쓱거리는 목소리와 얼굴빛만으로 사람을 천 리 밖에서 막는다. 사가 천 리 밖에서 걸음을 멈추면 거짓말하며 아첨하고 눈앞에서 아첨하는 사람이 하나둘 찾아온다. 그런 사람과 함께 거처하면서 나라가 안정되기를 바란다면 그렇게 될 수 있겠는가?

夫苟好善, 則四海之內, 皆將輕千里而來, 告之以善.
부 구 호 선　즉 사 해 지 내　개 장 경 천 리 이 래　고 지 이 선

夫苟不好善, 則人將曰, '訑訑, 予旣已知之矣!'
부 구 불 호 선　즉 인 장 왈　이 이　여 기 이 지 지 의

訑訑之聲音顏色, 距人於千里之外. 士止於千里之外,
이 이 지 성 음 안 색　거 인 어 천 리 지 외　사 지 어 천 리 지 외

則讒諂面諛之人, 至矣.
즉 참 첨 면 유 지 인 지 의

與讒諂面諛之人居, 國欲治, 可得乎?
여 참 첨 면 유 지 인 거　국 욕 치　가 득 호

입실__ 구苟는 '만일'의 접속으로 쓰인다. 사해四海는 '온 세상'의 뜻이다. 이訑는 '으쓱거리다, 잘난 체하다'의 뜻이다. 이이訑訑는 거들먹거리고 으쓱거리는 모습을 나타내는 의태어이다. 거距는 '막다, 떨어지다'의 뜻이다. 참첨讒諂은 '거짓말하며 아첨하다'의 뜻이다. 면유面諛는 '눈앞에서 아첨하다'의 뜻이다.

여언__ 이야기의 발단은 노나라가 악정자樂正子를 중용하려고 한다는 데에 있다. 악정자와 관련해서 정보가 많지 않다. 그는 맹자의 제자로 추정되고 '악정樂正'에서 가문이 대대로 음악 관련 관직을 맡았다고 볼 수

있다. 맹자는 이 소식을 접하고서 꽤나 흥분했던 모양이다. 스스로 "기뻐서 잠을 자지 못했다(喜而不寐)"라고 했으니 말이다. 사실 악정자가 맹자와 아무런 인연도 없는데 "희이불매喜而不寐"했다면 자연스럽지 못하다. 스승과 제자의 인연이든 그 소식을 듣고 가만히 있을 수 없는 어떤 사연이 있었으리라 추측할 수 있다.

악정자의 소식에 대해 스승은 흥분하는데 공손추는 오히려 담담하거나, 아니면 반신반의하는 분위기를 띠었다. 공손추도 그 소식을 듣고 맹자에게 악정자가 강强한지, 지식과 사려(知慮)가 깊은지, 문식이 많은지(多聞識) 물었다. 이에 대해 맹자가 "아니다"라고 대답하자 공손추는 더더욱 의심이 커져서 선생님이 왜 喜而不寐했느냐고 따지듯이 물었다.

그제야 맹자는 악정자가 "好善"의 품성이라고 밝혔다. 好善은 천하를 다스리기에도 넉넉한데 노나라를 다스리기에 말해서 무슨 문제가 있겠느냐며 공손추의 의혹이 타당하지 않았다고 설명했다. 그 설명이 바로 「승당」에서 보는 내용이다. 이야기의 방향은 두 갈래이다. 제후 나라이든 천자 나라이든 지도자가 ① 好善인지, ② 不好善인지에 따라 결과가 달라진다는 말이다.

호선의 상황이라면 온 세상 사람들이 너도나도 좋은 방안이나 좋은 정책이나 '좋다'고 생각이 되면 가만히 있지를 못하고 앞다투어 지도자에게 서로 알리려고 한다는 말이다. 맹자는 이를 천 리의 먼 길을 멀다고 생각하지 않고 가볍게 길을 나서서 "내가 아는 좋은 것"을 전달하려고 한다고 표현했다. 선을 좋아하는 호선의 바람이 선을 알리고 싶은 告善의 효과를 낳는 것이다. 간단히 "好善告善"이다.

不好善의 상황이라면 사람들은 지도자가 제일 잘났다며 거들먹거리고 으쓱거리면서 다른 사람을 무시하는 분위기를 알아차린다. 이를 "이이訑訑"현상, 즉 어깨에 힘이 들어가고 눈을 위로 치켜뜨고 말을 불손하게 하는 의태어로 압축했다. 누가 "좋은 것"을 지도자에게 알리려고 하면 천 리 길 밖에서부터 "다 소용이 없다"라고 만류한다는 것이다. 이와 반대로 경쟁자를 거짓말로 깎아내리고 지도자의 비위를 맞추고 또 지도자의 면전에서 아첨하는 사람들이 넘쳐난다는 것이다.

맹자의 설명을 들으면 好善告善은 공자의 "덕 있는 사람은 외롭지 않다"(『마흔, 논어를 읽어야 할 시간』 2조목 "德不孤" 참조)라는 말의 새로운 버전으로 느껴진다. 아울러 "발 없는 말이 천 리를 간다"라는 속담을 제대로 써먹는다는 느낌이 든다. 세상이 모르는 듯해도 필요하면 다 알기 마련이다.

66 인내 ───── 마음을 흔들고 성질을 굳건하게
동심인성動心忍性(「고자」하 15)

입문 ── 흔히 "실패는 성공의 어머니"라고 말한다. 이 말은 보통 학업, 사업, 운동, 정치 등에 널리 쓰인다. 각종 시험에 한 번 통과하는 사람도 있지만 한두 차례 반복 응시해서 성공하는 경우가 많다. 운전면허시험도 별거 아니라고 생각하다 필기시험에 떨어지고 나서야 정신 차려 공부해서 합격하기도 한다. 사업도 처음에 쉽게 돈을 벌면 세상사가 만만하게 보여 건성으로 하다가 실패를 맛보고서야 정신을 차려서 재기에 성공하는 경우가 많다.

"4전5기"나 "7전8기"라는 말이다. 4번이고 7번이고 넘어졌지만 거기에 굴하지 않고 다시 일어나 다음에 성공하는 것이다. 프로복싱의 홍수환은 그 4전5기를 실제로 이룩한 사람이다. 1977년 11월 27일(현지시각 11월 26일 밤) 파나마에서 WBA 주니어페더급(슈퍼밴텀급) 초대 타이틀 결정전이 열렸다. 이때 홍수환은 17전 17KO 승을 거둔 파나마의 카라스키야라는 강자와 맞붙었다. 홍수환은 2회 4번의 다운을 당했지만 3회에 카라스키야에게 엄청난 맹공을 퍼부었고 결국 KO시켰다.

현대의 다이슨은 4전5기나 7전8기보다 더한 경험을 했다. 진공청소기를 만들면서 1979년부터 5년 5,126번 실패하고 1984년에 세계 최초로 먼지봉투 없는 진공청소기를 발명했다. 5126전5127기라고 할 수 있다 (『계속해서 실패하라: 그것이 성공에 이르는 길이다』 참조). 맹자도 실패의 중요성을 역설한다. 무슨 맥락인지 한 걸음 더 깊이 들어가 보자.

승당__그러므로 하늘(하느님)이 이 사람에게 큰 임무를 부여하려고 하면 반드시 먼저 그 사람의 마음과 뜻을 괴롭히고 근육과 뼈대를 힘들게 하고 몸과 피부를 주리게 하고 신변을 가난하게 하여 뭐를 해도 이루고자 하는 일을 엉망으로 만들어버린다. 그래서 그 사람으로 하여금 마음을 더 일으키고 성질(본성)을 견뎌내게 하여 잘할 수 없는 것을 잘할 수 있게 덧보태주었다. 사람은 늘 잘못하고 난 다음에 제대로 고칠 수 있다. 이 과정에서 마음에서 어려워하고 숙고해서 저울질한 다음에 벌떡 일어나고 얼굴에서 읽히고 목소리에서 드러난 다음에 환히 깨닫게 된다.

故天將降大任於是人也, 必先苦其心志, 勞其筋骨,
고 천 장 강 대 임 어 시 인 야 필 선 고 기 심 지 로 기 근 골

餓其體膚, 空乏其身, 行拂亂其所爲, 所以動心忍性,
아 기 체 부 공 핍 기 신 행 불 란 기 소 위 소 이 동 심 인 성

曾益其所不能. 人恒過, 然後能改. 困於心, 衡於慮,
증 익 기 소 불 능   인 항 과   연 후 능 개   곤 어 심   형 어 려

然後作. 徵於色, 發於聲, 而後喩.
연 후 작   징 어 색   발 어 성   이 후 유

입실___강降은 '내리다, 부여하다'의 뜻이다. 대임大任은 개인이 아니라 공동체의 문제를 해결하는 '큰 임무, 위대한 사업'의 뜻이다. 고苦는 '괴롭히다, 힘들게 하다'의 뜻이다. 근골筋骨은 '근육'과 '뼈대'를 가리킨다. 아餓는 '굶주리다, 배고프다'의 뜻이다. 공핍空乏은 재산과 재물이 하나도 없어 '가난하다, 곤궁하다'의 뜻이다. 불란拂亂은 힘써서 하더라도 결과가 나오지 않아 '실패하다'의 뜻이다. 동動은 실패에도 불구하고 포기하지 않고 끝까지 추진하여 성공하도록 '자극하다'의 뜻이다. 인忍은 '버티다, 견뎌내다'의 뜻이다. 증曾은 증增으로 '늘리다, 더하다'의 뜻이다. 징徵은 '드러나다'의 뜻이다. 색色은 '얼굴빛'의 뜻이다.

여언___흔히 가급적이면 실패하지 않고 바로 성공하면 좋겠다고 생각한다. 아마 천부적인 재능이 있으면 그 바람대로 될 수 있을 것이다. 하지만 사람은 그렇지 않다. 우리가 무슨 일을 하더라도 고려할 요인이 너무나도 많다. 이 때문에 실험실에서 실험은 변수를 최대로 줄여서 그 연관 관계를 예측할 수 있는 모형대로 진행한다.

그런 진행이 실험실에서 가능할지 몰라도 현실에서는 어제와 오늘이 다르고 오늘이 내일과 다를 뿐만 아니라 순간으로 바뀌는 경우도 많다. 어느 순간에 모든 것을 다 검토했다고 하지만 많고 많은 변수 중에 놓치는 것이 왜 없을까? 어떤 경우 놓친 변수가 결정적이지 않아 성공할 수 있지만 그것은 실력에다 운수가 덧보태져서 일어난 일이다. 따라서 그렇게 해서 한 번 성공했다고 해서 다음에 반드시 성공하리라는 보장이 없는

것이다.

이때 실패는 과거를 끊임없이 돌아보면서 새롭게 편집하게 만든다. "이렇게 하면", "저렇게 하면"의 말을 내뱉으면서 다양한 시나리오를 짜는 것이다. 이런 과정을 통해 우리는 자신이 하고 있는 일을 더 많이 더 깊이 더 높이 더 잘 알게 되는 것이다. 한마디로 하면 익는다는 뜻의 숙熟이라고 할 수 있다.

맹자가 말하는 "動心忍性"도 실패가 사람을 단련하는 과정이 생생하게 묘사되고 있다. 맹자의 제안대로 우리가 67조목 "存心養性"과 76조목 "養心寡欲"을 한다고 하더라도 그것이 한 번에 되지 않는다. 오히려 송나라 농부처럼 14조목 "揠苗助長"하다가 망치는 경우가 많다. 이렇게 뜻한 일을 망쳤다고 해서 좌절하고 포기하면 출발점에서 한 걸음도 나아가지 못하거나 오히려 정반대로 가버릴 수가 있다.

이때 실패의 맛을 제대로 즐겨야 한다. 실패는 사람의 마음과 뜻, 근육과 뼈대, 몸과 피부, 자신과 주위 등 하나도 남김없이 극한의 고통으로 밀어 넣는다. 무너지지 않는 것이 기적이라고 할 수 있다. 이 실패에서 무너진다면 대임을 맡을 자격이 없다. 대임은 소임보다 비교할 수 없을 정도로 힘들다. 끝까지 버티지 못하면 소임도 힘든데 대임은 오죽하겠는가? 결국 실패는 내가 버틸 수 있는 인내만이 아니라 내가 해낼 수 있는 역량을 최대한으로 끌어올리는 과정이다.

역도 선수가 130kg 들기에 실패하면 더 많은 무게를 생각하게 된다. 한계를 알면서 동시에 나아갈 목표를 뚜렷하게 하는 것이다. 그것이 바로 動心忍性이다. "이 까짓것이 뭐라고 내가 한번 해보지"라는 것이 動心이고 "넘어져도 다시 일어나는 것"이 忍性이다. 맹자는 이 과정에서 사람의 성선을 가능하게 하는 물질적 조건으로 井田制를 찾아냈던 것이다. 우리는 실패를 피하려다 오히려 실패로부터 넘어지지 않는 면역력을 키우지 못하는 게 아닐까(『어느 철학자의 행복한 고생학』 참조)?

7강

양성과 계보의 「진심」상하
하늘을 만나고 역사를 만드는 힘

'진심'은 처음에 나오는 '진기심盡其心'을 두 글자로 줄인 편명이다. 『맹자』는 모두 7편의 상하로 되어있는데, 앞의 6강 편명은 모두 사람 이름이다. 당시의 제후 양 혜왕과 등 문공이 1편과 3편의 이름이고 제자 공손추와 만장이 2편과 5편의 이름이고 인물 이루와 논객 고자가 4편과 6편의 이름이다. '진심盡心'은 첫 편 「양혜왕」에서부터 마지막 편 「진심」에 이르기까지 맹자 사상을 개괄할 수 있는 중심 개념이다. 이 때문인지 「진심」은 맹자 혼자서 논의를 이끌어가는 내용을 가장 많이 담고 있다. 특히 「진심」상의 경우 모두 46장 중에 1장에서 30장까지 혼자서 "自問自答"하고 있다. 이는 「진심」이 맹자 사상 중에 心을 핵심 주제로 삼아 후기 사상을 논의한다고 할 수 있다.

사실 心은 갑골문에 사람의 심장을 상형한 글자로 일찍부터 일상 언어로 쓰였지만 이전에 사람의 행위에 주목한 탓에 철학 개념이 되지 못했다. 맹자는 心을 외부의 명령이나 전통의 권위와 관련 없이 오로지 天과 소통하며 사람이 도덕적 삶을 살아갈 수 있는 근원으로 보았다. 이는 세계 철학사에도 한 페이지를 차지할 만한 맹자의 공로라고 할 수 있다.

11수의 내용은 다음과 같다. 존심양성存心養性은 맹자의 후기 사상을 압축하는 내용으로 외부의 기준이 아니라 심성의 바탕을 키워야 한다는 메시지를 나타낸다. 만물비아萬物備我는 사람이 도덕적 삶을 살기 위한 바탕이 마음 바탕에 자리한다는 점을 선언하고 있다. 이로써 사람은 시선을 마음 밖에서 여기저기 기웃거리지 않고 마음 안의 싹으로 돌릴 수 있다. 겸선천하兼善天下는 사람이 정상 사회에서 개인을 넘어 공동체를 선하게 만드는 일에 동참해야 한다는 메시지를 나타낸다. 과화존신過化存神은 대중문화의 스타가 수많은 팬의 호응을 얻듯이 도덕적 위인이 주위 사람의 변화를 이끌어낼 수 있는 힘을 설명하고 있다. 관해난수觀海難水는 사람이 큰물을 경험하게 되면 웬만한 물에 감응할 수 없듯이 모든 것을 포괄하는 드넓은 지평의 가치를 역설하고 있다.

거일폐백擧一廢百은 사상이 극단으로 치달으면 하나의 가치를 지킬 수 있지만 많은 것을 놓치게 되는 단점을 말한다. 춘추무의전春秋無義戰은 『춘추』가 경전의 지위를 가지고 있지만 그 안에 실린 기사의 내용을 무조건적으로 맹신해서 안 된다는 문헌 해석의 입장을 밝히고 있다. 민귀군경民貴君輕은 맹자가 왕정의 시대를 살고 있지만 정치가 군주 일인을 위한 활동이 아니라 백성의 생명과 복리를 돌보아야 한다는 위민 정치를 밝히고 있다. 충실위미充實謂美는 사람의 행위와 마음이 하나의 지향으로 가득 차서 다른 것이 조금이라도 끼어들 수 없는 충만성을 아름다움으로 보고 있다. 양심과욕養心寡欲은 마음의 지향이 많고 복잡하면 오히려 하나의 일도 제대로 할 수 없으므로 몰입과 집중의 가치를 역설하고 있다. 오사이비惡似而非는 닮은 듯하지만 정도를 벗어난 사이비의 위험성을 경고하고 있다.

마음을 보존하고 본성을 기르다

존심양성存心養性(「진심」상 1)

입문＿＿많은 사람이 아침에 집을 나섰다가 곧바로 돌아오기도 하고 좀 지난 뒤에 "아차!" 하는 경우가 많다. 집에서 스마트폰이나 물건을 놓고 나왔다가 그 사실을 발견하기 때문이다. 요즘 남녀노소를 가리지 않고 깜빡깜빡하고 잊어버리는 건망증이 심하다. 하지만 놓고 왔다는 사실을 알아차리므로 집으로 가는 등 필요한 조치를 할 수가 있다.

또 훨씬 많은 시간이 지나거나 누구랑 이야기하다가 떠오르는 기억도 있다. 졸업을 하고 나면 당시 늘 어울리던 친구들과 자주 만나지 못한다. 이에 따라 그 시절의 추억은 의식의 깊숙한 곳에 들어가서 다시 생각하지 않는다. 심할 경우에 과거에 있던 일을 기억조차 못 하다가 과거의 친구를 만나 이야기하다 "아 맞다!" 하면서 기억이 나는 경우가 있다. 또 중요한 것을 잊고 살 수도 있다. 바쁘다 보면 건강을 제대로 챙기지 못한다. 수술 등 크게 앓고 나면 "이대로 살아서는 안 되겠다!"라며 생활의 변화를 시도하기도 한다. 결혼해서 육아에 시달리다 보면 부모의 안부를 자주 묻지도, 부모의 댁을 자주 찾아가지도 못한다. 부모님이 크게 아프고 나서나 돌아가시고 나서야 "자주 찾아뵐걸!" 하고 후회하기도 한다.

이처럼 사람은 뭔가 물건이나 기억이나 사람을 잊어버릴 수가 있다. 늘 마음에서 챙기는 방법이 없을까? 이와 관련해서 맹자가 어떻게 말하는지 함께 살펴보도록 하자.

승당＿＿사람이 자기 마음의 싹을 온전히 발휘하면 자신의 본성을 자각하게 된다. 사람이 자신의 본성을 자각하면 본성이 하늘과 이어진 맥락을 자각할 수 있다. 이렇게 자기 마음의 싹을 잘 있게 하고 자신의 본성을 제대로 키우면 명령받은 대로 하늘(하느님)을 잘 섬기게 된다. [현실에서 이렇게 살며] 요절하건 장수하건 딴생각하지 않고 자신을 균형 잡히게 하여 천명을 기다린다면 이는 천명을 굳건히 세울 수 있다. … [사람의 모든 일이] 운명이 아닌 것이 없으니 정명을 순순히 받아야 한다. 이렇기 때문에 정명을 알면 위험한 담장 아래에 서있지 않는다. 자신의 도리를 온전히 발휘하다 죽으면 정명이요, 세상의 형벌을 받다 죽으면 정명이 아니다.

盡其心者, 知其性也. 知其性, 則知天矣.
진 기 심 자   지 기 성 야   지 기 성   즉 지 천 의
存其心, 養其性, 所以事天也. 夭壽不貳, 修身以俟之,
존 기 심   양 기 성   소 이 사 천 야   요 수 불 이   수 신 이 사 지
所以立命也. … 莫非命也, 順受其正. 是故知命者,
소 이 립 명 야   막 비 명 야   순 수 기 정   시 고 지 명 자
不立乎嚴墻之下. 盡其道而死者, 正命也. 桎梏死者,
불 립 호 암 장 지 하   진 기 도 이 사 자   정 명 야   질 곡 사 자
非正命也.
비 정 명 야

입실__진盡은 '남김없이 다하다'의 뜻이다. 요수夭壽는 각각 일찍 죽는 요절과 오래 사는 장수를 가리킨다. 이貳는 '두 마음을 품다, 의심하다'의 뜻이다. 사俟는 '기다리다'의 뜻이다. 립立은 '서다, 정해지다'의 뜻으로 자신에게 주어진 운명을 자각하여 실천한다는 맥락을 나타낸다. 막비莫非는 '~이 아니지 않다'의 뜻으로 이중부정이기에 결국 긍정을 나타낸다. 암장嚴墻은 높고 위험하여 언제라도 쓰러질 수 있는 담장을 가리킨다. 질곡桎梏은 형벌 도구로서 '차꼬와 수갑'을 가리킨다. 차꼬는 사람의 발을,

수갑은 사람의 손을 묶어 자유롭게 쓰지 못하게 한다.

여언__이 구절은 맹자가 말하고자 하는 내용을 압축하고 있는 곳이다. 그림으로 치면 『맹자』의 "화룡점정畵龍點睛"이라고 할 수 있다. 맹자는 사람이 태어날 때 백지 상태로 태어나지 않고 어떻게 살아야 한다는 내용을 가지고 태어난다고 본다. 맹자는 날 때부터 가진 것을 사람이 사회에서 받은 작위에 비유해서 천작이라고 말한 적이 있다(62조목 "天爵人爵" 참조).

사람은 仁義忠信 또는 仁義禮智라는 천작을 가지고 태어나지만 「입문」에서 이야기했듯이 살다 보면 깜빡깜빡하는 경우가 적지 않다. 아이를 키우면서 건강이 최고라고 생각하지만 입시를 떠올리면 "공부하지 않고 뭐 하느냐?"라는 소리가 먼저 나온다. 지나고 나서 "그때 그러지 말걸!" 하고 반성하지만 당시에는 다른 생각이 나지 않는 것이다. 매번 다짐하면서도 제대로 되지 않는다.

또 사람은 살림이 궁하다 보면 돈이 생기는 경우 뭐든 해야겠다는 절박감을 가질 수 있다. 이렇게 되면 평소에 남에게 피해를 줘서 안 된다고 하더라도 '일단 나부터 살고 보자!'라는 생각이 들 수 있다. 이는 할 수 있는 것과 해서는 안 되는 것의 경계가 흐릿해진다. 지은 죄의 책임을 지고 나서 지난날의 생각이 잘못됐다고 뉘우칠 수가 있다.

이것이 진심盡心에 미치지 못하거나 반대 방향으로 나아가는 것이다. 무엇이 아이에 대한 사랑인지 집중하지 못하고 자꾸 '입시'와 '성적' 그리고 '돈'으로 모든 관심이 옮겨가는 것이다. 이렇게 첫 단추를 꿰지 않으니 점점 어긋나게 된다. 반대로 아이나 자신이 크게 앓고 나면 건강이 소중하다는 걸 절실하게 느끼게 된다. 입시와 성적 그리고 돈 위주로 생각하던 사고의 관행을 완전히 뜯어고치게 된다. 도회지에서 한적한 곳으로 이사를 가기도 한다.

이렇게 해서 盡心을 하게 되면 사람이 진정으로 해야 할 것이 더 뚜렷하게 드러난다. 진심을 하기 전에 사람을 이리저리 기웃거리게 만들던 유혹으로부터 더 멀리 벗어날 수가 있다. 이렇게 사람이 실현해야 할 본성을 확실히 자각하게 되면 '내'가 외톨이로 존재하지 않고 하늘(하느님)과 이어져 있다는 자각으로 발전하게 된다. 이것이 知天이다. 知天은 하늘(하느님)과 이어져 있는 사실을 공감하면서 '나'만의 삶이 아니라 주위와 어울리는 삶으로 지평을 넓히게 된다.

지금까지 살펴본 "盡心 → 知性 → 知天"의 연쇄 과정을 달리 설명하면 "存心 → 養性 → 事天"이 된다. 이렇게 살아야 하는 마음이 밖으로 나가지 않고 늘 주의하면서 경험을 통해 본성의 나무를 무럭무럭 자라게 하면 이것이 바로 '나'와 이어진 하늘(하느님)을 모시는 길이다. 여기서 事天은 종교적 의례를 말하는 것이 아니라 일상에서 사람 사이에 지켜야 할 덕목, 즉 仁義忠信 또는 仁義禮智를 확충하는 도덕의 생활화를 말한다. 이 때문에 유학을 "신 없는 종교"나 자연신과 유일신을 바탕으로 하지 않은 "제3의 종교"라고 한다. 이는 훗날 동학의 "인내천人乃天"으로 전개된다고 할 수 있다. "盡心知天"과 "存心養性"의 의미 맥락을 훤히 터득한다면 『맹자』의 고갱이를 이해했다고 할 수 있다.

모든 것이 내게 갖춰져 있다

만물비아萬物備我(「진심」상 3~4)

입문___유럽에 종교개혁이 일어나면서 구교와 신교가 대립했다. 이때 구교는 유럽 외부 지역의 선교를 통해 교세를 확장하고자 했다. 마테오 리치(1552~1610)는 아시아 선교를 위해 중국에 왔다. 그는 사서오경에서 도저히 납득할 수 없는 내용을 찾았다. 바로 맹자가 찾아낸 性善이다. 인간이 성선이면 전교가 불가능하기 때문이다.

왜 그럴까? 우리는 보통 性善을 "사람의 본성이 선하다"라는 식으로 해석하고 넘어간다. 마테오 리치는 성선이 인간의 도덕적 완전을 뒷받침하고 있으므로 사람의 영혼에 하느님이 자리할 여지가 없다고 보았던 것이다. 그래서 그는 『천주실의』에서 인간에게 선의 습관화, 즉 習善은 가능하지만 인간이 도덕적으로 완전하다는 性善은 불가능하다고 보았다(송영배 외 옮김, 『천주실의』 참조).

性善이 어떻게 사람의 도덕적 완전성을 말하는 것일까? 이는 바로 "만물이 모두 내게 갖춰져 있다"라는 맹자의 다른 말과 연결되기 때문이다. 만물이 모두 내게 갖춰져 있으면 사람은 '나'를 넘어, 예컨대 신이든 운명이든 다른 것에 관심을 둘 필요가 없다.

하지만 이 말을 들으면 물질적 소유의 맥락으로 읽으면 엄청난 오해를 하게 된다. "사람이 모든 것을 가지고 있다고 하는데 나는 왜 가난한가?"라고 맹자에게 엉뚱한 항의를 할 수 있기 때문이다. 이렇게 위험을 느끼고 오해를 낳는 "모든 것을 다 갖춘 나"의 의미를 제대로 살펴보도록 하자.

승당＿찾으면 얻고 놓으면 잃는다. 이렇게 찾으면 얻는 데에 도움이 된다. 내 안에 있는 것을 찾기 때문이다. 찾는 데에 길이 있고 얻는 데에 명이 있다. 이렇게 찾으면 얻는 데에 도움이 되지 않는다. 내 밖에 있는 것을 찾기 때문이다. … 만물은 모두 내 안에 갖춰져 있다. 자신을 돌아보아 진실하면 그 즐거움이 이보다 클 수 없다. 관용의 태도를 노력하며 실천하면 사람다움 찾기가 이보다 가까울 수 없다.

求則得之, 舍則失之, 是求有益於得也, 求在我者也.
구 즉 득 지 사 즉 실 지 시 구 유 익 어 득 야 구 재 아 자 야
求之有道, 得之有命, 是求無益於得也, 求在外者也.
구 지 유 도 득 지 유 명 시 구 무 익 어 득 야 구 재 외 자 야
… 萬物皆備於我矣.
만 물 개 비 어 아 의
反身而誠, 樂莫大焉. 强恕而行, 求仁莫近焉.
반 신 이 성 락 막 대 언 강 서 이 행 구 인 막 근 언

입실＿유익有益은 '도움이 되다, 보탬이 되다'로 다음의 '무익無益'과 대비된다. 아我는 원래 자기 자신을 가르치는 1인칭 대명사로 쓰이는데 여기서는 마음을 가리킨다. 재아자在我者는 '내게 있는 것, 내 안에 있는 것, 내 마음에 있는 것'의 뜻이다. 재외자在外者는 '내 밖에 있는 것, 나와 무관한 것'의 뜻이다. 비備는 '갖추다'의 뜻이다. 반反은 '돌아보다, 성찰하다'의 뜻이다. 성誠은 '진실하다, 정성스럽다'의 뜻이다. 언焉은 허사로 뜻이 없지만 '어시於是'의 꼴로 '이것보다 ~하다'의 최고급을 나타낸다. 강强은 '굳세다, 굳건하다, 노력하다, 애쓰다'의 뜻이다. 서恕는 '헤아리다, 관용'의 뜻이다.

여언＿얼핏 생각하면 맹자의 말은 상식에 어긋나서 거짓말처럼 들린다. 나는 늘 부족하고 모자라기 때문에 뭔가를 계속 사려고 한다. 이 때문에 일을 해서 돈을 벌게 된다. 그런데 "萬物備我"라고 하면 나는 뭔가

를 가지려고 할 필요가 없다. 글자 그대로 내가 모두 갖춰져 있는데 뭣 하려고 또 사겠는가? 이런 생각은 맹자의 말을 맥락을 떠나서 풀이하는 데에서 생겨난 오해라고 할 수 있다. 그렇다면 맹자는 萬物備我를 통해 무엇을 말하고자 했을까?

맹자는 이 물음을 풀기 위해 두 가지 용어를 제시한다. 하나는 "在我者"이고 다른 하나는 "在外者"이다. 在外者는 나에게 없고 다른 곳에 있는 것을 가리킨다. 구체적으로 말하면 在外者는 부귀와 명예 등을 가리킨다. 이 상황에서 내가 在外者를 찾으면 결과는 성공과 실패로 나뉜다. 내가 在外者를 아무리 가지려고 해도 반드시 성공한다는 보장이 있을 리가 없다. 이 때문에 맹자는 在外者를 찾는 데에 길이 있고 얻는 데에 命이 있다고 말하는 것이다. 그렇다면 萬物備我는 在外者를 대상으로 하지 않는다고 할 수 있다.

在外者는 글자 그대로 내게 있는 것을 가리킨다. 이때 我는 心과 바꿔 쓸 수 있으므로 在我者는 내 마음에 있는 것으로도 볼 수 있다. 여기서 실마리가 풀린다. 내 마음에 있는 것은 나 이외의 다른 사람이나 그 무엇에 의해 이래라저래라 간섭을 받지 않는다. 내 마음에 있다는 것은 전적으로 내게 달려있다는 뜻이 된다.

그렇다면 내 마음에 있는 것은 무엇일까? 그것은 바로 性善과 연결되는 제16조목 "惻隱之心"에 나오는 사단四端이다. 내가 우물에 빠지려는 상황의 아이를 봤을 때 안타깝고 깜짝 놀라 우물로 뛰어가 아이를 구한다. 이때 惻隱之心은 누가 시켜서 느낀 것이 결코 아니다. '아이를 구해야겠다!'라는 마음이 나로 하여금 앞뒤 가리지 않고 우물로 뛰어가게 만든 것이다.

이제 수수께끼가 대부분 풀렸다. 在我者는 신과 운명 또는 타인과 공동체의 개입 없이 나 스스로 느끼고 느낀 그대로 움직일 수 있는 양심이라고 할 수 있다. 맹자 말로 하면 배우지 않고 잘할 수 있고 알고 있는 "양능양지良能良知"라고 할 수 있다(「진심」 상 15). 또 예술로 치면 영감 inspiration 같은 것이다.

"찾으면 얻고 놓으면 잃는다"라는 "求得舍失"은 在我者의 良能良知를 주목하면 그대로 살아가는 길을 얻지만 주목하지 않으면 그 길을 잃어버린다는 뜻이다. "자신을 돌아보아 진실하면 가장 즐겁다"라는 말은 주위에서 뭐라고 해도 在我者의 良能良知가 진실하다는 걸 성찰하면 그것으로 충분하다는 뜻이다. 우리는 온통 在外者의 소유에만 골몰해서 더 큰 소리를 외치느라 在我者의 목소리에 둔감해진 게 아닐까? 在外者를 향한 아우성의 볼륨을 낮출 때 在我者의 소리가 들릴 것이다.

69 참여 — 여럿이 함께 세상을 선하게 만들다

겸선천하兼善天下(「진심」 상 9~10)

입문___요즘 취업하기가 어렵다. 그래서 하늘의 별 따기에 비유할 정도이다. 특히 성장이 고용으로 이어진다는 낙수 효과가 잘 드러나지 않으면서 일자리 찾기가 더 어려워지고 있다. 상황이 이렇다 보니 학생 시절에 더더욱 취업에 목을 매게 된다. 고교에서 바로 취업 일선으로 나아가거나 대학에서 재학 내내 취업을 준비하게 된다.

취업에 집중하는 것은 선악의 문제가 아니라 삶의 문제이다. 취업은 단순히 돈벌이에만 한정되지 않는다. 일자리는 경제적 독립을 통해 개인이 자신의 삶을 온전하게 설계할 수 있는 버팀목이 되기 때문이다. 반면 일 자리가 없는 상태에서 누구라도 이런저런 궁리를 하지만 그것을 현실화시킬 수 있는 여건이 좋지 않다. 맹자도 취업을 고민했을까? 당연히 했다. 그는 개인보다 사士의 정체성을 가지고 취업을 걱정했다. 취업을 하더라도 어떻게 하면 사의 정체성을 지킬 수 있을까를 고민했다. 그는 덮어놓고 무조건 취업하기에는 일단 선을 그었다. 그가 배가 불러서 그럴까, 아니면 다른 이유가 있을까? 그의 속내로 들어가 보도록 하자.

　　승당──士가 가난하더라도 의리를 잃지 않고 잘나가더라도 도덕을 벗어나지 않는다. 가난하더라도 의리를 잃지 않으면 士는 자신(정체성)을 지키고 잘나가더라도 도덕을 벗어나지 않으면 백성이 신망을 거두지 않는다. 옛사람은 자신의 뜻(포부)을 펼치면 그 혜택이 백성에게 돌아가고 뜻을 펼치지 못하면 자신을 갈고닦아서 세상에 모습을 드러낸다. 이때 士는 가난하면 홀로 자신을 선하게 하고 잘나가면 다른 사람을 아울러 천하를 선하게 한다. … 주나라 문왕이 구원자로 나타나기를 기다린 다음 함께 호응하는 경우는 보통 백성들이다. 능력이 월등히 뛰어난 士는 비록 문왕이 나타나지 않더라도 먼저 일어난다.

故士窮不失義, 達不離道. 窮不失義, 故士得己焉.
고 사 궁 불 실 의　달 불 리 도　궁 불 실 의　고 사 득 기 언
達不離道, 故民不失望焉. 古之人, 得志, 澤加於民.
달 불 리 도　고 민 불 실 망 언　고 지 인　득 지　택 가 어 민
不得志, 修身見於世. 窮則獨善其身, 達則兼善天下.
부 득 지　수 신 현 어 세　궁 즉 독 선 기 신　달 즉 겸 선 천 하
… 待文王而後興者, 凡民也.
대 문 왕 이 후 흥 자　범 민 야
若夫豪傑之士, 雖無文王猶興.
약 부 호 걸 지 사　수 무 문 왕 유 흥

입실 궁窮은 '막히다, 가난하다'의 뜻으로 뒤의 '잘나가다, 출세하다'는 뜻의 달達과 상반된다. 리離는 '떨어지다, 벗어나다'의 뜻이다. 득기得己는 '자신을 지키다'의 뜻으로 정체성의 유지 맥락이다. 택澤은 '못, 늪'으로 쓰이지만 여기서는 '은혜'로 쓰인다. 見은 '보다'의 뜻이면 '견'으로 읽고 '드러나다, 나타나다'의 뜻이면 '현'으로 읽는다. 후자의 의미는 뒤에 '현現'으로 분화되었다. 독獨은 '홀로, 혼자'의 뜻으로 사회적 관계를 맺지 않는다는 맥락이다. 겸兼은 '아우르다'는 뜻으로 앞의 '독獨'과 달리 사회적 관계를 맺어 그 안에서 자신의 역할을 최대로 수행한다는 맥락이다. 범민凡民은 '평범한 백성'을 가리킨다. 호걸豪傑은 둘 다 앞의 범민보다 월등히 뛰어난 사람을 가리킨다. 『회남자』「태족훈泰族訓」에 따르면 "보통 사람에 비해 지식이 만 배 뛰어나면 영英이고, 천 배 뛰어나면 준俊이고, 백 배 뛰어나면 호豪이고, 열 배 뛰어나면 걸傑이다(知過萬人者謂之英, 千人者謂之俊, 百人者謂之豪, 十人者謂之傑)." 은나라 주왕紂王이 폭정을 일삼을 때 문왕은 서쪽 지역 제후의 수장이었다. 그는 주왕의 견제로 구금되기도 했지만 신망을 잃지 않아 훗날 주나라가 천자의 나라로 되는 데에 기틀을 다졌다.

여언 맹자는 士의 처지를 둘로 나누었다. 궁窮과 달達이다. 窮은 막다른 골목처럼 어디로 나아갈 수 있는 길이 없다. 경제적으로나 어렵고 사회적으로나 외로운 상태라고 할 수 있다. 達은 동서남북 어디로도 갈 수 있는 길이 뻥 뚫려있다. 경제적으로 여유 있고 사회적으로 영화를 누린다고 할 수 있다. 맹자에 따르면 士가 窮의 상태에 있을 때 할 것과 못할 것의 경계인 의리를 지켜서 자신의 정체성을 잃지 않고, 達의 상태에 있을 때 가야 할 것과 가지 말아야 할 길의 기준인 도덕을 지켜서 주위 사람의 신망을 잃지 않아야 한다.

이렇게 하더라도 士는 득지得志의 기회를 얻을 수도 있고 못 얻을 수도 있다. 자신의 뜻을 펼칠 수 있는 기회를 얻으면 士는 개인의 이해와 안락에 빠지지 않고 여러 사람에게 혜택이 돌아갈 수 있는 길로 나아가고, 기회를 얻지 못하면 실패와 좌절에 무너지지 않고 더더욱 자신의 단점을 줄이고 장점을 키워 세상에서 자신의 자리를 굳건히 버틴다.

달리 말하면 士가 기량을 펼칠 기회가 없으면 울분과 좌절로 자신을 망가뜨리기보다 오히려 자신을 굳건히 지킨다. 할 일이 없는 것이 아니라 오히려 할 일이 많은 것이다. 그것이 바로 자신을 온전히 선과 만나는 "獨善其身"의 길이다. 이 獨善其身이 자신만 옳고 다른 사람은 모두 틀렸다고 하는 "獨善"과 혼동해서는 안 된다. 士가 기량을 펼칠 기회를 얻는다면 시야를 자신에서 천하로 넓힌다. 자신이 세상을 바꾸는 진원지가 되는 것이다. 그것이 바로 "兼善天下"이다(26조목 "大丈夫" 참조).

그렇다면 다른 사람은 어떤가? 맹자는 凡民과 豪傑之士로 나눈다. 凡民은 스스로 일어나지 못하고 문왕과 같은 영웅 또는 구원자가 나타나면 그때서야 호응한다. 반면 豪傑之士는 그런 영웅과 구원자를 기다리지 않고 스스로 일어난다. 이 豪傑之士는 허균이 「호민론豪民論」에서 백성을 항민恒民·원민怨民·호민豪民으로 나눌 때 豪民으로 이어진다. 우리 시대에도 촛불 혁명은 바로 맹자의 豪傑之士, 허균의 豪民이 나서서 이루어낸 성과이다. 이들은 자발적으로 일어나 스스로 조직하여 보편의 방향으로 나아간다. 豪傑之士와 豪民이 있을 때 부패와 비리를 막을 뿐만 아니라 민주주의를 더 깊게 만들 수 있으리라.

70
혁신

만나면 좋아지고 명심하면 더 좋아지고

과화존신過化存神(「진심」상 5, 13)

입문___코로나19로 인해 실제로 2021년에 열린 2020년 도쿄 올림픽 여자 배구 경기에서 한국과 터키는 4강 진출을 두고 맞붙었다. 한국이 극적으로 승리를 거두고 환호하는 사이에 터키 선수들은 눈물 바가지를 쏟아내고 있었다. 이들은 경기에 이겨 산불로 고생하는 국민들에게 위로의 선물을 주고자 했지만 패배로 그 뜻을 이루지 못하자 한동안 코트에서 일어나지 못했다.

이 소식이 알려지고 한국 팀의 김연경 선수와 터키 선수들의 우정이 밝혀지자 한국에서는 'PrayForTurkey' 해시태그를 달고, '팀코리아' 또는 '김연경' 등의 이름으로 터키에 묘목을 기부하는 행렬에 많은 사람들이 동참했다(이혜영, 「"울지말아요 터키" 한국 묘목 기부 행렬, 희망 씨앗됐다」,『시사저널』1662호, 2021.08.10. 기사). 김연경 선수가 터키에 묘목을 보내자고 운동을 벌이지 않았지만 '김연경'을 매개로 터키로 묘목을 보내는 기부가 줄을 잇는 것이다.

이러한 팬들의 선행은 BTS 팬 아미를 비롯해서 다양하게 펼쳐지고 있다. 국내외로 도움이 필요한 경우가 있으면 팬들이 자신이 응원하는 개인 또는 그룹의 이름으로 기부를 하여 지구촌 한 가족의 위력을 발휘하고 있다. 선한 영향력이 빛을 발하는 경우라고 할 수 있다. 맹자는 도덕적 영향력이 들불처럼 번져나가는 상황을 아주 간명하게 설명하고 있는데 함께 살펴보도록 하자.

승당___실천하더라도 분명하지 않고 되풀이하더라도 톺아보지 않으면 평생 동안 다니더라도 그 길을 정확하게 모르는 사람이 많다. ⋯ 패자가 다스리는 세상의 백성은 매우 떠들썩하며 즐거워하고 인정을 펼쳐 다스리는 세상의 백성은 아주 담담하게 만족한다. [후자의 경우] 전쟁에서 죽게 되더라도 원망하지 않고 이롭게 되더라도 고마워하지 않는다. 이처럼 백성들은 나날이 지난날의 잘못을 뉘우치고 고쳐 착하게 되면서도 누가 그렇게 했는지 모른다. 군자(지도자)는 지나가는 곳마다 좋게 바뀌고 마음에 담고(새기고) 있으면 기묘하게 좋아진다. 따라서 윗사람과 아랫사람이 하늘(하느님)-땅(대지)과 함께 짝을 이루어 흘러가니, 어찌 [군자가 세상 운행에] 조금 보탠다고 할 수 있겠는가?

行之而不著焉, 習矣而不察焉, 終身由之,
행 지 이 부 저 언   습 의 이 불 찰 언   종 신 유 지
而不知其道者, 衆也. ⋯ 霸者之民驩虞如也,
이 부 지 기 도 자   중 야   패 자 지 민 환 우 여 야
王者之民皥皥如也. 殺之而不怨, 利之而不庸,
왕 자 지 민 호 호 여 야   살 지 이 불 원   리 지 이 불 용
民日遷善, 而不知爲之者. 夫君子, "所過者化,
민 일 천 선   이 부 지 위 지 자   부 군 자   소 과 자 화
所存者神," 上下與天地同流, 豈曰小補之哉?
소 존 자 신   상 하 여 천 지 동 류   기 왈 소 보 지 재

입실___저著는 '분명하다, 뚜렷하다'의 뜻이다. 찰察은 '톺아보다, 살피다'의 뜻이다. 패자霸者는 힘을 바탕으로 다스리는 지도자를 말하는 반면 다음에 나오는 왕자王者는 인정을 펼치는 지도자를 가리킨다. 환우驩虞는 둘 다 '기뻐하다, 즐거워하다'의 뜻이다. 호호皥皥는 '밝다, 너긋하다'의 뜻이다. 驩虞와 皥皥는 둘 다 좋아하는 모습을 나타낸다. 차이라면 驩虞는 인위적인 노력으로 거둔 결과에 대해 만족하는 맥락이라면, 皥皥는 좋

은 환경이 이미 갖춰져서 일이 저절로 잘 풀려가 만족하는 맥락이다. 용庸은 '공으로 여기다, 고마워하다'의 뜻이다. 천遷은 '옮겨가다, 바뀌다'의 뜻이다. 과過는 사람이 어디에 살지 않고 일정 기간에 걸쳐 '지나가다, 다녀가다'의 맥락이다. 존存은 '있다'의 뜻으로 '마음에 담고 있다, 마음에 새기다, 명심하다'의 맥락이다. 신神은 '보통과 다르게 믿을 수 없다'의 뜻으로 변화가 참으로 극적으로 일어나서 인과적으로 설명하기 어렵다는 맥락을 나타낸다. 기豈는 '어찌'의 뜻이다. 보補는 '보태다, 더하다'의 뜻이다.

여언__ 맹자는 사람이 태어날 때부터 어떻게 살아야 하는지 답을 마음에 담고 있다. 이 덕분에 우리는 어떻게 해야 할지 고민이 되는 도덕적 상황에서 두꺼운 책을 펼치지 않더라도 마음의 소리에 귀를 기울이면 방향을 잡을 수 있다. 오늘날 우리는 이를 양심의 소리라고 말하는데, 맹자는 이를 성선의 소리라고 말했다. 말은 다르지만 의미는 서로 통한다고 할 수 있다.

이처럼 사람은 마음에 어떻게 살아야 하는지 그 길을 가지고 있지만 묘하게 차이를 보인다. 맹자는 이 차이를 세 가지로 나눠서 설명하고 있다. 첫째, 평소 사람이 하는 바를 잘 살펴보면 性善의 소리랑 크게 다르지 않게 행동한다. 이에 그 사람에게 "당신이 어떻게 해서 이렇게 하게 되었는가요?"라고 물으면 시원하게 대답하지 못하거나 "그냥 하다 보니 그렇게 됐다"라는 식으로 대답할 수 있다. 이는 "실천하더라도 분명하지 않고 되풀이하더라도 톺아보지 않으니까" 우물쭈물하는 것이다.

이와 달리 이유를 설명도 하고 환한 표정을 짓는 경우도 있다. 이는 패자의 백성과 왕자의 백성으로 나눌 수 있다. 패자는 백성들을 동원하여 인위적인 목표를 달성하고자 한다. 만약 뜻대로 된다면 백성들은 성취감에 들떠서 왁자지껄하게 환호성을 내지를 수 있다. 하지만 뜻대로 되지 않으면 앞의 환호성은 바로 울음소리로 바뀌게 된다.

왕자는 자신이 전면에 나서지 않아도 사람들은 당연히 그렇게 해야 하는 듯이 움직인다. 일이 성공해도 특별히 누구 덕분이라고 생각하여 영웅을 만들지 않고 일이 실패해도 담담하게 받아들인다. 각자 할 일을 한 탓에 주동자가 따로 있지 않다. 이것이 바로 선한 사람이 움직이면 주위 사람이 그에 물들고 각자가 마음에 새기면 세상이 어느 순간에 확 바뀌게 되는 "過化存神"이다.

지나가는 "過者"는 김연경처럼 특정한 사람이 아니라 우리 주위에 묵묵하게 제 역할을 하는 수많은 사람들이다. 이들이 있기에 언론에 연일 온갖 비리 보도가 나와도 길게 보면 좋은 방향으로 나아간다. 過者로 인해 "化者"가 많아지면 결국 모든 사람이 마음에 새기는 "存者"가 된다. 그 세상은 살맛나는 아름다운 세상이리라.

이에 따르면 사람은 신의 한갓 피조물로 신의 뜻대로 움직이는 것이 아니다. 사람은 천지와 더불어 우주의 운행에 참여하여 더 좋은 세상을 가꾸는 주체 중의 하나이다(『오십 중용이 필요한 시간』 15조목 "與天地參" 참조). 이것이 세상의 세 기둥 중의 하나라는 三才이고 여기에 나오는 "與天地同流"이다.

71

경험

바다를 보고 나면 물값하기 어렵다

관해난수 觀海難水(「진심」상 24)

입문__ SBS 〈생활의 달인〉이란 프로를 보면 늘 감탄한다. "어쩜 저렇게 잘할 수 있을까?"라는 말이 절로 나온다. 이 프로는 이미 수백 회 (2021년 8월 16일 기준 809회)가 지났는데도 방송할 때마다 새로운 달인이 나오는 걸 보면 우리 사회의 기초가 든든하다는 느낌이 든다. "달인達人"은 웬만큼 잘 붙여주지 않는 칭호이다. 양이면 양, 속도면 속도, 정확도면 정확도, 엄밀함이면 엄밀함 등에서 보통 사람이 범접할 수 없는 경지를 보여주기 때문이다.

달인이 만든 음식을 먹고 나면 다른 음식은 값을 쳐주기가 어렵다. 달인이 만든 물건이면 다른 물건은 성에 차지도 않는다. 이처럼 달인은 보통 사람을 월등하게 뛰어넘는 수준을 성취하여 소위 "비교 불가"나 "대체 불가"의 지위를 갖는다고 할 수 있다. 나는 대학에서 학생을 지도하여 석박사를 배출하면서 해마다 쟁쟁한 이름을 가지고 쏟아져 나오는 사람들과 구별되려면 자신만이 잘할 수 있는 분야와 역량을 꼭 갖춰야 한다고 강조한다. 그렇지 않으면 수많은 사람 중의 하나일 뿐이므로 내 글에 관심을 갖고 읽어줄 사람을 찾기가 쉽지 않다.

맹자는 『논어』에 나오지 않은 공자의 말을 전하면서 무엇을 하든 근원을 맛보고 깊이를 갖춰야 한다는 평범한 진리를 말하고 있다(42조목 "自得逢原" 참조). 같은 결론이더라도 다른 말하는 맹자의 글솜씨를 함께 만나러 가보자.

승당＿＿공자가 동산에 올라 노나라를 작다고 여겼고 태산에 올라 천하를 작다고 여겼다. 그러므로 한없이 넓고 큰 바다를 구경한 사람에게는 물값하기 어렵고 성인의 문하에 유학한 사람에게는 말값하기 어렵다. 물을 구경하는 데에 방법이 있는데, 반드시 세차게 흐르는 여울물을 보아야 한다. 해와 달은 온 세상을 환히 밝히는데, 빛을 받아들일 만한 틈이 있으면 반드시 비춘다. 흐르는 물의 성질은 구덩이를 채우지 않고 앞으로 흘러가지 않는다. 군자가 도에 뜻을 둘 때 문장을 이루지 못하면 전달하지 못한다.

孔子登東山而小魯, 登泰山而小天下, 故觀於海者,
공 자 등 동 산 이 소 로   등 태 산 이 소 천 하   고 관 어 해 자
難爲水, 遊於聖人之門者, 難爲言. 觀水有術, 必觀其瀾.
난 위 수   유 어 성 인 지 문 자   난 위 언   관 수 유 술   필 관 기 란
日月有明, 容光必照焉. 流水之爲物也, 不盈科, 不行.
일 월 유 명   용 광 필 조 언   류 수 지 위 물 야   불 영 과   불 행
君子之志於道也, 不成章, 不達.
군 자 지 지 어 도 야   불 성 장   부 달

입실＿＿등登은 '오르다'의 뜻이다. 오늘날 중국어에는 우리가 쓰는 등산登山보다 파산爬山을 많이 사용한다. 동산東山은 오늘날 산둥성의 582.8미터의 이산嶧山과 1,156미터의 멍산蒙山 등으로 추정된다. 멍산은 산둥성에 두 번째 높은 산으로 아래 타이산泰山과 비교해서 큰 차이가 없으므로 동산은 이산으로 추정된다. 이산에 가면 공자가 이곳으로 동산을 올랐다는 글씨가 새겨져 있다. 멍산은 정상 부근에 유리로 된 흔들다리가 놓여있고 이산은 온통 바위산으로 케이블카를 타면 정상까지 쉽게 오를 수 있다. 나는 이 두 산과 아래 태산을 올라 공자의 말이 주는 느낌을 경험해봤다. 소小는 '작다'의 뜻으로 여기서는 산 위에서 아래를 내

려다볼 때 크기가 작게 보인다는 맥락을 나타낸다. 태산은 중국 과거 오악五嶽 중의 하나로 죽기 전에 한 번 오르고 싶은 산의 하나이고 높이 1,532.7미터이다. 태산 정상에 오르면 "孔子小天下處"라는 글씨가 쓰인 비석이 낭떠러지 위에 있다. 태산을 오르면 꼭 찾아보기 바란다. 난難은 '어렵다'의 뜻이다. 술術은 '방법, 길'의 뜻이다. 란瀾은 '물결, 여울'의 뜻이다. 영과盈科는 물길에 난 구덩이를 채우고 물이 앞으로 나아간다는 맥락을 가리킨다(43조목 "盈科後進" 참조).

여언__ 맹자는 공자의 이 말을 어디서 보았는지 말하지 않지만 자칫 잃어버릴 수 있는 공자의 말을 전하고 있다. 땅에서 보면 사람은 키가 작아서 주위를 환히 볼 수가 없다. 산에 오르면 그렇게 오밀조밀하게 크거니 작거니 있던 건물도 모두 비슷하게 보이고 시야가 툭 트여 멀리 내다볼 수 있다. 공자의 말에는 당연히 노나라와 천하를 작게 보는 과소법이 있지만 새처럼 높은 곳에서 전체를 조감하는 위력을 생생하게 전달하고 있다.

맹자는 공자의 말을 전하기만 하지 않고 자신의 생각을 덧보탰다. "觀於海者, 難爲水, 遊於聖人之門者, 難爲言." 이와 관련해서 다양한 풀이가 있다. 신영복은 위爲 자를 위謂 자의 뜻으로 봐서 바다를 본 사람은 어디 가서 물 이야기하기 어려워진다고 풀이했다(신영복, 『강의』). 즉 내가 본것이 최고라고 생각했다가 바다를 보고 나니 지금까지 바다를 빼놓고 물을 두고 이러쿵저러쿵한 게 부끄럽기 그지없다. 그러니 앞으로 바다보다더한 것이 있을 수 있다고 생각하면 무엇이든 쉽게 말할 수가 없다. 겸손을 배운다는 맥락이다. 이런 해석은 장자가 「추수」에서 세상에 자신이 제일 크다고 생각한 하백河伯이 북해약北海若에 가서 더 큰 바다를 보고 깜짝 놀랐다는 이야기와 맞닿아 있다.

주희는 사람이 높이 오를수록 아래가 더욱더 작게 보이고 큰 것을 보면 작은 것이 시시해서 볼 게 없다고 생각한다는 식으로 풀이했다. 대체로 주희의 풀이를 따라 바다를 보아온 사람은 보통 강물을 물로 여기지 않는다고 한다. 태산 구절은 "태산귀래불견산泰山歸來不見山"으로 고쳐서 태산에서 돌아오니 작은 산 따위는 눈에 들어오지도 않는다로 풀이한다. 압도하는 힘이 사람에게 충격으로 다가와서 그것이 기준이 되어버리는 것이다.

나는 겸손도 좋고 압도하는 힘도 좋지만 자기 한계의 만남과 새로운 출발의 다짐을 읽어내고자 한다. 내가 최고라거나 끝에 도달했다고 생각하는데 '이게 아니구나!'를 느끼고 다시 또 다른 출발을 하는 것이다. "산이 있으니까 또 오르는" 산사람처럼 할 게 끝이 아니라는 걸 확인하고 또 다른 "觀海難水"를 찾아서 다시 시작하는 것이다. 이런 측면에서 보면 맹자는 세상에 비해 왜소한 나를 산에 올라 위로했던 공자의 말을 창조적으로 왜곡(재해석)하고 있는 것이다.

72 협량 ── 하나를 들고 백 가지를 놓치다

거일폐백擧一廢百 —「진심」상 26)

입문___사람은 생김새만 다른 것이 아니라 생각도 다르다. 오랜 사귄 친구나 몇십 년을 함께 산 부부도 "당신에게 그런 면이 있었어?"라며 놀랄 때가 있다. 하긴 사람은 자신을 누구에게도 한 번이든 여러 번이든 통째로 보여줄 수 있는 방법이 없다.

　친구와 가족도 이러할진대 타인은 얼마나 다를까? 이 때문에 묵적은 한 사람이 한 가지 주장(一人一義)이 있고 열 사람이 있으면 열 가지 주장(十人十義)이 있고 백 사람이 있으면 백 가지 주장(百人百義)이 있다고 말했다. 이러다 보면 사람의 주장 사이를 조정 또는 화해시키려는 사람이 등장하기 마련이다. 서로의 진의眞意를 확인한다거나 거중조정居中調整을 한다거나 별의별 방법을 다 쓰게 된다. 장자는 이러한 거중조정이 불가능하다고 말했다. 아무리 제삼자가 공정하다고 하더라도 조정의 내용이 어디 한쪽에 조금이라도 가까우면 반대쪽은 자신이 불리하므로 받아들이지 않기 때문이다. 이는 우리도 세 사람 이상의 관계에서 여실히 경험하는 사실이다.

　맹자 시대에도 그런 일이 있었다. 32조목 "爲我兼愛"에서 보았듯이 양주는 개인의 가치를 앞세우는 반면 묵적은 공동체(천하)의 가치를 앞세웠다. 이렇게 두 사람이 날카롭게 대립하자 또 제3의 인물이 나타나 두 사람의 극단을 해결하고자 했다. 그것이 바로 자막子莫이다. 자막의 시도는 어떻게 되었을까? 맹자를 비롯하여 모두의 환영을 받았을까, 아니면 비판을 받았을까? 한 걸음 더 들어가 보자.

　승당　양주는 위아설을 주장하여 정강이 털 한 올을 뽑아서 천하를 이롭게 하더라도 그렇게 하지 않는다. 묵적은 겸애설을 주장하여 이마를 갈아 발꿈치에 이르더라도 천하를 이롭게 한다면 서슴없이 그렇게 했다. 자막은 두 사람의 중심을 잡았다. 중심을 잡으면 도덕에 가깝지만 중심을 잡고 상황을 고려하지 않으면 마치 또 하나의 기준점을 잡게 되는 것과 비슷하다. 하나의 기준점 잡기를 싫어하는 까닭은 결국 하나를 살리려다 백 가지를 죽이게 된다.

楊子取爲我, 拔一毛而利天下, 不爲也. 墨子兼愛,
양 자 취 위 아   발 일 모 이 리 천 하   불 위 야   묵 자 겸 애
摩頂放踵, 利天下, 爲之. 子莫執中, 執中爲近之.
마 정 방 종   리 천 하   위 지   자 막 집 중   집 중 위 근 지
執中無權, 猶執一也. 所惡執一者, 爲其賊道也,
집 중 무 권   유 집 일 야   소 오 집 일 자   위 기 적 도 야
擧一而廢百也.
거 일 이 폐 백 야

　　입실___취取는 '취하다'의 뜻으로 특정한 입장과 학설을 주장하는 맥락이다. 발拔은 '뽑다'의 뜻이다. 모毛는 일반적으로 '털'을 가리키는데『한비자』「현학顯學」의 "不以天下大利易其脛一毛, … 輕物重生之士也"라는 구절을 보면 정강이 털로 한정되고 있다. 마摩는 '갈다'의 뜻이다. 정頂은 '정수리, 머리'의 뜻이다. 방放은 '놓다, 이르다'의 뜻이다. 종踵은 '발꿈치'를 가리킨다. 자막子莫은 노나라 현자로 묵적과 양주의 극단을 조정하고자 했지만 맹자의 비판을 받았다. 집執은 '잡다, 지키다'의 뜻이다. 근近은 '가깝다'의 뜻이다. 권權은 '저울질하다, 구분하다'의 뜻이다. 적賊은 '해치다, 상하게 하다'의 뜻이다. 거擧는 '들다, 거들다'의 뜻으로 장점을 살린다는 맥락이다. 폐廢는 '그만두다, 없애다'의 뜻으로 다양한 특성을 제대로 살리지 못하고 내버리게 된다는 맥락이다.

　　여언___맹자가 살았을 당시에 "사람이 어떻게 살아야 할까?"를 두고 여러 가지 사상이 나오게 되었다. 양주는 정강이 털 한 올을 뽑아 세상을 이롭게 하더라도 하지 않겠다는 극단을 주장했다. 정강이 털 한 올이 보잘것없어 이래도 좋고 저래도 좋다고 생각하겠지만 그렇지 않다. 그것은 사람 몸의 다른 부분과 마찬가지로 나의 생명을 이루고 있다. 따라서 나

의 생명을 해치면서 천하를 이롭게 하는 일에 동의할 수 없다는 선언이다.

이에 반해 묵적은 천하를 위해 헌신하느라 이마가 내려앉아서 발꿈치에 닿더라도 그런 일을 마다하지 않았다. 자신의 노력으로 주위 사람, 나아가 세상 사람이 모두 혜택을 본다면 그렇게 하지 않을 이유가 없기 때문이다. 이도 양주와 방향만 달랐지 극단이라고 할 수 있다.

자막이 양주와 묵적의 극단이 당시의 문제를 해결하기보다 더 어렵게 만든다고 생각했다. 그는 양주의 개인과 묵적의 천하(공동체)라는 양극단이 아니라 사이의 중심에 서려고 했다. 아마 자막은 요즘 말을 빌리면 자신이 양주와 묵적을 조정하는 제3의 길을 개척한다고 생각했을 것이다. 이처럼 자막이 나오면 모든 게 해결될 줄 알았지만 맹자는 자막이 두 사람의 극단을 해결하지 못하고 또 하나의 극단을 세웠을 뿐이라고 평가했다.

왜 그랬을까? 맹자는 양주와 묵적 사이의 중심에 서려고 했던 자막의 執中 자체를 비판하지 않는다. 문제는 "어떤 집중인가?"에 있다. 사람이 서로 다른 만큼 사람이 놓인 상황도 똑같은 경우가 없다. 따라서 중심은 한 극단과 다른 극단에서 동일한 거리에 있는 정해진 어떤 지점일 수가 없다. 상황에 따라 왼쪽 극단으로 조금 기울 수도 있고 반대로 오른쪽 극단으로 조금 기울 수도 있다. 이러한 삶의 가변성을 인정하지 않고 "중심이 특정한 지점이다"라고 선언하게 되면 결국 "執中"이 "執一"로 바뀌게 된다. 또 하나의 극단이 등장했다고 할 수밖에 없다. 이는 다시 하나를 살리려다 모든 걸 버리게 되는 "擧一廢百"의 총체적 난국을 낳게 된다.

그래서 맹자는 "집중"이 "집일"이 되지 않으려면 "執中無權"이 아니라 "執中有權"을 해야 한다. 상황마다 특수성과 고유성을 고려하여 가장 적실한 지점을 찾아야 한다. 상황이 달라지면 그 지점도 또 옮겨가게 된다.

맹자로 기나긴 논쟁이 끝난 줄 알았더니 다시『중용』의 저자가 나타나 맹자의 해결이 분명하지 않다면 아예 '중용'을 찾겠다고 나섰다(『오십, 중용이 필요한 시간』참조). 참으로 맹자 시대에도 사상가는 누가 뭐라고 하는지 신경 쓰지 않고 제 주장만 한 것이 아니라 서로가 물고 물리는 논쟁의 무대에 있었다. 우리 시대에도 이렇게 물고 물리는 사상가들의 설전舌戰이 있을까?

73
비판

춘추에 정의로운 전쟁은 없다
춘추무의전春秋無義戰(「진심」하 2~3)

입문 1979년 10월 26일 중앙정보부 부장 김재규가 대통령 박정희를 살해하자 국정의 공백이 생겨났다. 전두환은 북한의 위협설을 바탕으로 실권을 장악하고 급기야 광주민주화운동을 군홧발로 짓밟고 권력을 잡았다. 사실 당시 북한 위협설의 실체가 입증되지도 않았지만 그이는 『전두환 회고록』(2017)에서 그것을 사실처럼 기술하고 5·18항쟁을 북괴의 사주로 해명하여 논란이 되고 있다.

만약 역사가『전두환 회고록』의 한 글자도 고치지 않고 그대로 기록된다면 훗날 사람들은 그의 진술을 모두 사실로 믿을 것이다. 하지만 당시 미국 정부의 비밀문서나 우리나라의 증언을 살펴보면『전두환 회고록』은 믿고 싶은 대로 기록한 것이지 완전히 또는 철저하게 사실대로 기록했다고 보기가 어렵다. 현대에도 왜곡이 버젓이 일어나고 있는데 과거는 어떠했을까?

가까이는 일본이 일제강점기의 역사 중 '위안부'와 '강제징용' 등에 대해 피해자에 대한 사과와 보상에 나서지 않고 아직도 계약에 따른 정상적인 노동 행위로 강변하고 있다. 단 한 번이나 짧은 시간에 결론이 나기보다 기나긴 사실 규명을 통해 진실이 드러나면 그 노력은 더욱더 빛을 발하게 될 것이다.

맹자도 당시 요임금에서 춘추시대 초기까지 다룬 『서경』과 춘추시대 초기에서 후기까지 다룬 『춘추』를 읽었다. 둘 다 오늘날로 하면 역사서에 해당한다. 그는 두 책을 읽고서 그 내용을 100% 다 믿을 수 없다고 보았다. 왜 그랬을까?

승당__『춘추』의 기사에 정의로운 전쟁이 없다. 기사 중에 저쪽의 내용이 이쪽의 내용보다 상대적으로 나은 경우는 있다. 정이란 윗사람(상국)이 아랫사람(하국)을 정벌하는 것이고 상대국끼리 서로 정벌하지 못한다. 『서경』의 기사를 남김없이 다 믿는다면 그런 태도는 아예 『서경』이 없는 것만 못하다. 나는 『서경』「무성」의 내용 중에 20~30%만 받아들일 뿐이다. 인인(사람다운 사람)은 천하에 맞서는 사람이 없다. 「무성」의 내용이 최고의 인(무왕)으로 최악의 불인(주왕)을 정벌했는데, 어찌 그 피가 많이 흘러 집안의 공이를 거기에 떠다니게 할 수 있겠는가?

孟子曰, 春秋無義戰. 彼善於此, 則有之矣.
맹 자 왈 춘 추 무 의 전 피 선 어 차 즉 유 지 의
征者, 上伐下也, 敵國不相征也. 孟子曰, 盡信『書』,
정 자 상 벌 하 야 적 국 불 상 정 야 맹 자 왈 진 신 서
則不如無『書』. 吾於「武成」, 取二三策而已矣.
즉 불 여 무 서 오 어 무 성 취 이 삼 책 이 이 의
仁人無敵於天下, 以至仁伐至不仁,
인 인 무 적 어 천 하 이 지 인 벌 지 불 인
而何其血之流杵也?
이 하 기 혈 지 류 저 야

입실　춘추春秋는 오경 중의 하나인 『춘추』를 가리키는데 오늘날 학문으로 보면 역사에 속한다. 의義는 '옳다, 바르다'의 뜻이다. 의전義戰은 선을 돕고 악을 처벌한다는 보편적 명분을 가진 정의의 전쟁을 가리킨다. 선어善於는 '~이 ~보다 낫다'는 비교의 맥락을 나타낸다. 정征은 '치다, 책임을 묻다'의 뜻이다. 적敵은 '맞서다, 원수'의 뜻이다. 진盡은 '다, 모두, 전부'의 뜻이다. 신信은 '믿다'의 뜻이다. 서書는 오경 중의 하나인 『서경』을 가리키는데 오늘날 학문으로 보면 역사에 속한다. 불여不如는 '~가 ~보다 못하다'는 맥락으로 비교의 대상 중 후자가 낫다는 뜻이다. 무성武成은 『서경』의 편명으로 주나라 무왕이 은나라 주왕을 정벌하고 호경鎬京으로 돌아와서 그 시말을 다루고 있다. 책策은 죽간竹簡의 한쪽을 가리키는데 오늘날 '쪽'에 해당한다. 저杵는 '공이'를 가리킨다.

여언　사실 경經은 유학의 텍스트에서 절대적인 권위를 갖는다. 경의 한 글자를 의심해도 큰 문제가 되는데 그 내용을 믿을 수가 없다고 하니 맹자의 용기가 대단하다고 할 수 있다. 이런 의심이 맹자 개인의 용기만으로 가능하지 않다. 의심을 한다면 그에 상응하는 이유와 근거를 밝혀야 하기 때문이다. 그는 『춘추』에 수많은 전쟁을 기록하고 있는데 도대체 왜 정의로운 전쟁이 없다고 했을까? 이것은 역사 기술에서 사용하는 "征"의 개념에 바탕을 두고 있다. 개념 정의에 따르면 征은 천자의 나라가 제후 나라의 비리나 쿠데타가 일어났을 때 그 주동자를 처벌하기 위해 일으키는 전쟁이다. 征은 문제를 일으킨 행위에 책임을 묻고 국정을 안정시키는 활동이라고 할 수 있다.

춘추시대에는 이미 천자는 정벌권을 행사할 형편이 되지 못했다. 천자라는 호칭이 있지만 실권이 뒷받침해주지 못했다. 따라서 당시에 훗날 오

패五霸라고 불리는 실력자 또는 강대국이 군사적 우위를 바탕으로 군사를 일으키거나 상대적으로 강한 나라가 약한 나라를 침략하면서 征이라는 개념을 사용했다. 征의 전쟁은 있지만 실제로 그 이름에 어울리는 전쟁이 없었기 때문에 "春秋無義戰"이라고 말하는 것이다. 이는 춘추시대 패자의 명예와 실력을 부정하는 만큼 엄청난 용기가 아니면 쉽게 말할 수 없는 내용이다.

다음으로 그는 왜 『서경』의 내용을 취사선택해야지 통째로 믿을 수 없다고 하는 걸까? 그는 「무성」에 기록된 목야牧野 전투를 실례로 들었다. 은나라 주왕은 사치와 타락으로 백성들에게 엄청난 고통을 준 인물이다. 주나라 문왕은 제후로서 그 사실을 알고 있었지만 자신의 실력을 키울 뿐 군사행동에 나서지 않았다. 그의 아들 무왕은 주왕의 폭정을 두고 보면 백성들의 고통이 가중되므로 마침내 전쟁에 나서 목야에서 은나라를 멸망시켰다.

목야 전쟁은 주나라 무왕이 은나라 주왕의 폭정에 시달리는 백성의 고통을 풀어주는 해방전의 특성을 지닌다. 그런데 「무성」에는 피가 얼마나 흘렀는지 강물이 되고 가정집의 절구가 엎어져서 공이가 물에 둥둥 떠다닌다, 즉 "血之流杵"로 기록한 것이다. 이는 해방전이 아니라 침략전의 양상에 기술하는 데에 어울리는 표현이라고 할 수 있다. 이 때문에 그는 「무성」의 일부분만을 믿는다고 하는 것이다.

이처럼 맹자는 經의 권위를 인정하지만 경의 내용을 신비화하지 않고 합리적 근거를 제시하며 믿을 건 믿고 의심할 건 의심하는 용기를 발휘하고 있다. 우리도 고대사든 현대사든 진영 논리에 따라 믿고 싶은 대로 믿는 건 아닐까? 진실을 마주해야 일본과 베트남에도 맹자처럼 당당할 수 있다.

백성이 귀하고 군주가 가볍다

민귀군경民貴君輕(「진심」하 14)

입문＿붕어빵에는 붕어가 없다. 당연한 말이다. 원래 붕어빵은 붕어 모양을 본뜬 이름일 뿐 붕어로 만든 빵이 아니기 때문이다. 그러니 붕어 빵을 사놓고 이름에 붕어가 들어가 있는데 왜 붕어가 없냐고 항의한다고 그 말을 진지하게 들을 사람이 없다. 반면 팥소 없는 찐빵이란 말을 들으면 붕어 없는 붕어빵과 어감이 다르다. 찐빵은 밀가루로 반죽하여 그 안에 팥소를 집어넣는다. 그래서 찐빵을 깨물었을 때 외피의 부드러움과 팥소의 달콤함이 어울려서 맛있는 맛을 낸다. 그런 찐빵에 팥소가 없다면 맹물 같은 느낌이 든다. 물론 중국의 만터우饅頭는 찐빵과 모양이 같지만 팥소가 없어도 호텔의 조식이나 여행의 간편식으로 애용된다. 그래서 만터우를 맛있게 먹으면 중국 사람이 다 되었다고 하지만 한국 사람은 역시 팥소가 든 찐빵이 제격이라고 할 수 있다.

이제 나라를 생각해보자. 나라는 국민, 영토와 주권을 3요소로 한다. 이 중에 하나라도 없으면 붕어 없는 붕어빵이 아니라 팥소 없는 찐빵이 된다. 그렇다면 왕정은 어떻게 되는 걸까? 왕정에서는 왕이 국민보다 더 중요할까, 아닐까? "民貴君輕"은 이와 관련해서 맹자가 내놓은 해답이다. 구체적으로 해답의 의미 맥락을 살펴보기로 하자.

승당＿가치로 보면 백성이 가장 소중하고 사직이 그다음이고 군주가 가장 가볍다. 이 때문에 많은 백성을 얻으면 천자가 되고 천자의 신임을 얻으면 제후가 되고 제후의 신임을 얻으면 대부가 된다. 제후가 사직을 위태롭게 하면 다른 현인으로 바꾸어 앉힌다. 희생이 이미 갖추어지고 가득 담긴 곡물이 깨끗하여 제사를 때에 맞게 지낸다. 하지만 가뭄이 들고 홍수가 나면 사직의 장소를 바꾸어 세운다.

民爲貴, 社稷次之, 君爲輕. 是故得乎丘民, 而爲天子,
민 위 귀 사 직 차 지 군 위 경 시 고 득 호 구 민 이 위 천 자
得乎天子爲諸侯, 得乎諸侯爲大夫. 諸侯危社稷,
득 호 천 자 위 제 후 득 호 제 후 위 대 부 제 후 위 사 직
則變置. 犧牲旣成, 粢盛旣潔, 祭祀以時,
즉 변 치 희 생 기 성 자 성 기 결 제 사 이 시
然而旱乾水溢, 則變置社稷.
연 이 한 건 수 일 즉 변 치 사 직

입실___귀貴는 '보배롭고 소중하다'의 뜻이다. 사직社稷은 사람의 목숨과 나라의 운명을 지속하는 데에 중요한 토지와 곡신을 신격화한 것이다. 서울의 사직단社稷壇은 두 신을 제사 지내는 신성한 공간이지만 원래보다 아주 축소된 형태로 남아있다. 구민丘民은 많다는 의미를 나타내면서 널리 '백성'을 가리킨다. 위危는 '위태하다, 위태롭게 하다'의 뜻이다. 변치變置는 인물을 바꾸어 그 자리에 둔다는 맥락이다. 희생犧牲은 제사를 지낼 때 사용하는 제물로 주로 동물을 가리킨다. 희생이 많을수록 제사의 품격이 높아진다. 예컨대 하늘에 지내는 제사가 제물이 가장 많았다. 자성粢盛은 옛날 제사를 지낼 때 제기에 넣어 바치는 곡물을 가리키는데, 자粢는 '메기장'의 뜻이지만 여기서는 육곡六穀의 총칭이고 성盛은 그릇에 '가득 담다'의 뜻이다. 결潔은 제물을 정성스레 손질하여 '깨끗하다'의 뜻이다. 한건旱乾은 '가물다'와 '마르다'의 뜻으로 가뭄을 나타내고 수일水溢

은 '물이 넘친다'는 뜻으로 홍수를 가리킨다.

여언___정치 체제로 보면 맹자는 왕정을 살았고 우리는 민주정을 살고 있다. 왕정이니까 당연히 왕이 최고로 중요하다고 생각할 수 있다. 즉 하나의 나라가 왕을 중심으로 돌아간다고 간주하기 때문이다. 이러한 생각이 그렇게 무리라거나 큰 문제가 있다고 보이지 않는다.

하지만 한 가지만 생각해보자. "백성이 없는 나라가 가능할까?" 정치체제가 아무리 왕정이라고 해도 백성이 없다면 나라가 나라일 수가 없다. 백성이 없다면 아무리 왕이라고 해도 자신이 모든 일을 직접 해야 한다. 이런 상황을 떠올린다면 맹자의 말이 어느 정도 이해될 수 있다. 그래서 백성 없는 나라는 붕어 없는 붕어빵이 아니라 팥소 없는 찐빵이라고 할 수 있다.

사실 지금에서 보면 백성을 일차적인 요소로 간주하는 맹자의 생각은 상식에 가깝다. 그다지 이상하다고 여겨지지 않는다. 하지만 시간을 거슬러 올라가면 이야기가 달라진다. 오늘날 국민이 투표로 국정 최고 책임자를 뽑지만 맹자 시대에는 하늘(하느님)이 나라를 다스리는 임금을 점지했다. 이 때문에 임금을 달리 천자天子라고 불렀다. 천자는 하늘(하느님)의 자식이란 뜻이니 하늘이 천자의 부모인 셈이다.

이처럼 천자가 하늘(하느님)을 대신하는 존재이므로 나라에서 그 위상이 얼마나 막강한지 미루어 짐작이 간다. 이런 맥락에서 천자를 나라의 중심으로 생각하는 사고가 생겨날 수 있다. 이런 사고가 주류적인 상황에서 맹자의 民貴君輕은 전복적 발언이라고 할 수 있다. 실례로 명 태조 주원장은 『맹자』에서 民貴君輕과 같은 부류의 내용을 삭제하고 『맹자절문孟子節文』의 책을 새롭게 편집했고 요시다 쇼인은 이를 반박하는 『강맹차기孟箚記』를 지었다. 두 사람은 군주보다 백성의 가치를 앞세우는 맹자의 주장을 도저히 받아들일 수 없었기 때문이다.

하지만 "백성 없는 나라"와 "백성 없는 왕"을 생각해본다면 맹자의 말이 설령 과격하다고 하더라도 진실이라는 점을 인정하지 않을 수가 없다. 명 태조는 맹자에 분노했다기보다 진실 앞에 두려워서『맹자절문』을 편집했다고 할 수 있다. 진실은 두려움 때문에 외면할 수 있지만 완전히 삭제할 수는 없다. 왜냐하면 우리는 지금 명 태조 버전의『맹자절문』이 아니라 맹자 감독의 무삭제판『맹자』를 읽고 있기 때문이다.

오늘날 우리는 왕정이 아니라 민주정을 살고 있지만 세계적으로 보면 투표로 선출된 공직자가 자신을 나라의 중심으로 여기는 경우도 있다. 선출직 공무원은 자신이 정해진 기간 위임된 권력을 행사할 수 있는데 앞의 "정해진 기간"을 잊고 있는 것이다. 그러다 임기를 못 채울 수도 있다.

75
내실

꽉 차서 틈이 없어야 아름답다

충실위미充實謂美(「진심」하 25)

입문___아름다움은 자연에서 느낄 수도 있고 사람이 창작한 작품에 대해서 느낄 수도 있다. 주말에 산을 찾아 산길을 오르다가 길옆에 핀 꽃을 보고 '아름답다'고 느낄 수 있고 정상에 올라 눈앞에 펼쳐진 광경을 보고 '아름답다'고 느낄 수 있다. 또 박물관과 미술관의 전시를 보거나 연극과 음악의 공연을 보고 '아름답다'고 느낄 수 있다.

꽃처럼 작거나 색감이 화려해서 아름답기도 하고 정상의 광경처럼 사람이 흉내 낼 수 없을 정도로 장엄하여 아름답기도 하다. 음악의 선율이나 그림의 구도나 배우의 극중 역할에 대한 완벽한 소화에 아름다움을 느낄 수 있다.

동아시아 고대 사람들은 어떤 점에 미美를 느꼈을까? 미美 자의 구성을 보면 양羊과 대大 두 글자의 결합으로 되어있다. 이와 관련해서 ① 단순하게 양이 크니까 아름답다고 느꼈을 수 있다. ② 한자 대大는 사람이 팔다리를 벌린 정면의 모습을 본떴다고 보면 사람이 양의 모습을 하고 있어서 아름답다고 느꼈을 수 있다. ①은 크기에 초점을 두고 크고 살찐 양이 맛이 좋다는 것을 나타낸다. ②는 종교적 의례의 맥락에서 사람이 수행하는 역할을 나타낸다. 맹자도 미美에 대해 주목하고 있는데, 무엇에 초점을 두고 있는지 함께 살펴보도록 하자.

승당___호생불해: 악정자는 어떤 사람인가요? 맹자: 선한 사람이며 믿을 만한 사람이지요. 호생불해: 무엇 때문에 선인이라 하고 무엇 때문에 신인이라 하는가요? 맹자: 바람직한 것이 선(좋음)이고, 자신에게 있는 것이 신(믿음)이고, 꽉 차서 틈이 없는 것이 미(아름다움)이고, 꽉 차서 빛이 나는 것이 대(훌륭함)이고, 훌륭하여 스며드는 것이 성(거룩함)이고, 거룩하여 규정할 수 없는 것이 신(신묘함)이지요. 악정자는 선인과 신인 두 단계의 중간이요, 나머지 네 단계에 미치지 못합니다.

浩生不害問, 曰, 樂正子, 何人也? 孟子曰, 善人也,
호 생 불 해 문 왈 악 정 자 하 인 야 맹 자 왈 선 인 야
信人也. 何謂善? 何謂信? 曰, 可欲之謂善,
신 인 야 하 위 선 하 위 신 왈 가 욕 지 위 선
有諸己之謂信, 充實之謂美, 充實而有光輝之謂大,
유 저 기 지 위 신 충 실 지 위 미 충 실 이 유 광 휘 지 위 대
大而化之之謂聖, 聖而不可知之之謂神. 樂正子,
대 이 화 지 지 위 성 성 이 불 가 지 지 지 위 신 악 정 자

二之中, 四之下也.
이 지 중 사 지 하 야

입실___호생불해浩生不害는 제나라 사람으로 호생이 성이고 불해가 이름이다. 악정자樂正子는 제나라 사람으로 맹자의 제자이고 '樂正'에서 보이듯 그의 집안은 대대로 음악 관련 관직을 맡았다(65조목 "好善告善" 참조). 충실充實은 '차다, 채우다'의 뜻으로 빈틈이 없을 정도로 꽉 차있는 상태를 가리킨다. 광휘光輝는 둘 다 '빛나다, 빛을 발하다'의 뜻이다. 대大는 '크다, 넓다, 훌륭하다'의 뜻으로 썩 좋아서 나무랄 곳이 없다는 맥락을 나타낸다. 화化는 '바뀌다, 스며들다'의 뜻이다. 성聖은 '거룩하다, 뛰어나다'의 뜻이다. 지知는 '알다, 식별하다, 규정하다, 명명하다'의 뜻이다.

여언___시작은 악정자의 사람 됨됨이를 설명하는 데에 있다. 맹자의 이야기가 계속될수록 초점이 사람이 발전해가는 단계를 나타낸다고 할 수 있다. 그의 단계를 훑어보면 첫 단추 "가욕可欲"부터 감을 잡기가 쉽지 않다. 이 말은 사실 맹자가 아니라 노자가 제일 먼저 사용했다. "가욕을 드러내지 않아 사람의 마음이 혼란스러워지지 않도록 하라(不見可欲, 使民心不亂)!"(『老子』제3장) 이를 보면 "가욕"은 사람을 유혹해서 욕망을 일으킬 만한 대상을 가리킨다고 할 수 있다. 이 때문에 훗날 가욕을 현명함이나 재물처럼 아예 특정한 대상(蓋賢也, 貨也, 皆可欲也)으로 규정하기도 했다(유헌정劉獻廷,『광양잡기廣陽雜記』권1).

可欲 자체는 긍정과 부정 두 방향으로 가능하지만 맹자가 可欲을 善으로 연결시키는 점을 고려해야 한다. 따라서 可欲은 '바랄 만하다, ~할 만한 가치가 있다, 바람직하다desirable'의 뜻에 해당한다고 할 수 있다. 여기서 출발하면 선은 나만이 아니라 남도 그렇게 되고 싶을 정도로 바람

직하다는 특성을 가리킨다.

信은 그러한 바람직함이 사람에게 들어있는 특성을 가리킨다. 우리가 실력이 있는 사람을 믿을 만하다고 할 때처럼 신은 무엇을 자기 것으로 지니고 있는 상태라고 할 수 있다. 남의 것을 자기 것인 양 큰소리를 쳐서 주위 사람의 믿음을 살 수 있지만 큰소리가 거짓말로 드러나면 그 사람은 신뢰를 잃게 되는 것과 마찬가지이다.

美는 바람직함을 믿을 수 있는 정도가 꽉 차 있어서 한 치의 빈틈이 없는 상태이다. 아무리 비싼 그릇이라도 한 귀퉁이 금이 가거나 조금 깨진다면 그 부분이 눈에 띄지 않을 정도로 작다고 하더라도 하자가 된다. 이렇게 꽉 차있게 되면 이미 하나의 특성으로 뚜렷하게 드러나게 되고 더이상 다른 것으로 될 수가 없다. "充實謂美"이다. 모든 일에 귀찮아하는 사람이 어떤 근본적 체험이 없는 한 갑자기 성실한 사람으로 바뀌는 걸 상상할 수 없는 것과 마찬가지이다. 그러면 미는 양적 크기보다는 내실이 복합적이지 않고 단일한 특성으로 알찬 특성을 나타낸다고 할 수 있다.

大는 양적인 변화보다 알찬 것이 순도를 더해 단단하게 결합하여 밖을 향해 빛을 내는 상태이다. 빛을 내게 되면 누구도 볼 수 있어 주위의 호응을 끌어낼 수 있다. 우리가 아름다운 걸 보면 가던 걸음을 멈추고 바라보게 되는 것이다. 聖은 그 자체의 빛이 주위로 스며들어 나와 남의 경계가 조금씩 허물어지는 同化가 일어난다. 神은 스며드는 변화가 어디에서 시작해서 어디로 가는지 가늠할 수 없지만 이제 이전으로 돌아갈 수 없는 불가역적 동력을 얻는 상태이다. 이렇게 보면 6단계에서 充實謂美가 이전과 이후의 단계를 단단하게 묶어주는 버팀목 역할을 한다고 할 수 있다.

76
수양

마음을 키우려면 욕심부터 줄이자

양심과욕養心寡欲(「진심」하 35)

입문__ "돈을 많이 벌면 무엇을 하고 싶어요?"라고 묻는다면 어떻게 대답할까? 자신이 평소 갖고 싶지만 살 수 없었던 물건이며 남들이 부러워할 만한 명품을 사고 싶다고 대답할 수 있다. 즉 우리는 평소에 자신이 많이 가지고 있다고 생각하기보다 부족한 게 많고 남들에 비해 적게 가지고 있다고 생각하는 듯하다. 구체적으로 말하면 집이 작고 차가 작고 옷이 멋있지 않다고 생각하는 듯하다. 이는 사람의 욕망이 부족에서 충족의 소유로 나아가는 특성을 보여준다.

또 다른 질문을 해보자. "지금 경제 상황에서 무엇을 갖고 싶어요?" 돈이 아주 많지 않은 상태이므로 이것저것 가지고 싶지만 그럴 형편이 되지 않는다고 말할 것이다. 돈이 아주 많으면 이것저것 사고 싶은 걸 몽땅 가질 수 있지만 돈이 부족하면 사고 싶은 것이 있더라도 다 사지 못하는 상태에 놓이는 것이다.

이렇게 보면 사람의 마음(의식)은 끊임없이 무엇을 바라고 바라는 것을 가지려고 하는 움직임을 보이고 있다. 극단적으로 말하면 사람이 잠을 자는 시간에도 의식은 바라는 것을 가지려고 꿈속에서조차 활동을 계속하고 있다. 꿈속에서 "많은 걸 가진 누군가"와 "모든 것이 부족한 나", 아니면 "갑자기 모든 걸 가진 나"와 "모든 걸 가졌다가 하루아침에 모든 걸 잃은 누군가"가 등장하는 것이다.

꿈은 어디까지나 꿈인 만큼 우리는 현실에서 부족한 나를 만나게 된다. 그렇다면 우리는 부족한 상황에서 더 많은 소유를 향해 질주하는 길 이외에 다른 길이 없을까? 맹자의 이야기를 한번 들어보기로 하자.

승당__마음 기르기는 욕심 줄이기보다 더 좋은 것이 없다. 사람 됨됨이가 욕심이 적으면 비록 마음에 남아있지 않을 수 있지만 그런 경우가 적을 것이다. 반대로 사람 됨됨이가 욕심이 많으면 비록 마음에 남아있을 수 있지만 그런 경우가 적을 것이다.

養心, 莫善於寡欲. 其爲人也寡欲, 雖有不存焉者,
양 심 막 선 어 과 욕 기 위 인 아 과 욕 수 유 불 존 언 자
寡矣. 其爲人也多欲, 雖有存焉者, 寡矣.
과 의 기 위 인 아 다 욕 수 유 존 언 자 과 의

입실__양養은 '기르다, 키우다'의 뜻으로 오늘날 계발의 맥락이다. 막莫은 '없다'의 뜻이다. 선어善於는 '~보다 좋은 것이 없다'는 맥락으로 '~이 최고로 좋다'는 최상급을 나타낸다. 과寡는 '적다, 줄이다'의 뜻이다. 욕欲은 입, 코, 귀, 눈 그리고 사지가 바라는 대상으로 오늘날 '감각적 욕망' 또는 '신체적 욕망'에 해당한다. 수雖는 '비록 ~하더라도(할지라도)'라는 양보절을 이끄는 접속사이다. 존存은 '있다, 남아있다, 보살펴 지키다'의 뜻이다.

여언__맹자는 사람이 소유와 관련해서 가르쳐주지 않아도 스스로 계획하고 움직인다고 말한다. 예컨대 집에 키우던 닭이 우리를 벗어나 눈에 보이지 않으면 누가 뭐라고 하지 않아도 스스로 알아서 동네방네 돌아다니며 찾는다. 내 것을 잃어버리면 손해가 되므로 찾아야 하는 것이다 (60조목 "求其放心" 참조).

반면 우리가 주위 사람을 사랑하고 다급한 사람에게 양보하고 잘못하면 부끄러워하고 시비를 제대로 가리는 마음가짐은 어떨까? 사람을 사랑

해야지 하면서 사소한 일에 토라지고 앰뷸런스의 소리가 나도 내 갈 길을 챙기고 잘못해도 사람이 그럴 수 있지 하고 넘어가고 친분에 따라 시비가 영향을 받을 수 있다. 그러지 않아야지 하지만 살다 보면 마음가짐이 흐트러지는 것이다. 이런 마음이 흐트러지지 않으려면 마음이 다른 곳으로 기웃거리지 않도록 잘 살피고 원래의 마음가짐이 제힘을 발휘하도록 잘 키워야 한다(67조목 "存心養性" 참조).

흐트러진 마음을 다시 다잡는 "求其放心"을 하고 마음을 지키고 마음가짐을 키우는 "存心養性"을 하려고 해도 그때뿐이다. 결국 이 방향으로 나아가려면 마음을 갈고닦는 수양의 방법이 필요하다. 도대체 어떻게 하면 求其放心과 存心養性을 할 수 있을까? 맹자는 이 문제를 오랫동안 고민한 끝에 자신의 결론을 내놓았다.

사람이 한꺼번에 너무 많은 것을 하려고 한다는 것이다. 간단히 말하면 다욕多欲이다. 욕망이 너무 많다는 말이다. 핸드폰도 바꿔야 하고 집도 큰 평수로 옮겨야 하고 아이가 공부를 더 잘해야 하고 겨울옷도 장만해야 하고…. 말 그대로 끝이 없다. 이 끝없는 소유를 위해 한 걸음씩 나아가다 보면 숨이 가쁘고 힘이 부친다.

이 상태가 되면 만사가 귀찮고 무조건 쉬고 싶다. 다른 것은 눈에도 보이지 않고 마음에도 들어오지 않는다. 결국 "나는 누구인가?", "여기가 어딘가?"라는 물음은 생각조차 하지 못하고 하루하루를 보낸다. 맹자가 걱정했던 집 나간 닭조차 찾을 엄두를 내지 못하는데 내 마음을 돌아볼 여유가 없다. 따지고 보면 사람의 욕망이 온통 더 많이 갖는 소유를 향해 질주하기 때문에 일어나는 현상이다.

뛰면 빨리 갈 수 있을지 몰라도 주위와 자기 자신을 제대로 살필 수가 없다. 뛰는 것 자체, 내 앞에 있는 사람, 나를 쫓아오는 사람에만 온통 신경을 쓰고 있기 때문이다. 욕망이 많으면 많을수록 채워지는 일이 늘어나지만 동시에 놓치는 일도 그만큼 늘어난다. 多欲이 행복이 아니라 자신을 힘들고 버겁게 만드는 다욕多辱으로 나아갈 수도 있다. 반대로 寡欲이 행복을 키우고 불미스러운 일을 줄이는 과욕寡辱을 할 수 있다.

맹자는 새로운 제안을 한다. "욕망을 줄여라!" 즉 "養心寡欲"이다. 욕망이 적으면 먼저 자기 자신과 주위를 돌아볼 수 있는 시간의 여유를 갖는다. 시간의 여유를 가지면 말의 속도가 느려지고 자신이 나아갈 앞뿐만 아니라 자신이 걸어온 뒤를 굽어볼 수 있다. 뭘 잘하고 뭘 잘못했는지? 이렇게 욕망을 줄이면 마음의 소리가 들리고 그 소리를 더욱 키울 수가 있다. 그러면 다른 사람도 그 소리를 들을 수 있고 또 공감하는 사람이 늘어날 것이다. 줄인다는 건 집중이지 삭제가 아니다.

77 현혹   닮았지만 같지 않은 것을 미워하다

오사이비惡似而非(「진심」하 37)

입문___세상에 수많은 옷이 만들어진다. 가게에 가면 같은 옷도 몇 장씩 진열되어있다. 하지만 거리를 걷다 보면 나와 같은 옷을 입은 사람을 찾기가 쉽지 않다. 누구도 약속하지 않았는데 같은 옷이 수없이 팔려나가도 똑같은 옷을 입은 사람을 보기가 어렵다. 물론 제복이라면 똑같아야 하겠지만 개인의 의복은 개성이므로 똑같다기보다 다른 게 정상일지도 모른다. 만약 나와 같은 옷을 입은 사람을 만나면 나와 안목이 비슷하다고 반가워할까, 아니면 왜 나랑 같은 옷을 입었느냐고 반감이 생길까?

인류의 역사를 보면 종교 전쟁만큼 오랜 시간을 끌며 지독하게 다투는 경우도 없을 것이다. 기독교 안에서 구교와 신교의 싸움도 그렇고 불교 안에서 교종과 선종의 싸움도 그렇고 유학 안에서 성리학과 심리학의 경쟁도 그렇다. 오히려 종교가 아예 다르면 다툼이 있더라도 특정 시기에 그치고 대를 거듭하여 치열하게 다투기란 쉽지 않다.

맹자는 인류사를 들먹이지는 않지만 농사를 비롯하여 다양한 분야에서 미워할 수밖에 없는 대상으로 "似而非"를 적시하고 있다. 처음에 사이비는 닮았지만 완전히 일치하지 않는다며 사似를 인정했지만 후대에는 겉으로는 비슷하나 본질은 완전히 다른 가짜를 뜻하며 비非에 초점을 두게 되었다. 요즘 사이비 종교는 종교를 빙자했지만 종교가 아니라는 뜻도 후대의 의미라고 할 수 있다.

승당__공자: 닮았지만 같지 않은 것을 미워한다. 농사에서 곡식 싹과 헷갈리게 하므로 가라지를 미워하고, 도덕에서 도의와 헷갈리게 하므로 말재주를 미워하고, 관계에서 믿음과 헷갈리게 하므로 허풍선을 미워하고, 음악에서 정악과 헷갈리게 하므로 정성을 미워하고, 색깔에서 붉은색과 헷갈리게 하므로 자주색을 미워하고, 인격에서 덕행과 헷갈리게 하므로 향원을 미워한다. 군자는 상도로 돌아가 지킬 뿐이다. 상도가 제자리 잡으면 서민이 거기에 호응하고, 서민이 호응하기 시작하면 비뚤어지고 못된 일이 없어진다.

孔子曰, 惡似而非者. 惡莠, 恐其亂苗也.
공자왈 오사이비자 오유 공기란묘아

惡佞, 恐其亂義也. 惡利口, 恐其亂信也. 惡鄭聲,
오녕 공기란의야 오리구 공기란신야 오정성

恐其亂樂也. 惡紫, 恐其亂朱也. 惡鄉原, 恐其亂德也.
공 기 란 악 야 오 자 공 기 란 주 야 오 향 원 공 기 란 덕 야
君子, 反經而已矣. 經正, 則庶民興. 庶民興, 斯無邪慝矣.
군 자 반 경 이 이 의 경 정 즉 서 민 흥 서 민 흥 사 무 사 특 의

입실__ 惡는 '미워하다'의 뜻으로 '오'로 읽는다. 사似는 '닮다, 비슷하다'
의 뜻이다. 비非는 '아니다'의 뜻이다. 여기서 동아시아 문화사에서 "사이
비似而非"라는 말이 처음으로 쓰인다. 유莠는 '가라지, 강아지풀'을 가리킨
다. 묘苗는 '곡식의 싹'이란 뜻으로 꼭 '벼싹'으로 볼 수는 없다. 맹자가 활
약한 산둥성은 벼농사를 짓지 않았기 때문이다. 난亂은 '어지럽히다, 난
리'의 뜻이다. 녕佞은 '달변, 말재주, 아첨하다'의 뜻이다. 리구利口는 '말이
많지만 실속이 없는 경우'를 가리킨다. 정성鄭聲은 당시 아악에 대비하여
리듬이 빠르고 내용이 성적 내용을 담은 음악을 가리킨다. 자紫는 '자주
색'을 가리킨다. 주朱는 '붉은색'을 가리킨다. 우리는 붉은색을 '적赤'으로
보는 것과 다르다. 향원鄕原은 기준이 없어 거절을 못 하고 좋은 게 좋다
는 식의 사람을 가리킨다. 반反은 '돌아가다'의 뜻이다. 경經은 '기준, 법도'
의 뜻이다. 사특私慝은 '요사하고 간사하다'의 뜻이다.

여언__ 과학이 발달하면 미신이 없어질 듯하지만 "시이비 과학"이 끊
임없이 생겨난다. 과학이 학문에서 중심 지위를 차지하자 그 권위를 빌
려 자신의 존재 가치를 정당화시키려고 하기 때문이다. 이 때문인지 현대
가 되면 사이비가 없어지리라 생각하지만 오히려 본령만큼이나 끈질긴
생명력을 이어가고 있다.

맹자는 먼저 공자의 활동을 사이비와 투쟁으로 요약한다. 사실 공자
는 『논어』에서 "似而非"나 "惡似而非"라는 말을 사용한 적이 없다. 이는
맹자가 『논어』를 읽으면서 공자가 향원鄕原을 비판하고 자주색이 붉은색

의 자리를 빼앗고 정성이 아악을 어지럽힌다(「양화」16: 惡紫之奪朱也, 惡鄭聲之亂雅樂也, 惡利口之覆邦家者)라는 말을 惡似而非로 규정한 것이다. 맹자가 공자의 의도를 사이비 비판으로 읽어낸 점은 탁월하지만 역사적으로 사이비 논란을 생각하면 과도한 일반화로 볼 수도 있다.

논에서 일하면 피와 벼를 구분하기도 쉽지 않아 피를 뽑는다는 게 벼이삭을 뽑기도 한다. 밭농사도 마찬가지로 채소의 싹과 잡초를 혼동하기도 한다. 이러한 혼동은 여러 영역에서 일어난다. 논쟁에서 상대의 입을 닫게 만들 정도면 달변가이다. 하지만 이 능력으로 사실을 허위로, 허위로 사실로 만들어버린다면 그 능력은 재앙에 가깝다. 유능한 변호사는 법정 드라마나 영화에서 주인공으로 화려한 언변으로 법을 농락한다. 화려한 언변이 법이 지키고자 하는 정의와 도의를 무력하게 만드는 것이다.

향원은 사실 공자도 신랄하게 비판한 인물이다. 아는 것이 많고 도움이 필요한 사람을 내치지 않는다. 이런 향원에게 사람이 모이기 마련이다. 하지만 향원은 해야 할 것과 하지 말아야 할 것에 대한 경계가 넓거나 없다. 따라서 평소에는 향원의 본색이 드러나지 않을 수 있지만 위기의 상황에 향원의 본색이 여지없이 드러난다. 거짓을 진리로, 진리를 거짓으로 만든다면 위기가 위기에 그치지 않고 혼동과 재앙으로 나아갈 수 있다(『마흔 논어를 읽어야 할 시간』 81조목 "德之賊").

맹자의 惡似而非가 제기된 이래로 유학은 유학의 안과 밖에서 사이비 투쟁을 벌이게 되었다. 맹자는 양주와 묵적을, 성리학은 선불교를 대상으로 때때로 가혹한 탄압을 하기도 했다. 사이비를 내버려두면 유학이 위기에 처한다고 생각했기 때문이다. 우리 현대사도 끊임없는 사이비의 투쟁을 벌여왔다. 사이비 투쟁에 몰두하면 자신의 본령을 돌보는 데 소홀하게 되고 그러다 본령을 잊기도 한다. 이는 자신의 존재를 허무하게 만든다. 본령을 온전하고 굳건히 돌보면 사이비가 허수아비로 될 것이다.

감사의 글

한문을 배울 때『맹자』를 텍스트로 공부하라고 권한다.『맹자』는 스토리가 이어지고 논리가 일관성이 있어서 한문을 익히기 좋기 때문이다. 또『맹자』를 읽으면 다른 고전보다 힘이 난다고 말한다. 문체가 강건하고 어투가 호방하여 책을 읽다 보면 시원시원하다는 느낌이 들기 때문이다. 비오는 날 기분이 가라앉을 때『맹자』를 읽으면 마음 저편에서 힘이 생겨나기도 한다.

이런저런 인연으로『맹자』를 읽은 지 꽤 시간이 지났다. 그렇게 읽으면서 생각을 정리하여 논문으로 썼다. 박사학위 논문(1999)을 책으로 엮은『사람다움의 발견』(이학사, 2005)의 제일 후반부에서 맹자를 다루었다.『맹자』가 한문 문장을 익히기 좋다고 하지만 막상 논문을 쓰려고 꼼꼼하게 들여다보자 전후 맥락과 개념 파악이 어렵기 그지없었다. 우여곡절 끝에 박사를 마치고『맹자』를 한동안 잊고 있었다.

논문을 쓰면서 한 번씩『맹자』를 보다 다시 본격적으로 평심으로 몇차례 읽었다. 그 결과가 첫 번째로『맹자와 장자, 희망을 세우고 변신을 꿈꾸다』(사람의무늬, 2014)를 출간했다. 맹자와 장자를 비교하면서 재미있게 썼다. 두 사람이 마음을 고민하면서 "같은 듯 다른" 생각을 읽어냈다. 이 당시 방학 때가 되면 중국으로 가서 사상가들의 발자취를 답사하곤

했다. 지금 생각하면 참으로 무모할 정도로 궁벽한 시골까지 찾아갔었다. 그렇게 해서 찍은 사진을 『맹자와 장자』에도 부분적으로 소개했지만 『맹자여행기: 절망의 시대, 사람의 길을 묻다!』(h2, 2016)에서 맹자의 발자취를 사진과 글로 오롯이 담아냈다. 그렇게 『맹자』에 관해 2권의 책을 냈으니 이번 출간으로 3권을 내게 된다.

근래에 나는 성균관대학교 유학대학 양현재養賢齋 전재를 8년째 맡으면서 경전 강좌에서 『맹자』를 강독하고 있다. 나와 함께 『맹자』를 읽으며 맹자의 생각을 오늘날 언어로 옮기면서 교학상장敎學相長했던 재생과 청강생들에게 진심으로 감사드린다. 나와 『맹자』의 인연은 "꾸역꾸역 읽고 또 읽고"이다. 그러면서 이전에는 맹자의 호방하고 활기찬 모습을 만났다면 이번에는 불평하고 변명하는 모습을 만났다. 앞으로 『맹자』를 더 읽으면 좀 더 전체의 모습을 만나리라 생각한다.

『맹자』만이 아니라 동아시아 고전을 터득하려면 소리 내어 여러 차례 읽는 성독보다 좋은 공부법은 없다. 눈에 익고 입에 익고 귀에 익고 손에 익으면 책의 내용이 언젠가 마음에 자리하게 되기 때문이다.

마지막으로 점점 힘들어지는 한문 관련 학문을 대상으로 진지하게 공부하고 있는 모든 분들에게 감사드린다. 지금의 노력이 더 좋은 미래를 맞이하리라 기대해본다. 그리고 〈내 인생 사서四書〉를 시작해서 마치는 과정을 함께 한 모든 분들께 진심으로 감사드립니다.

조기·손석,『맹자주소孟子注疏』

주희,『맹자집주孟子集注』

초순,『맹자정의孟子正義』

정약용,『맹자요의孟子要義』

요시다 쇼인吉田松陰,『강맹차기講孟箚記』(또는『강맹여화講孟餘話』)

『서경』,『예기』,『논어』,『손자병법』,『전국책』,『장자』,『순자』,『열자』

사마천,『사기』

박제가,『북학의』

궈모뤄郭沫若, 우인호 옮김,『고사신편故事新編』, 신원문화사, 2006.

강응천 외,『타임라인 한국사 4: 1876~1945』, 다산북스, 2013.

기세춘 외,『예수와 묵자』, 바이북스, 2016.

제임스 다이슨, 박수찬 옮김,『계속해서 실패하라: 그것이 성공에 이르는 길이다』, 미래사,
    2012.

마테오 리치, 송영배 외 옮김,『천주실의』, 서울대학교출판부, 1999.

신영복,『강의』, 돌베개, 2004.

신정근,『사람다움의 발견』, 이학사, 2005.

신정근,『어느 철학자의 행복한 고생학』, 21세기북스, 2010.

신정근,『마흔, 논어를 읽어야 할 시간』1~2, 21세기북스, 2011, 2015.

신정근,『신정근 교수의 동양고전이 뭐길래?』, 동아시아, 2012.

신정근,『맹자와 장자, 희망을 세우고 변신을 꿈꾸다』, 사람의무늬, 2014.

신정근,『공자의 숲, 논어의 그늘』, 성균관대학교출판부, 2015.

신정근,『맹자여행기: 절망의 시대, 사람의 길을 묻다!』, h2, 2016.

신정근, 『공자의 인생 강의』, 휴머니스트, 2016.

신정근, 「일과 휴가」, 『세계일보』, 2017.07.02 기사.

신정근, 『오십, 중용이 필요한 시간』, 21세기북스, 2019.

신정근, 『1일1수, 대학에서 인생의 한 수를 배우다』, 21세기북스, 2020.

신정근, 「설분신원雪憤伸寃」, 『서울경제』, 2021.06.04. 기사.

이혜영, 「"울지말아요 터키" 한국 묘목 기부 행렬, 희망 씨앗됐다」, 『시사저널』 1662호,
　　　2021.08.10. 기사.

정재현, 『차별적 사랑과 무차별적 사랑』, 파라아카데미, 2019.

정철우, 「"술 사주는 형 조심하라" 이 사태 예견한 경고 있었다」, 『MK 스포츠』 2021.07.23.
　　　기사.

제임스 조지 프레이저, 박규태 옮김, 『황금가지』, 을유문화사, 2005.

KI신서 9988

맹자의 꿈

1판 1쇄 발행 2021년 11월 24일
1판 2쇄 발행 2021년 12월 23일

지은이 신정근
펴낸이 김영곤
펴낸곳 (주)북이십일 21세기북스

출판사업부문이사 정지은
인생명강팀장 윤서진 **인생명강팀** 남영란
디자인 표지 this-cover.kr 본문 제이알컴
출판마케팅영업본부장 민안기
마케팅2팀 엄재욱 이정인 나은경 정유진 이다솔 김경은
출판영업팀 김수현 이광호 최명열
제작팀 이영민 권경민

출판등록 2000년 5월 6일 제406-2003-061호
주소 (우 10881) 경기도 파주시 회동길 201(문발동)
대표전화 031-955-2100 **팩스** 031-955-2151 **이메일** book21@book21.co.kr

(주)북이십일 경계를 허무는 콘텐츠 리더

21세기북스 채널에서 도서 정보와 다양한 영상자료, 이벤트를 만나세요!
페이스북 facebook.com/jiinpill21 **포스트** post.naver.com/21c_editors
인스타그램 instagram.com/jiinpill21 **홈페이지** www.book21.com
유튜브 youtube.com/book21pub

서울대 **가**지 않아도 들을 수 있는 **명강**의! 〈서가명강〉
'서가명강'에서는 〈서가명강〉과 〈인생명강〉을 함께 만날 수 있습니다.
유튜브, 네이버, 팟캐스트에서 '서가명강'을 검색해보세요!

ⓒ 신정근, 2021

ISBN 978-89-509-9820-2 04320
     978-89-509-8485-4 (세트)

책값은 뒤표지에 있습니다.
이 책 내용의 일부 또는 전부를 재사용하려면 반드시 (주)북이십일의 동의를 얻어야 합니다.
잘못 만들어진 책은 구입하신 서점에서 교환해드립니다.